近代日本の政治を研究する

―【講演録】アングルとプロセス―

はしがき

　この本は、2017 年から 2019 年に開催されたプロセス解明講座の講演録をまとめたものである。私は普段、高校教員として高校生に対して授業を行っている。ときに研究者として学会で発表したり、講演を依頼されたりすることもあるが、基本的にカリキュラムに沿って 1 年あるいは半年の計画で完結させることが仕事である。

　そのような私にとって、毎年 90 分×2 コマで研究のプロセスや内容について、学生でも研究者でもない、異なる領域で働いている社会人の方々に話す機会というのは新たな試みであり、今までにない新鮮な感覚と緊張感を覚えている。その分、話し言葉がぎこちなくなっているかもしれない。また、ときに言葉が崩れているのは、司会者や受講者に大学時代の友人がいるからであり、私は決して初対面の人に対して人見知りをしないフレンドリーな人間ではないことを予めお断りしておきたい。本書の途中で、私が豪快に「あっはっは」と笑う場面が出てくるが、本当に自分がそのような笑い方をしたのか、今でも半信半疑であることも申し添えておきたい。

　講演録という性格上、書き起こした文章をすべて文語化すると、もとの講演の雰囲気が伝わらないことや、固い内容になってしまうことを考慮し、意味がつかみにくい文章を読みやすくしたほかはなるべく話し言葉のままにしている。

　そして、学術的な話を一般向けに加工している部分があるため、もし専門を同じくする研究者が読んだ場合、気分を害することがあるかもしれない。そのときはそっと本書を閉じて見なかったと心の中で言い聞かせてほしい。もし、政治史を研究する高校教員に若干でも興味を持った方がいたら、ぱらぱらと中身をみてほしい。他の本にはない内容もきっとあるはずで、研究している人間の思考プロセスがつかめるかもしれない。それが本書を手に取った人の思考にすこしでも刺激になれば、本書を出版した甲斐があったといえる。

本書の内容は、私自身の専門である近代日本政治史や政治教育、政治参加に関して、これまでの研究成果とその時々に取り組んでいるテーマについて、社会人向けにわかりやすく語ったものである。

　一般向けに話した内容ではあるが、本書は高校生、大学生が読んでも理解できるものにしたつもりである。講演で用いたレジュメや資料、当日ホワイトボードに書いた内容についてもできるだけ再現している。後から補足したことについては本文を直すのではなく、註をつけて補う形にした。講義では受講者からの質問も随時受け付けた。そのやりとりも再現することで当日の雰囲気が伝わればと思っている。そして、もし本書で興味を持った方がいたら、是非講演を受講していただければと思う。

著者

目次

１．近代日本の内容骨格 ―通説への挑戦と新たなる手法―

２．近代と現代のはざまで

３．近現代日本の政治参加 ―日本の有権者は 100 年の眠りから目覚めるか―

細目次

1．近代日本の内容骨格 —通説への挑戦と新たなる手法—

２．近代と現代のはざまで

3．近現代日本の政治参加 －日本の有権者は 100 年の眠りから目覚めるか－

図表目次

1．近代日本の内容骨格 ―通説への挑戦と新たなる手法―

講座1日目

講座2日目

2．近代と現代のはざまで

講座1日目

講座2日目

3．近現代日本の政治参加 ―日本の有権者は100年の眠りから目覚めるか―

講座1日目

講座2日目

1. 近代日本の内容骨格
―通説への挑戦と新たなる手法―

プロセス解明講座第 2 期

日時　　2017 年 11 月 17 日 (金) 19:20 〜 20:50

　　　　11 月 18 日 (土) 14:30 〜 16:00

会場　　東京国際フォーラム G606

１．近代日本の内容骨格
―通説への挑戦と新たなる手法―

Resume

1　歴史学と政治学の狭間で

（１）政治史とは

史料収集　史料読解　史料批判　事実の構成　考察・意義
「材料で８割決まる」「料理の腕は２割」

　史料の探し方
　どのようなまとまりの中に残っているか推測する
　どのような史料がでたら決定的か考える

＜参考＞
沖縄国際大学教授前泊博盛氏
琉球新報記者時代に沖縄県内の学校保健室をまわり「子供たちの赤信号・学校保健室はいま」という連載記事を書き米国の賞を受賞した。そのとき、沖縄というローカルな場所の地方紙に書いたローカルな記事がなぜ世界的な賞をもらったのかと聞くと、ハーバード大の教員に以下のように言われたという（高田昌幸・小黒純編著『権力ｖｓ．調査報道』（旬報社、2011 年、92 頁）。
マルクスは資本論を書くために世界中の工場を回って、世界中の労働者と対話をしたか？ノーだ。（中略）イギリスのランカスターという一工場村を徹底的に調べることによって、世界を動かすような『資本論』を書いたんだ。世界を知るのに世界を回る必要はない。自分が立っているそこを深く掘れば、真実はそこに全部含まれているんだ。
前泊氏は、どんなテーマから入っても掘り下げると「人間の本質的な部分に最後は必ずたどり着く」という。

（２）研究手法

　文学部出身（歴史中心）　史料、文書、民衆史
　法学部出身（政治中心）　社会構造、政治家

（３）選挙とは、干渉とは

選挙干渉：政府が権力を用いて選挙に介入し、合法・違法を問わず味方勢力を増やし、敵勢力を減らそうとすること

通説　　　①天皇からの指示により政府・府県知事・警察・役人が動いた＝系統的指令説（坂野潤治）
　　　　　②天皇の意志は一般的希望で、政府は法令遵守を命じたのに府県知事が暴走して流血の事態
　　　　　　＝暴走説（佐々木隆）

天皇の意向、松方首相の指示、品川内相の訓令、指示、報告、知事の指示、警察・官吏の介入、紛擾
憲兵、歩兵の派遣

流血の事態を重く見てきた傾向　派手だから？　選挙干渉は暴力だけ？
権力の行使を狭くとらえる研究者の「不見識」

問１　資料集一・二の文章から図２に○か×の記号を入れなさい。
問２　権力を用いた選挙干渉の手段とはどのようなものがあるか？　（図３参照）
問３　選挙結果を変えるには何をする？（図３参照）

2　新たな手法へ

（1）通説の限界（図４参照）

　　・「プロクルーステースの寝台」
　　　自分の理論に都合の良いものだけを恣意的に取捨選択して利用する

　　・「事例全枚挙」「可変的な仮説」
　　　一つの課題に対して全ての事例を挙げて考察する――保城広至『歴史から理論を創造する方法』

（2）手法の模索

　　政治学の視点・手法を政治史に　選挙、議席、会派、多数派工作、請願、傍聴
　　例：政治意識を請願、傍聴の数でとらえる　今なら世論調査、社会調査だが

（3）新たな政治史へ

　　・「政局報道」的研究
　　　政治家の書簡で事実を構成するのは　寡頭政治に通用（明治政府、自民党５５年体制下）
　　　書簡の多寡で政治力が決まってしまう　伊藤、井上、伊東、陸奥ら長州閥　⇔　大木・後藤
　　　今の政治であれば菅官房長官の記者会見（メディア発信）で判断し、水面下の圧力（権謀術数）を
　　　見ない

　　・「調査報道」的研究
　　　憲法施行後、国会開設後は民衆の動きをとらえ、広く深く探らないと事実を明らかにできない。

　　学際的な分野としての政治史（フランス、池上俊一）
　　　・単なる出来事の記述、事件史ではなく、概念を提示・分析
　　　・大人物・エリート中心ではなく大衆も考慮に入れる
　　　・権力保持者の間の力関係や諸制度だけでなく、具体的な権力行使の有り様、彼らの奉仕者や被支配
　　　　者からの視線も調査する
　　　・数量史、政党、圧力団体、選挙における投票行動、世論、メディア研究
　　　⇒いまや「政治史は、諸学問分野……の十字路」に位置している

1．近代日本の内容骨格
―通説への挑戦と新たなる手法―

講座１日目

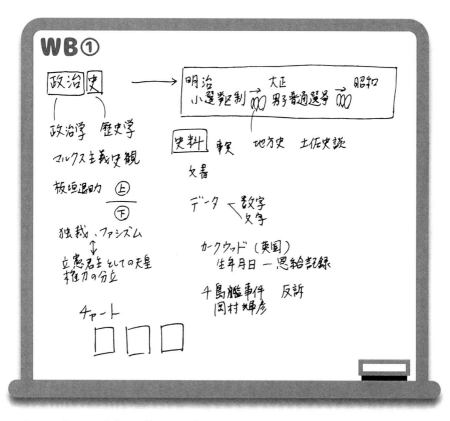

司会Y　本日の講座は、「近代日本の内容骨格―通説への挑戦と新たな手法」です。今日、明日の全二回、末木孝典さんに講師をしていただきます。それでは簡単に末木さんのご紹介をさせていただきます。末木さんは近代日本政治史について、とくに選挙干渉をテーマと

WB②

権力　選挙干渉事件
明治25年 松方内閣 — 松方　首相
品川　内務大臣 ←山県
陸奥　　　　　←伊藤

	伊藤	天皇	山県	樺山
政権譲渡	×	×	×	×
憲法停止	×	×	×	○
連続解散	×	×	○	○
選挙干渉	×	○	△	△
新聞結成	○	×	×	×

して研究されています。末木さんは現在、慶應義塾高等学校で教員をされており、長く教師を勤めながら研究を続けておられます。研究者としての立場からだけでなく、教育者としての立場から18歳選挙権について発言をされるなど、幅広くご活躍されています。今回の講座では末木さんの近代日本政治史を研究するということのプロセスについて講義をしていただきます。それでは、よろしくお願いいたします。

末木　よろしくお願いします。

受講生(受)よろしくお願いします。

末木　みんな座ってやってる？

司会N　あっ、もう、好きなように。

末木　好きなように（笑）…。高校の教員なので、普段、黒板に書きながら授業してるので座って喋ると落ち着かないところがあるので、たぶん立ったり座ったりすると思いますが、よろしくお願いします。今簡単に紹介して頂きました。資料集の裏側に、大体どんな人間であるかっていうプロフィールが載ってます。高校教員です。研究をしているということが特徴なのかもしれませんけれども、

　近代日本政治史という分野で研究を続けています。論文は今までに
何本か書いてます。で、選挙干渉に関して博士論文を完成させよう
と思ってですね、去年出しました。論文が並んでいますが、テーマ
としてはそんなに幅広くやってるわけではないんですけど、今は第
一回の衆議院議員選挙について意外に知られてないので、徐々に論
文を書き始めています。それから去年（2016 年）、18 歳選挙権の選
挙、一法律自体はその前からつくられてましたけどー実際に参議院
選挙がありましたので（今年も衆議院選挙がありましたけど）、そ
れに関する発言をちょっとしました。日経新聞に載ったんですけ
ど、これはですね、投稿してますので、自ら送り付けて（笑）。そ
したら電話かかってきてですね、意外に面白いと言ってくれて〝載
せます〟と言われて。ただ文章は記者の人が直してくれて、上手い
ですね、記者の人は。おお、自分の文章とは思えないほど、直して
くれて、それで載りました [1]。それを見た慶應の人が『塾』とい
う大学の広報誌に書きませんかって声をかけてくれました。慶應関
係の人が何か書いたら、全部それを回覧して回すことをやってるら
しくて、そのアンテナに引っかかったらしいです。で、少しそうい
うものを書いたりしてます [2]。なので、明治時代の選挙をやりつつ、
今の選挙に関しても、直接同じものではないですけど、ただ、本質
的なところは通ずるところありますので、日本の選挙というのはこ
うなんだ、みたいなことを言えたらいいなぁとは思っています。18
歳選挙権に少し幅を広げてるような感じです。

政治史とは

今日は、依頼されたのが、「近代日本の内容骨格」。これお題を頂い
ていますので、副題（通説への挑戦と新たなる手法）は私がつけて
ます。ですので、今の選挙の話もするかもしれませんけど、なるべ
く近代の日本にピックアップしてお話ししたいと思います。ただ、
お断りしなきゃいけないのは、最初のテーマにも関わるんですけど、
政治の専門家なのか、歴史の専門家なのかっていうところで、常に

曖昧なところにいますので、普通の人の歴史知識があるかっていう
となかったりしますので、そこのところは、偏りがあるなぁと思い
ます。ですので、このときの首相の名前言えとか言われても浮かび
ませんし、ちょっとわからないところはあるんですけど、自分のやっ
てることに関して言えることをお話ししたいと思います。大きく歴
史を語るというよりは、ピンポイントで調べてきたことをもとに、
そのプロセスをお話しできればいいなぁと思ってます。**さて、最初
の話なんですけど、今言ったようにですね、政治史というのは、政
治なのか、歴史なのかっていう、そういう分野なんですね。**政治史
…（書きながら **WB①：p5**）、前半は「政治」ですので政治なんで
すけど、後半は「歴史」なので、やっぱり二通りあると思います。「政
治」学の人と、「歴史」学の人がいて、私は公民の教師ですのでどっ
ちかっていうと左側、「政治」学ですし、だから「政治」的な現象を、「歴
史」を辿ってみて、それを分析するというふうに考えてます。ただ
「歴史」の人も「歴史」を見て学んだことを生かして、「政治」的現
象を見てますから、一見すると変わらないんですよね。研究対象は
同じなんで。なので、法学部のところに政治「史」の専門家で「歴史」
学の人がいたり、文学部のところに「政治」学専門だった人が「歴
史」で入ったりしますので、大学の研究者の方も、色々、ごっちゃ
になってると思います。ただ、やっぱり違うんですよね。かなり重
なってくるんですけど、読んでると、あぁやっぱり、この人「歴史」
の人だなっていうことを感じることもあります。自分が政治学専攻
だからなんですけど、これからお話しする、自分のやってるテーマ
に関しても、実はこの手法（歴史学）よりもこっちの手法（政治学）
の方が適していると思ってるところがありますので、「政治史って
何だろう？」ってところが、最初の大きなテーマなのかなぁと思っ
てます。政治史ってそもそも何なのかって話をしないとわかりづら
いと思うんですけど、さっきお話しした通り、大きく歴史を辿るこ
とは結構多いです、例えば選挙に関しても、明治の選挙（**WB①**）、
例えば小選挙区制から始まってみたいな話ですね。大正時代になっ

て、普通選挙権ができて、男子普通選挙とかですね。よく選挙制度でわけるわけです。たとえば選挙でも、昭和、現代みたいな概観ですね、そうすると一つの論文ですね。選挙制度が移り変わっていくに従って、何が変わってきたかっていう、それが大きく見る歴史だと思います。ですので、歴史の専門家とか政治史の専門家っていうと、そうやって語れる人ですよね。つまり、ここのところ（**WB①**）に色々な研究者の成果が詰まっているわけですけど、それをもとにしながら大きく語るっていう、一つのスタイルがあると思います。ですから「歴史」に詳しい人は、じゃあ、この時代のこれについて語れ、みたいなこと言われると、滔々と語れる人ですよね。そういうイメージでいいと思います。ただ、やっぱりここのところ（個々の事象）を研究している人がいるからこそ、そういう研究成果も出てくるわけで、一般的に政治「史」の人が大きな「歴史」を語れるっていう裏には、実は地味に中身のところを研究する人がいるわけですよね。ここも政治史なんですけど、ただ、地方の地方史家（郷土史家）って言われる人達を研究者の人は結構低く見たりするんです。地元の歴史をコツコツとずーっと、研究してる人達ですね。大体教員とか、全然関係ない仕事をしているとか、会社員とか、やってる人が多いんですけど、日経新聞の一番最後のページに文化欄があるんですけど、そこに結構出てきます。何とかを収集してる何とかさん、みたいな感じで（笑）。あ、それを集めるかぁみたいな、すごい人がいて、やっぱりそういう人達がいるから、歴史的な検証も、例えば選挙に関してもずーっとコツコツと集め続けている史料をもとにできるわけです。高校教員だと、地元の県立高校の歴史の先生とかですね、コツコツコツコツやるわけです。（**WB①**）盛んな地域とそうでもない地域があるんですけど、例えば高知県は結構盛んで、『土佐史談』という雑誌があるんですよ。私の知ってる範囲で言ってるだけなんですけど。「史談会」という組織があって、高知の自由民権運動の歴史はお任せみたいな感じでやってるわけですよ。そういうことをもとにしながら大きく、大学の研究者が、ドーンっと

語るっていうスタイルが一つあると思います。私のスタイルは、どっちかっていうとココですね。明治25年のところを、選挙干渉事件っていって調べてるということです。もちろんそれが大きな事件であれば、大学の先生なんかも注目して研究することがあるわけです。例えば大津事件ですね。大津事件。（**WB①**）聞いたことありますか？明治24年の、

受K　何でしたっけ？

末木　襲撃された事件です。ロシアの皇太子が。

受K　あー。

末木　それで津田三蔵って警察官が切りつけたんですけど、捕まって。司法権の独立のところで公民の教科書に出てくるんですよ。で、児島惟謙が、

受K　そうだ。

末木　素晴らしいって。司法権の独立を守ったってですね、神様だ、っていって、出てくるアレですね。こういう事件になってくるとやっぱり大学の先生も注目して、とくに司法権の独立という明治憲法のもとで今と三権分立が同じようなものだったのかどうかですね。今と同じか違うかということは大きな憲法上のテーマになってくると、大事件なわけですね。そもそも外交的な要素もあるんですけど、更に憲法が絡んでくるので、ここはやっぱり注目が集まるわけですね。外交、憲法。だから本もいっぱいあります。昔から研究されてきて、いまだに論文が出てきて、新しい視点でといって調べられています。ということを考えると、選挙干渉事件も、翌年の大きな事件なので調べる人もいるんですけど、ただ本格的に一冊の本で、という人は誰もいなかったんです。こういう大きな流れの中で

児島惟謙

明治 25 年の松方内閣での選挙干渉事件を取り上げて調べようぐらいな感じですね。そういう研究がされてきました。

史料？データ？

受Ｋ　ちょっといいですか、質問してもいいですか？

末木　どうぞ。

受Ｋ　こういう研究って、今まで認識されてなかった事実を探し出すんですかね、それとも、今まで認識されてるんだけど、それに対して、文脈とか何とかっていうところの、解釈が新たに、今までにない解釈があるみたいなのか。そこの深掘り方って、まぁ素人目には、何かここまで時間も経ってて…。

末木　はいはいはい、そうですね。

受Ｋ　もう何万という人がいて、なんかもうこうやって解明されてるのかなっていうふうに思いつつ、さらに、でも今でもなお？こうやってやってくのってどういうことなのかなっていう？

末木　**基本的にはやっぱり歴史なので、史料を発掘しないと新しいことを言っても、今まで言われてることと何が違うのか、解釈なんじゃないかって言われます。**もちろん解釈もあるんですけど、やっぱり史料ですね。この後出てくるんですけど、新しい史料が出てくるってことは、結構今でもあるんですよ。先祖代々の土蔵を開けたら出てきましたみたいなことがあって。もうそろそろ、この蔵整理しましょうかって言ったらドンと出てきたりします。そうすると今でもありますよね。龍馬の手紙がでてきましたとか、信長がどうだったとかって、いまだにやってますよね。ああいうのが、実は出てくるんです。つまり、ここには史料ありますよねっていうのではないところに実はそういう史料があったりするんですよね。地元の人達がたまたま見つけることもあったりするので、あれ、これ何だろう？って専門家にきいて、あ、コレ、すごいですよ、みたいな感じで発掘してくる。基本的に、解釈よりは史料を発掘してきて、新たな一側面が出てきましたねという。それが「歴史」の特徴かなという感じです。こっ

ち側の特徴ですね。「政治」学だとやっぱりデータを取って、それで言えることをっていう、現代の政治なんで、おおもとにすればそういうことなので解釈ではあります。ウチの統計によると違うんです、と言ってデータ対データみたいになるんですけど、それが史料だったりするということですね。

受K　はい。

末木　なので、どちらかっていうと、史料を発掘して、地道なことをやってる人達の成果をもとにしてる人、とかですね、勿論、大きな史料だと、専門家の人が、研究者がいて調べたりするということもありますけど、「歴史」学の人は、どちらかというと、蔵から出てきたすごい文書があるみたいな、それが（**WB①**）得意ですね。伊藤博文の文書がここにドッサリありますみたいな。それを一個一個、注をつけていく作業っていうんですか？それを、できれば活字化して最後、本として出したい、みたいな。そういう仕事を得意とするかな、と。つまり古文書を読めるわけです。我々から見ると、何コレ？みたいな、読めないゾみたいなやつを、サラサラサラッと読む人がいるということですね。その古文書解読の専門技術が高いんだと思うんです。そこに特徴があるかなと思います。

受Y　私も質問していいですか？

末木　あ、どうぞ。

受Y　じゃ、その史料が出てきてはじめて、研究っていうことになるんですかね？

末木　そうですね。

受Y　じゃテーマを先に、これを研究しようって思っても、史料がないかもしれないじゃないですか。

末木　そうですね。

受Y　ていうことは、史料が出てきたから、これ研究しようとか、そういう、感じなんですか、方向性は。

末木　学問なので、どちらかというと最初の自分の問題意識が当然あって、調べてみようなんですけど、史料がでてこない限りは、かなり限定

されるってことですね。

受Y　うんうんうん。

末木　一応書けるけど、まぁ君のこじつけだね、とかって言われちゃう可能性が高いわけです。なので、史料なのか、問題意識なのかってことはあるんですけど、やっぱり史料がありそうなところのテーマを見つけないと、なかなか書けないですね。

受Y　なるほど。

末木　はい。なので、大学生ぐらいだと「歴史」やってるとやっぱりツライですよね。自分はこれ調べたいんだけど、史料がないって言われて、そんなものは大学生じゃできないぞ、みたいなこと言われちゃうっていう、世界でもあるということですね。解釈の話が出ましたけど、今までこう言われていてというところに、解釈を少し変えるとかですね、それはあるんですけど、「歴史」の、政治「史」の人から見ると、一段低いですよね、やっぱり。解釈自体の論争なので、そこに史料が出てきたら、コレはすごいね、って話になりやすいというところがあります。なので、そこのところが難しいところですね。「歴史」の人みたいに、史料が出てきてそこに仕事があるぞ、というところで成果をあげていくっていうことですね。で、その史料のもとに、色々な人が行って、私は生活「史」なので、食事とか何かそういうのを調べたいとか、「政治」だけじゃないわけですので、そこにいや「政治」的なものもあるでしょとか、経済の史料があるっていうふうに、使っていくってことです。そうすると経済「史」とか、生活と社会「史」、みたいな感じですね。なので私もこういう史料を発掘した人の恩恵を受けて調べられるっていうことがあるわけです。それが「政治史とは」のとこの最初の「史料収集　史料読解　史料批判」（Resume：p3）って三つの史料ですね。そこがやっぱり、政治「学」っていうものと、政治「史」っていうものの違いですかね。明日話をしようと思ってるんですけど、それでもやっぱり歴史的事象であってもデータを分析するとか、数字を使ってやるってことができるんじゃないかなぁと私は思ってますけど。そんなに、決めつけて、文

字だけが史料だ、とか、考えなくてもいいんじゃないかなぁとは思ってますけど、ただ基本的には何か出て来ないと難しい世界です。それをどう見つけていくかってのはなかなか大変なところなわけです。

マルクス主義の影響からの変化

この後の話にも関わるので、学問的な歴史の話を先にした方がいいと思うんですけど、「**政治**」**学にしても**「**歴史**」**学にしても、深入りすると、基本的な流れとしてはやっぱり、マルクス主義の影響が強い、（WB①）ですね**。どの学問もそうですけど。この後の論争のところでちょっと出てきますので、予備知識的に知っておいて頂きたいんですけど、どちらも、マルクス主義的な、とくに「歴史」はマルクス主義史観と言うわけですよ。革命とは何かみたいなところの議論で、物事を見ていくんですね。だから、厳しいですよ。例えば私が憶えてるのは板垣退助。ああ、スゴイ人だと思うんですけど、一例ですけど、晩年に慈善活動するんですね。本人は全然もう財産も何もなくて、自分の手紙を売ってそれでお金を得てるとかですね、だから史料が残ってないんですよ。「板垣文書」っていうものないんですよ。だから色々な人のところに行って手紙を探さなきゃいけないぐらい、困窮してるんですけど、本人は慈善事業するんですよ。昔、ゼミの時に板垣を調べてたので論文を読んだんです。そうすると断罪するわけです。そんなものは、上からの慈善だ、ダメだっていう断罪の仕方で、こういうのは下からやらなければならない、みたいなね。そりゃあそうだけどまず段階があって、まず豊かな人とか権力持ってる人が何かやるってことからはじめないといけないんじゃないかと思うんですけど、そういう感じで、厳しく見てい

マルクス

くんですね。階級がやっぱり重要ですので。一例ですけど、これは革命に沿っている、沿っていないとか評価をするわけですね。そういうふうに斬っていくという特徴があります。今は、これに対して、反対って言い方はおかしいんですけど、冷戦が終わりましたので、そういう見方は紋切り型なんじゃないのっていうことですね。革命も失敗したんだろうしということで、見直しなんです。そうすると日本史でいうと、戦争に対する評価ですよね。日本の戦争・戦中の評価。ファシズムではないかという話と、いや、言い過ぎだ、そういう要素だけじゃないぞ、っていう揺れ戻しというか、ちょっと違う面を見ましょうという評価。相対化っていう感じですけども、そうじゃない面を見ていきましょうねっていう。どの学問もそうだと思うんですけど、一つの大きなカチッとしたものが壊れましたんで、相対化していって、今まであぶれてしまったものを、すくっていこうという。そういうことで、学問は変わっていくわけです。ですので、ファシズムとか、天皇制国家とか、そういう言葉は載ってたわけですよ。それが変わってくるわけですね。例えば天皇に関しても、評価が変わるわけです。それまでは天皇制国家だと。天皇が上にいて指導してる、と。勿論、詳しく見て、いや、そんなに力ないんだけどっていうこともあるんですけど、大ざっぱに言うと、天皇が一番上なんだと。そういうとこに対していやいやそんなことないでしょ、と。（**WB①**）そんな独裁とかファシズムみたいなことは言い過ぎだ、と。立憲君主としての天皇って言い方をしてくるんですね。（**WB①**）戦前もそうだよ、と。明治天皇だって、最初から立憲君主的な振る舞いを身につけていて、だから憲法ができて、すぐ、我々がつくった憲法だから、それに従って許されてることだけやり

板垣退助

ますって考えたんだっていうのが、今の評価に近いかなと思います。かつてはそんなことないわけですね。天皇が、だんだんこうやって、利用されていくってところもあるのですが、その体制をつくっていって、それで、先進的ではないところで、上からファシズムをおし進めていったっていう評価が昔はあるんですけど、それが変わってくるわけですね。という、大きな変化があるっていうことですね。これを知っておいて頂ければ、と。かなり大ざっぱに言いましたけど、あんまり深入りするととんでもないことになりそうなので。これ、また出てきます。立憲君主としての天皇なのかどうか。もう一つは、憲法の話をちょっとさっきしましたけど、その明治憲法が、権力の分立を（**WB①**）してる。天皇には大権があって、いざとなったら、天皇大権で戒厳令を敷けるんです。それを、権利としてはあっても、使うかどうかっていう点があるわけですけど、その大権を持ってるけど使わない天皇っていう見方をするわけです。権力の分立。だから、形の上では天皇が全部やってるように見えるんだけど、それをちゃんと三権で分け合ってましたっていう見方を強調するということ、ですね。

受K　そこはさっきの、解釈っていうふうにも言えるんですか？

末木　ここは解釈です。そうそうそう。同じ現象、その慈善運動してましたって現象を、いやいや物足りないとか、そんなものはダメなんだ、ごまかしだっていう評価と、いや今だったら多分、その自分が出来るところからちゃんとやってた、みたいなそういう全然違う評価になると思うんですけど、どっちがいいか悪いかっていうことはまた別なんですけど。もちろん、史料をもとにして主張するってことは基本的には変わらないと思うんですけど、それに対する評価をかなり、カチッとしたものありますから、その中に照らし合わせてどうかってことをやれってことですよね。そういう流れが、「政治」学も、「歴史」学もあって、だから「政治」「史」はまさに、この流れの変化を受けるわけですね。伏線的に紹介しておこうと思います。歴史としてはそういうに変わってくるというところですし、政治学も、かつ

丸山眞男

てのような丸山眞男とか、そういうビッグネームがいたわけですけど、今や、相対化され、別に反丸山じゃないかもしれませんが、主流じゃないわけですよ。今は、データ分析ですね。政治思想じゃなくて、データでもって、例えば選挙でも、なぜそういう投票行動を起こしたのかということですね。何故この党を支持したのかみたいなところを、数字をもって明らかにしましょうということをやるわけです。これは多分、政治学だけじゃなくて色んな学問でそうだと思うんですけど、evidence は何だ、証拠を出せみたいな、そういうやり方です。証拠も色々あっていいと思うんですけど、やっぱり数字なんですね。そこのところが（**WB①**）さっき言ったのと多少矛盾しますけど、偏りが出てしまうという感じですね。私は数字を使って歴史を見てもいいんじゃないのと思ってるところもあるんですけど、ただそれがデータが、文字であるということも、逆の意味ですけど、それでもいいわけですよね。evidence は、数字だけじゃなくて、文字でもいんですけど、そこのところ、何ていうのかな、少し、カッチリと分けちゃってるってことですね。現代の「政治」を見てる人は数字ばっかり見てて、「歴史」をやってる人は文字、文字ってやってるってことです。そこのところがかなりカチッとしてるという特徴があると思います。というふうに移り変わってきてるのが「政治」学ですかね。で、「歴史」の方はこっち側ですね。

史料批判とは

さて、話が戻りますけど、史料をまず見つけて、それをもとにして、今まで言われてきたこと、或いは誰も言ってないんだったらその事実を再構築しましょうっていうことですね。これ、線引っ張ってま

せんけど左から右に、基本的には研究が進んでいく、と。**史料集め
て、読み解く、ということですね**。で、史料批判っていうのがある
んですけど、例えば偽物じゃないかって話ですね。映画とかで時々
ヒトラーの手紙を偽造する話とか、あと、美術品とかもありますよ
ね。よく調べたら当時使われていないはずのインクが使われている
とか、そういうのを暴かなきゃいけないみたいなことです。ただ基
本的には、残された史料を専門家が見ておかしくなければ、史料と
して使っていくことになると思いますので、史料批判と言っても要
するに突き合わせていくってことですね。例えば年号とか年とかが、
やっぱり認定が難しくて、手紙ですから〝一日〟とか書いて終わり
じゃないですか。で何年の何月なのかみたいな推定は、やっぱり書
いてある中身で見ないといけないわけですよね。そうすると間違っ
ていることも結構ありますので、資料館の人が何月何日推定って
やってるのを鵜呑みにしているとおかしくなりますよね。時系列お
かしくなるので、そういったところは自分でちゃんと、鵜呑みにす
るんじゃなくて、突き合わせて調べるということですね、それをし
なきゃいけない、ということです。意外と消印のところで、年月日
がわかったりします。手紙の中身ばっかり見るんですけど、封筒の
消印見たら、明治だって押すわけですよ、何年何月何日、って。そ
ういうところを見れば、わかるわけです。ただ本によっては、それ
をせずにわかりませんって書くような資料集もありますので、その
辺は原史料見て認定すればいいと、そういうのを史料批判って言い
ます。史料も、私の手元に意外とないんですね。原史料って基本的
には見に行って、コピー取らせて写真撮らせてもらってってやって
ます。古本屋さんで買った、例えばこんな感じっていうものを、持っ
てきました。例えばこれは、最初の選挙の時の「選挙録」って言う
んですけど、投票所で誰が誰に投票したのかを記録するわけですね。
そういう史料は、たまーに古本屋さんで、千円とかで売ってます。
これだと影山さんって人、静岡なんですけど、カゲ、カゲ、カゲっ
て書いてあって、この人達は影山さんに投票してますよ、とか記録

されてる。でもパッとみてわかんないですよね、名前も筆書きなので、んー、何だろう？！みたいな感じだと思うんですけど、選挙なので、立候補者はこの人とかある程度限定されますよね。だから比較的、これでわからなければ何もならないってわけではないですね。これ数字で村ごとに誰に何票入れてるって、載っているので、当時の公表してる史料では、村ごとの投票って出ないんですよ。最終結果しか出ないんで、この後しばらくすると、町村別投票数とかって出るんですけど、だから調べたければこういう原史料をみるしかないんです。そうすると意外と村ごとに、この人って決めて、投票してるとかそういうことがわかったりします。もしよかったら、ちょっとパラパラと…。

受Ｙ　これって記名投票したやつを書き写すってことですか。

末木　そうです。当時は、記名投票なので。ハンコまで押さないといけないので（笑）。

受Ｙ　へー。

末木　自分の名前書いてハンコ押してっていうことですね。そうするとハンコが無ければ無効なのかどうかとか色々、うるさいことがあるわけですよ。

受Ｓ　何か、筆…。

末木　筆ですね。

受Ｓ　筆ヒツが…フデヒツ？！

末木　毛筆です。はい。

受Ｓ　筆跡が何か…。

末木　そうなんです。

受Ｓ　同じ人が書いたって感じですよね。

末木　これ、たぶんそうですね。書き写してます。公式のは提出されているので、多分それを聞いて、「ああ、あの人、この人に入れたんだな」って、手もとで書いてる人がいたということですね。立会人が入ってよかったんでそれでやってると思います。こういうのは古書店とかで買うと、史料批判っていうかその出所がちょっとわかりづらいんで、どこかに寄贈して、〝何とか図書館蔵〟ってした方がほんとはいいんですけど、

個人蔵だと見られないんで、ほんとにそうなの？とかって言われちゃうんですよね。これはまだ使ったことないですけど。

史料をさがす

あとは、この辺はもう印刷物ですけど、この後選挙干渉の話出ますけど、その後出てきた本ですね。これは、大正15年ですね。印刷されてます。この辺は、わかるんですけど、すぐ使えるってやつですね。読み解いていかなきゃいけない史料は、すぐわからないものもあるので、時間かけながら読み解くっていうことですね。で、事実を構成していくっていう作業ですね。**なので集めた史料が全部使えるわけでもなく、読んでみたら意外と何かつまらなかったっていうか、もう他のところに載ってるような史料だったりすることもあるので、かけてる時間に対して、〝あぁ、ちょっと無駄だったな〟みたいなことは当然いっぱいあって、それでまた、探しに行くって感じです。**ただ、やっぱり論文なので、考察、意義というのを、考えないといけないわけですね。私、よく、査読で指摘されるのは、事実の羅列なんだけど、それに対してどういう意味があるんでしょうか、政治史上に位置付けて下さいとか言われて、簡単には言えないわけですね。まずこれ調べてわかったんだけど、色々なことがわかって大きく見て、それでこうって言いたいんだけど、それではやっぱり、一つの論文としては物足りないって言われちゃうわけですね。そこをどうするかは毎回悩んでますけど、そうするとやっぱり、勉強して、他の人のものとか見ながら、考えるしかないですね。こういう論点でいけば語れるかな、とかですね、そういうのを考えなきゃいけないということがあります。先ほどご質問頂いたように、ほんとうは、自分が調べて明らかにしたいから調べてますからね。最後の考察、意義は、バーンっといけばいいんですけど、史料によってそんなには言えなかったりすると、やっぱりちょっと弱くなりますよね。でも言い過ぎても大げさになっちゃうし、っていうことですね。1の史料しかないのに、いやいや私の史料、あの論文は10な

んですって言っちゃったら、専門家から見たら、いや膨らませすぎ
だ、ってなっちゃいますので、それでも３とか４とかにするところ
まではもっていかないと、その事実はいいんだけど、その事実が明
らかになっても意味ないじゃんって言われてしまうと通らないで終
わってしまいます。

司会Ｎ　質問していいですか？

末木　はい。

司会Ｎ　史料探すの楽しいですか？

末木　楽しいです。

司会Ｎ　何が楽しいですか？

末木　こういう史料があったらいいなぁと思って調べて、あった時
〝あっ〟っていうその…。

司会Ｎ　それは意識的に探しに行く場合と、意識的じゃない場合ってありま
すよね？

末木　あります、あります。

司会Ｎ　その、区分けみたいのはどうなってます、ご自分の。

末木　今だったらネットに、目録が出ていたりするんですよ。それを見て
大体、ここ多分あるだろうなぁ、みたいな当てをつけて行って、ハ
ズレる場合もあるんですよ。最近だと宮内庁の情報開示が進んでい
ます。皇居の中に、公文書館があるんですよ。もともとあるんです
けど、やっと色々出してきて、ネットで調べて、明治天皇が選挙干
渉の時の書類をつくってる。勿論本人はつくらないんですけど、そ
ういう書類があるって書いてあるから〝おぉ、これは〟と思って行
くわけですよ。まさか、これスゴイのがあるぞって、高知・佐賀って、
一番荒れたところなわけですよ。で行ったら、違う年の選挙の結果
とか入ってるんですよ。つまり、史料も色々な人が使うんで、たぶ
んその整理で時間かかってると思うんですけど、だからたぶんどこ
かが借りて、別のところに入れたか、誰かが持っていって、返さな
いとかそういうことがある（笑）。

司会Ｎ　わざわざ抜いてる場合もある。

末木　いや、それは多分、誰がさわったかにもよるんですけど、ないとは
思いたいです。史料の集まり具合って結構色々なんですよ。なので、
それはハズレというか。多少はありましたけど、報告書みたいのは
ありました。何か天皇が反応してるみたいな感じのものではなかっ
たですね。ただそれが全くない場合、地方に行き当たりばったりで
行って、パッと見て、あっコレがあった！みたいなことはあります。
そうすると、面白いですよね。それが「史料の探し方」（**Resume：
p3**）のところで少し書きましたけど、やたらめったらに行くわけに
もいかないですよね。そこのところに難しさがあって、私も、選挙
干渉は全国的に行われているので、行くなら、全国だ、ってことに
なるんですけど、先程言ったように、史料を沢山残してるところと、
そうでもないところもありますので、持ってるんだけど、まだ公開
できる段階じゃないとかですね。そういうところを考えながら、ど
こに残ってるのかなと、ある程度推測しないと、なかなか時間と労
力ってありますからね。難しいところがあります。

探偵？推理小説？！

それから「どのような史料が出たら決定的か考える」というのは、
要は、ここの情報欲しいんだけども、基本的には見つからないって
ことがあるわけですよね。ただ、それがないと論文書けないなぁっ
てことがあった時に、どうしたらいいかな、と。ここは、工夫のし
どころなんですけど、まず、上ですね（**Resume：p3**）。**どのような
まとまりの中に残ってるか推測する**。この辺は探偵とか推理小説的
な感じもあって、面白いところなんですけど、例えば選挙干渉で（具
体的な話はこの後しますけど）、どこに残るかですよね、史料とし
て。選挙に介入していって、暴動が起きたりするわけです。そうす
ると当然、警察は出動してますよね。あるいは当然政府や地方の役
人は仕事してますから、その人達の報告書があると史料になります
よね。だから基本的には警察、それから県ですよね。県の史料は残
りますので、だから今も、何とか県の資料館に行くとある、ってこ

ともあります。それから被害者側です。立候補したり、立候補して
ないけど応援してる人達が介入されて、暴動でぶん殴られたりする
わけですよ。死者も 25 人出るんですけど、そうすると怒りますよ
ね。何だコレは、というところで、被害を書き残す。そうすると民
間の方の史料もあるはずだってことになるわけですが、なかなかこ
れは難しいわけです。さっきの、何とか県にあるっていって調べな
きゃいけないようなことになっちゃうんで、難しいですね。例えば
さっきちょっと言いました高知、結構意識高いんですよ。自由民権
運動の源でもあるわけですけど、意識高い。弁護士がですね、選挙
戦のさなかから記録を残してるんですよ。そうするとこっちとして
はありがたいですよね。そういう記録みると、誰がどう殴られたと
か、どういう介入してきたかなんてことを後に裁判でも争ってます
ので、そうすると、どーんと史料が残ってるんですね。それをもと
にしていけば、書けるわけですよ。ということで、一つは裁判なん
ですね。この後、お話しますけど、今まで使われてなかった史料で
いうと、警察とか、県とか、政府の史料っていうのは比較的探しや
すいわけですよ。担当してる大臣がどう報告してるかですね、そう
いうのを見ればいいんで。そういうところの目の付け所はなかなか
難しいかなと思います。私は一つは裁判に目を付けて、そうすると、
どういう選挙が戦われたかって証拠資料を出さないといけなくなる
んで、そこで事実を浮き彫りにするみたいな感じですね。今、結構
ドラマとか映画とかでありますよね。裁判を描きながら、決着をつ
ける、みたいな。ああいう感じで、やったところがあります。

どうやったら、生年月日を調べられるかなぁ
ーカークウッドの場合

それと、その下ですね。決定的な話を選挙干渉とは違うんですけど、
資料集の最後のところにある、ちょっと異色というか今までの選挙
と全く関係ないんですけど、カークウッドって人を調べたことが
あって、その時は、すごく時間をかけて、どこにあるかなって調べ

たんです。その、7番ですね。「司法省顧問カークウッドと明治政府」っていうのを、『日本歴史』という雑誌に投稿したんですね[3]。カークウッドって人は無名だと思うんですね。何をした人かっていうのは、多分、歴史の専門家でも知らないんじゃないかなと思います。（**WB①**）要するにこの人の、日本での活躍を含めて生まれた時から死ぬところまで描こうと思ったんです。お雇い外国人なんですね。司法省が雇ったイギリス人なんですけど、（**WB①**）イギリスに行かずに、どうにか研究したいなと思って、行かなかったんですけど要は取り寄せられるんです。イギリスは結構海外からのリクエストに応えてくれるので。お金さえ払えば。で、時間もかかるんですけど、送ってくれるんですね。それで、色々取り寄せました。で、日本にいるところは、当然司法省に雇われてますからわかるわけですよ。司法省の史料見ればですね。ただ難しいのはイギリスのところの、来るまでと帰ってからですね。ここの史料は、探さないといけないわけですけど。特に、生まれた正確な日付がわからなかったんですね。意外なことなんですけど、要するに月まではわかるんですけど、出てこないんですね。で、どうやったら、生年月日を調べられるかなぁと思ったんです。（**WB①**）これ、ないって決定的ですよね。生まれた日がわからないっていうと、それでも書いちゃえばいんですけど、その人の一生をって時に、わかりませんでした、ってちょっと恥ずかしいところが（笑）あるわけですよ。あと、亡くなったところもそうですね。どこで、どうやって亡くなったのかっていうのは、やっぱり人の一生なので、これを、ずーっと考えてたんですよ。ないんです。外務省の史料を調べたりしてですね、通り一遍のやり方だと出てこない。普通は人名事典に載ってるんで終わりですけど、事典は月までだったんですね。これは、結局、日吉から帰るとき東横線乗って、ふっとこう窓の外見たんですよ。で閃いたんです、その時に。あっ、恩給受けてたなと。（**WB①**）今、恩給ってないですけど、昔役人がやめた後、退職金だけじゃなくてずーっと給料受け取ってたんですよ。それを恩給といいます。軍人恩給は

知られてますよね。遺族会の人たちが受け取ってますよね。カーク
ウッドも恩給受け取っているんですね。お雇い外国人って、当時、
すごい額の給料を受け取ってるわけですけど、内閣総理大臣の何倍
か受け取ってたんですけど、更にやめた後も恩給受け取ってるんで
すね。で、この人は、ボアソナードの恩給よりも高いんですよ。多
分史上最高額ですね、その当時で一番高いんじゃないかなと思うん
ですけど、すごい交渉が上手いんです。弁護士なんで。三段構えぐ
らいで交渉していって、最後落としどころはココなんだけど、ドンッ
ドンッってやるわけですよ、そうすると日本人は、えっそんなこと
言いやがってって反発すると、だんだん妥協していくわけですよ。
で、日本側はやったやった良かった良かったって言っているんだけ
ど、本人はたぶんここが落としどころだと考えていたと思うんです
けど、現代的に言うとわかるんだけど、当時の日本人からするとそ
ういう交渉に慣れてないでしょうね。だからすごい給料受け取るん
ですよ。一回目の恩給額を、え！？って言って、おかしいじゃない
かってって怒るんですよ、この人。約束と違うじゃないかって言っ
て、やり取りして上げてもらうんですね。つまり、隠された給料が
あったんだ、と。恩給は給料の何ヶ月分っていうふうに出すんです
けど、その中に入ってないものがある、と。特別俸給三千円を加算
して計算してくれたらこの額になるでしょって主張したので、当時
の人達に聞いて、あ、そうですねってなるんですけど。恩給を受け
取ってるということは、亡くなると終わりですよね。死亡まで払わ
れるので、恩給の中の死亡の史料があれば、生年月日と、死亡年月
日がわかるだろうなぁって思ったんですね、その時。ほんとに、閃
きというかですね、つまりそのときも恩給の史料自体は、あるって
いうことを知ってるわけですよ。だけどそこに、こういう情報が載っ
てるっていうのが、思い浮かんでこなかったんですね。だから、難
しいんですけど、その時はたまたま、思い浮かんで確定することが
できました。ということがあったので、**この史料が欲しいなって当
たりを付ける**（さっき、ちょっと質問ありましたけど）、**それをし**

ないといけない時もあると思います。全体に網をかける時と、ピンポイントでこれどうにかして見つけたいなーっていう両方あるのかなって思います。そこは全てが残ってる時代ではないというところの面白さですね。難しさと面白さがあるかな、と思います。カークウッドって人についてちょっとご紹介しました。さてその後、前泊さんの言葉をいきなり出してますけど、歴史と関係ないところがありますが、えーっ、これ何時まででしたっけ？

司会Ｙ　50分までです。

末木　　50分、ってことは最初の40分、過ぎたんでしょ？やっぱり40分タイマーがね、鳴るんですよ（笑）

司会Ｎ　休憩とりますか？

末木　　え？

司会Ｎ　3分、休憩とります？

末木　　取りましょうか、じゃあ、はい（笑）。

司会Ｎ　高校の先生なので、50分で体が一回止まる。

受Ｋ　　大体わかるの？

末木　　50分授業なんですけど、40分くらいすぎると、何となく、終わりかなっていう…。

一同：　（笑）。

末木　　今、ソワソワっとしたのが多分それぐらい、40分ぐらい。

司会Ｎ　すいません。講師のワガママなんですけど3分休憩お願いします。

一同　　（笑）

末木　　少し休憩を（笑）、すいません。…不思議なもんですね。

・・・　休　憩　・・・

千島艦事件の訴訟合戦
ーカークウッドの補足

司会Ｙ　じゃあ再開ということでお願いします。

末木　　さて、前泊さんの話の前に、さきほどのカークウッドを調べたのは、

もともと大学院の授業でカークウッドを調べた手塚豊さんっていう
有名な法制史の先生がいるんですけど。その論文を読んだので、面
白いなと思って、それで史料がもっとあれば書けるかなって思って
やってみたら意外と史料があったわけです。当初は、千島艦事件
に関心があって、千島艦…（書きながら **WB①**）船なんですけど、
選挙干渉が明治 25 年なんですけど、同じ年に、千島っていう最新
鋭の日本の海軍が買った船をフランスで作ってもらって、えんえん
日本まで持ってくるわけですよ。そしたら愛媛沖でラヴェンナって
いう、イギリスの船と衝突して、沈んじゃったんですね。だから到
着する前に沈んじゃったんですよ。当然みんな、何だそれはとなっ
て、乗組員が 40 人位かな、亡くなって、愛媛に碑が立ってるそう
ですけど、で、ラヴェンナ側は、当時はほぼ無傷だって言われて、
私イギリスから色々史料を取り寄せたら、無傷ではないんですね。
やっぱり、船首のところのこういうところのここら辺にポッカリ穴
があいてて、ここに水夫みたいな人が座っている写真がありました。
で、ラヴェンナの方も、この会社にとってみると、初のスチール艦、
鉄でできてる立派な船だっていうことで、訴訟合戦になるんですよ。
そういう事件が起きて有名になったんですね。そこそこ知られてる
事件だと思うんですけど、この時にカークウッドは、訴訟の日本政
府側の代理人になってくれって言われてわかりましたってやるんで
すね。イギリスの船なんですね、コレ。（**WB①**）イギリス人なん
ですけど日本政府の顧問として訴訟を指揮したんです。で、この人
がのりこんでいった時に、たまたま二審で負けるんです、日本人か
らするとカークウッドのせいで負けた、と。悪評が高いんです。こ
の時は日本人の弁護士は活躍した。岡村輝彦…。（**WB①**）有名な
カメラマンのお祖父さんなんですけど、この人の活躍で勝ったって
いうふうに言われたんですね、当時は。で、そこに興味関心があっ
て、船も好きなんで、でこれ、論文自体は千島艦事件って書いてな
いんですけど、千島とか（笑）ラヴェンナとか調べて楽しかったの
で色々史料集めたんですよ。で、実際は、カークウッドが全部仕切っ

てるんですね。日本政府も最後の謝礼金ものすごいはずんでるんで
すよ。でも岡村には全然出さない。カークウッドには岡村の何十倍
か何白倍か払うんですけど、それ言わないんですよね。つまり対外
硬って言うんですけど、外国に対して、条約改正もありますが、ノ
ルマントン号事件とかありますよね。だから、外国に対して弱腰だっ
ていうことに対しては、政府が意識してるんです。だから日本人が
活躍したっていうことで、話が収まっていく。最後勝ったわけじゃ
ないんですけど、示談になるんですけど、実は最初から最後までカー
クウッドがやったんです。この後だんだんそういう対外硬の声が高
まっていくんですけど、その辺が面白いなぁと思って、で、論文に
しやすいカークウッドを書いて以降、千島艦事件からちょっと遠ざ
かってますけど、訴訟合戦ってとこですね。そこの面白さが実はあ
るんです。せっかくイギリスから取り寄せた、二万円位かかったか
な、その史料はまだ眠っておりますが、写真だけ持ってきました。
ここだけ、ここから、破損してる。つまり、無傷なのにふっかけて
きてると思うわけです、日本人からすると。日本側が訴えたのと同
時に向こう側も訴えてきたんですね。反訟って言うんですけど、反
訴か、ごめんなさい、反訴。（**WB①**）こっちだって、被害受けて
んだって言って訴訟起こして。そしたら怒ったんですよ、日本人が。
何言ってんだ、と。**そっちは無傷じゃないか、こっちは人も死んで
んだぞっていう、そういう、国民の意識が高まってるということで
すかね。**その辺が、民衆意識というか、人々の意識が高まってる、
ということかなぁと思います。その辺の面白さがあるんですけど、
ということで、補足でございました。

前泊博盛氏の事例が示すもの

で、前泊さんの言葉なんですけど、歴史の本よりも、やっぱり高校
教員なので色々な政治や経済の本に影響を受けやすいというか、意
外とそういうところがヒントになったりしてるなぁと思うんです。
この（琉球新報の記者だった人ですね。）、言ってる言葉が結構、あぁ

そうなのか、と思ってですね、マルクスの逸話が出てますよね。ハーヴァード大学の人に言われた言葉なんですけど、この人自身は、日本政府とアメリカ政府との安保条約に関する密約の報道で有名になった人なんですけど、その前に、学校の保健室を廻って色々調べてた。そのデータを取って検証する連載記事を書いた、っていうことをもってアメリカの賞を受け取った、ということですね。で、意外とその保健室のデータが若者の不思議な行動、例えば悩みの問題とかそういったものを、世界的な関心も呼んだということだと思うんですけど、それを本人はわからなくて、何でこんなローカルな地方紙の記事に賞をもらえたのかって話の時に、ハーヴァードの人が言ったと。マルクスが、「世界中の労働者と対話をしたか？ノーだ。」と。イギリスのランカスターという一つの村を徹底的に調べると、結局それが、世界に通ずる理論になったんだっていうことを言ったっていうんですね。だから、このハーヴァードの人が誰なのかわからないですけど、本には出て来ないんですけど、そういうところから、どんなテーマでも掘り下げていくと結局、本質的な部分、つまりどの国の人も共通のテーマに辿りつく、と。**ローカルな仕事をしているつもりが実はグローバルな仕事になってるっていうことですね。**この辺は、励みになるというか、あ、そうやって、自分が思っている以上に価値があるんだっていう話なんです。それを励みにやっているところもあります。これが、『権力 vs. 調査報道』という本にのっています[4]。すごいです、この本。全然この話と関係ないんですけど（笑）、記者の人がいかにしてスクープをものにしたかって本なんですよ。まぁプロセスですね。ちょうどこの講座ですよ。プロセス解明講座。だから、ほんとは出しちゃマズいようなところも、ギリギリのところまで喋る、っていう感じを出すんですよ。例えば密約の話とか、米軍関係の話なんか、調べにくいわけですけど、そういうときに、どう工夫するかですね。これさっきの、こういうことに気づくヒントになりやすいかなと思うんですけど。例えば、潜水艦と船が衝突した事故がありましたけど、なだし

おの事件です。憶えてます？なだしお…90年代ですかね。88年か。自衛隊の船と漁船がぶつかって、そうすると千島艦事件と同じなんですけど、どっちに責任があるかって話になるんです。これ結構認定が難しいようです、一応こっち側が回避しなきゃいけないって決まってはいるそうなんですけど、やっぱり潮の流れとかって色々ありますし、スピードもありますので、一概に言えないそうなんですけど、（あ、これはアメリカじゃないです、ごめんなさい）。で、どうしたかっていうと、この角度でぶつかるとこうなる、みたいな予想ですね、専門家ではない記者が、どういう資料を自衛隊の人がつくるかって想像して、おそらくチャート図みたいの作るんじゃないかって三枚の図を用意した、と。（**WB①**）チャート図を。記者がですね。本物っぽくつくって。で持ってった。その事情を知ってそうな人のところに持っていって、見せた。そしたら、ぇ、どこで手に入れたんだ！？って反応した。あ、コレだって言って報道したっていう。だから偽物なんですけど、その事情を言わなくて多分コレなんだろうなぁって思うものを見せて、で反応を見て、あこれイケるっていって、スクープを出す、と。あぁそういうことをやってるんだ、と。色々、想像するってこと、どういうところに何があるのかとか、どうやったら事実を認めざるを得ないかっていうところが面白いなぁと思ってます。そういうのが満載なので、ここまで言っていいのかなみたいなのも載っております。この本の宣伝してもしょうがないんですけど（笑）。でも面白い本です。だから調べること自体、やっぱり共通してるものがあるんだろうなって思います。

研究手法のちがい

さて、それで研究手法の話、さっき、お話ししましたんで、共通してる部分はあるんですけど、ちょっと違うなぁというところがあります。今回の選挙干渉の話は、文学部出身と法学部出身でたぶんここは違うんだろうなぁって思うところ、感じるところがあったので、これをあえて出してるんです。さきほど言ったように史料を見つけ

［上］伊藤博文　［左］井上毅　［右］山県有朋

て、「○○家文書」みたいなものを解読していくというのは文学部出身の方が得意とするところですね。その史料を使って、自分も研究していくっていう手法です。違うところで言えばですね。法学部出身の「政治」史の人はどちらかというと、政治家同士のやりとりですね。それを当時の社会構造とか、政治体制の中で位置付けていって、どういうふうに考えて、どういう組織を動かしていったか、みたいなところですね。力学的なものっていうんですかね、政局的なものですね。つまり、伊藤博文はこの時どういうふうに裏で動いたかとか、そういうようなことを探ろうとするわけです。そうすると手紙の分析っていうのは、すごく役に立つわけですね。表に出ないんだけど、伊藤博文が山県有朋に何を言ってるかとかですね。あるいは井上毅に何を指示して何をやらせてるか、みたいなことを浮き彫りにしていく手法。これも一つ、できるわけです。勿論文学部出身の人でそういうのを得意とする人もいますが、ちょっと毛色が違うところがあるんだということなんですね。で、今回のその違いは、今の本とちょっと重なるんですけど、（WB②：p6）別に文学部出身の人だからっていうことだけではないのかもしれませんけど、権力ってものを意識してるかどうかの違いなんですね。そこのところ、やっぱり、私が文学部出身の人のものを読むと、何かおかしいなっていうか、調べる前から、何か違うなって思うところが出てくるわけですね。で、**今の段階で言うと、たぶんそれは権力っていうものがどう使われているかっていうことに目が向くか向かないかっていうところ。**で向いてるのかもしれないんだけど、そこに対してあまり強くないというか。その違いが実は大きいんじゃないかなぁと感じて

ます。これが、選挙干渉の通説っていうことになるんですけど（**WB②**）、通説の弱いところというか、私が〝ん？〟って思ったところですね。

松方さんに対する評価

さて、それもまた伏線なので、選挙干渉の話に入っていきたいと思います。選挙干渉事件というものを通して、どういうふうに私なりの結論を出していったかって話ですね。具体的なケーススタディー的な感じでいきたいと思います。でですね、明治25年っていう話をしました。松方内閣なんですね。（**WB②**）。松方正義ってご存知ですか？名前ぐらいは聞いたことあります？松方デフレでたぶん有名だと思うんですけど、どちらかというと経済に強い政治家です。大蔵大臣とかやりながら、財政とか経済に強いねっていうところで立場を強くしていくんですね。（**WB②**）松方さんの評価というのは、どういう評価かというと、優柔不断という評価なんです。物事を自分で決めて、これやれ、あれやれっていうのはできない人っていう評価。実際そういうところがあったようですけど、伊藤とか、山県とか、名だたる人達が当時いるわけです。そういう人達が一切、内閣に入ってくれないんですね、この時。伊藤、山県、黒幕と呼ばれるような人達。こういった、薩長の藩閥政治家の中でも、重鎮、大物とされる人が入らないんです。で、外から動かしていくっていうスタイルを取ったんですね。選挙に関しては、内務大臣が所管して選挙をやります。（**WB②**）当時は品川弥二郎という内務大臣。因みに松方という人は薩摩出身で、品川は長州の出身です。人脈が違うんですね、薩長といっても。この二人が政府の中で主導して選挙を担当することになるわけです。外から品川に対しては山県が糸を引いてるというふうに普通見るんですね。伊藤は、

松方正義

かなり距離を取るんで、特に大臣として
は（**WB②**）陸奥宗光は、伊藤系だと言
われるわけです。陸奥と品川は松方内閣
の中で仲違いしてるんですね。敵対する
わけです。事あるごとに。ですから代理
戦争的な感じですよ。伊藤 vs 山県のと
ころ、陸奥 vs 品川で争ってるというふ
うに普通見るんですね。その中で松方は

品川弥二郎

調整型なんだけども調整取れずに、うにゃうにゃって言って、
なかなか自分では決められない、と。色んな人に相談しながらどう
しましょうかって言ってる。特に、天皇に言われるとハイハイハイっ
て聞いている、と。ここら辺みんな一致してるんですよ。天皇の言
いなりじゃないか、と。決断力の無い松方に対しては天皇も、ボン
と言わないとやらない人なんだとみていた、ということですね。そ
ういう位置付け。これは研究者が共通して持ってる見方です。一応、
頭に入れておいて頂ければと思うとこですね。

選挙干渉事件

それで、選挙干渉。じゃ第二回の選挙の時に何が問題だったかとい
うと、一回目の選挙の時に自由党と改進党っていう民党勢力が多数
派取るんですよ。板垣退助と大隈重信がつくって、自由民権運動で
ガーッと勢力をつくった政党ですね。議会の中は自由党と改進党の
人達ばっかりになる。政府としては、この人達は反政府的ですから、
困るわけですよ。でも、超然内閣って言い方がされますけど、大丈
夫でしょ、と。議院内閣制じゃないんで、我々は議会から選ばれた
わけじゃないんだと。だから議会が何だかんだ言っても、押さえつ
けといて、権限もないんだから言わせとけばいいと思ってたわけで
す、最初ね。ですけど憲法は、実は予算のところに、議会の協賛が
必要だっていう文言を置いていて、一定程度、議会側も反発できる
わけです。で、ズルズルやってると最後、時間切れになった場合は

前年度の予算執行ってなっちゃうんですね。そうすると、毎年毎年政治やらなきゃいけないのに、前の年の予算で仕事しろって言われたら、やっぱり政府としては困るわけですよ。そこが一つの抵抗ポイントですね。政府側から見ると、嫌なわけです。予算つくりたいのに、今も議会と言えば予算をつくるのが重要な仕事ですよね。そこで予算をタテにとって、議会運営を難しくされてしまうと。これは一つの課題ですね。なので第二回選挙の前までに行き詰まったんです。もうどうにもこうにも、こっちの多数派で、議会を押さえ込まれてしまっている、政府側からすれば困ると。思ってなかったんですよ。超然内閣でいいだろうと思っていたら、あ、意外とそういうポイントあったのねってとこで、攻められてしまう。これ選挙で変えるしかないわけですよ。多数派が自由党と改進党である以上はずーっと抵抗できるわけですから、それまでの第一議会、第二議会は何をしたかっていうと、一応、切り崩して、まぁ買収したって言われてますけど、予算に賛成してもらうように促して、最後はゴチャゴチャになって、予算立てられないのも困るからじゃあ妥協しようって人が出てくるんですね。それを「土佐派の裏切り」っていうんですけど、自由党の中の、高知出身者を中心とした一部の人が賛成に回って一応通ります。ただそのやり方って綱渡りなわけですよ。お金渡してますから。汚いやり方ですから。あまりいっつもいっつもやってるわけにいかないですね。なのでこの抜本的問題解決は、民党側を少数派にするしかないという課題なんです。そこで選挙干渉という話が出てくるわけですよ。普通に選挙やって勝てるんだったら、このあいだの衆院選もそうですけど、まぁ普通にやりますよね。何もしなくてもいいわけですよ。でも無理矢理、これを崩さなきゃいけないと。というところで、無理が生じるっていうことですね。つまり、明治23年の一回目の選挙を戦って、まだ一年半なわけですよ。ということは、普通、どう政治学は見るかというと、小選挙区制は現職議員有利なんです。つまりその地域で一位になった人の票っていうのは何かない限り動かないわけですよね。それを逆

転するって非常に難しいわけです。再選の可能性が非常に高いんです。で当時は小選挙区制です、全部。これ政府にとってみると普通のやり方でやってたら、勝てないんですよ。ひっくり返せないんですよね。なので、そこに無理が生じる、といったこともあるんですね。解決困難な、せまーい道を見つけなきゃいけないってことになるわけです。で、どういう立場を取ったかっていうと、山県系の人達は、品川もそうなんですけど、何回でも解散してやれ、と。民党を切り崩して、切り崩して、これが少数派になるまで何回でもやってですね、そしたら最後は勝てるかもしれない、と。解散につぐ解散っていうことを言うわけですね。これがその山県系の人達の、あっ…これ言っちゃマズかったのか…。資料で推測してもらおう思ったんだな（笑）。最初に気づいてよかった。品川は、というか山県がそういう立場なんですよ。皆さんのテキストに図表がありますね。これ論文で使ったんですけど、図表の開いたとこ、左側（図１）ですね。これが通説、今までの研究者がどう言ったかってことなんですけど、今までの研究者たちは、伊藤博文と天皇は、一緒に明治憲法をつくった仲間である、と。で天皇は伊藤に対して非常に高く評価している。そのことを重視するんですね。改革派、であると。一括りにするんですよ。左側のカテゴリーで伊藤・天皇は、政権譲渡つまり民党側に政権を譲るのは当然ダメだし、それから、山県や樺山が言ってるような、連続解散をずーっとしていって最後は憲法停止して、無理矢理民党側勢力を封じ込めて、やってしまえ、と。これでは明治憲

		伊藤・天皇	山県・樺山
議会対策	政権譲渡	×	×
	憲法停止 ＝ 連続解散	× ⟷	○
		「改革派」	「保守派」

図１　先行研究にもとづく藩閥内対立の構図

法をせっかくつくったのに、いきなりもう停止ですから、つくった側からしたら、とんでもない話ですね。だから×なんですよ。といっことで共同歩調で、右側の野蛮なことを言っている山県・樺山あたりは、保守派である。武断派とも言うんですけど、そういう力ずくでやりましょうって人達だと。その文治派と武断派っていう、別の言い方もあるんですね。改革派と保守派っていうのもあるんですけど。これは民党勢力に対する態度の違いでもあると分析されてきました。この時期の分析としては合ってると思うんですね。だけどその選挙干渉に関してこうなのかってことはもう一回やらなきゃいけないですよね。この時どうだったのかというのは別の問題なわけ。初期議会期の、明治20年代半ばぐらいは、こんな感じですよっていうアバウトな図なわけですよ。

それぞれのスタンスー山県

で、右側（図2）なんです。今回、色々調べて、もう少し精緻化してみると、違うんじゃないのかなっていうことなんですね。まず、史料を読み取って、埋めてもらえたらと思ってちょっと空けてあるんですけど、資料集の1ページ（**資料：p85**）ですね。1の藩閥政府内の対立と山県・樺山・土方・伊藤・松方・品川ってありますよね。一応その図のところに対応している、色々な史料からピックアップ

		伊藤	天皇	山県	樺山
議会対策	（一）政権譲渡				
	（二）憲法停止				
	（三）連続解散				
総選挙対策	（四）選挙干渉				
	（五）新党組織				
		閣内	陸奥	松方	品川	樺山

図2　議会・総選挙をめぐる藩閥内対立の構図

36

してます。まず、山県。「若（もし）、一回之選挙に於て志誠着実、
……実業主義を抱持する士民多数を得るに至れは、」国民及び、こ
れ政府の政が入ると思うんですけど、政「府之大幸と存候」と。わ
かりますかね。もともとは、その何回でも解散してやれって人なん
ですけど、松方に対して、議会を解散したのは 12 月 25 日なんです
けど翌日付の手紙では、色々言ってるんですけど、一回選挙やって
ですね、何回でもやれと言うんだけど、その後ですね。もし、一回
選挙やって、我々の希望するような人ですね、「志誠着実、……実
業主義を抱持する」ような人、過激派のような民党勢力じゃなくて、
そういう人を多数得られれば、これはいいですよね、ということを
言ってます。**だから、連続解散をしろと言ってるわけでもなく、そ
れは持論ではあるんですけど、今回の選挙でもし勝ったらこれラッ
キーだね、ってことですね。**ということで、山県の図のところですね、
政権譲渡は実はみんな×なんですね。藩閥政府ですから、民党勢力
に政権渡したら自分たち野党ですから、まず議会対策の（一）の政
権譲渡は全員×です。伊藤、天皇、山県、樺山ですね。そこは共通
なんです。で、その後ですね。山県の所を縦に見て頂いて、憲法停
止を言っているかどうか。ここはちょっと議論になるんですけど、
これは×なんです。**史料上、山県が憲法停止してしまえって言って
る史料はないんですね。（WB②）**これ今回、載せてません。ない
ので載せられないんですけど、あるって言う人もいるんです。憲法
停止は×なんです。で、連続解散は○なんですね。山県の持論は連
続解散。どんどん解散してしまえと。ただ今回の選挙に関していうと、
勝ったらいいよね、っていうスタンスですから、これ選挙干渉自体
は別にいいんですよね。持論が○とすれば△ぐらいですね。別に拒
んでないんですよ。何らかのやり方で一回で勝ったらこれはいいよ
ね、って言うんです。で、新党をつくるってことに関しては×ですね。
これ山県です。×、×、○、△、×ですね。よろしいですか。

樺山

次、樺山って人ですね。樺山資紀。これは本人の手紙じゃないんで
すけど、山県に対して品川が後日送ってる手紙ですね。これ選挙終
わってるんです、3月ですから。「樺山は選挙の困難を知らぬではあ
るまいけれども、つまり武断主義にて二度も三度も解散終に停止と
まで論じ居候得ども、この内閣でその様な事が出来るならばやじ」っ
てのは弥二郎ですね、自分のことです、「やじ今日去りはせぬなり」
と。本人やめるので、やめる時にあたって、言ってるわけです。つ
まり選挙はそんなに簡単に勝てないのに、樺山は、どんどん行け、と。
(**WB②**) 政権交代は当然ノーなんですけど。憲法停止まで言ってる
と。これ品川の言葉ではありますけど、一応樺山はそういうことを
言ってるぞということは読み取れますよね。で、二度も三度も解散
してしまえ、○。連続解散。選挙干渉に関しては、ちょっとまぁ、ハッ
キリ言ってないわけなんで△っていうかですね、わかんないです。
新党組織×。っていう感じですかね。ちょっと乏しい史料で申し訳
ないですけど…はい。今読んで頂いてわかったと思うんですけども、
二度も三度も解散で、最後は停止だって言ってますから連続解散と、
憲法停止は別のことなんですね。どんどん解散してって、結局最後
ダメだったら停止だって言ってますよね。そこゴッチャにしてるん
です。通説はね。憲法停止＝連続解散、ですから一括りにしちゃって、
あの武断派だからどんどん行けって言ってるんだというアバウトな
見方をしていると思います。史料見るとやっぱり違うんですよね。
同じ人が両方やれって言ってるから、同じように見えちゃうんだけ
ど、違うことなんですね。なので山県系の人が、品川もそうなんで
すけど、憲法停止を言ってる史料は見つからないんですね。だから
ここ違うんですよ、実は、ということを示しております。土方ってい
う人は、樺山系の人なんですけど、言ってることが、憲法も議会
も断然中止っていう、まぁすごい強気なんです。宮内大臣です、当時。
だから、樺山や土方は、憲法停止まで言ってる人達です。はい。

伊藤

伊藤はどうか。天皇が、何回も聞くんですよ。〝伊藤君、どうかね？〟と。今回の選挙。そうすると、「何等考ふる所なし」。これ、『明治天皇紀』という、史料をもとにして書かれている、―昭和天皇紀、出てますよね。あれの明治ヴァージョンですよ。―ですから専門家が史料突き合わせて記述してます。もとの史料はあるんですけど、「何等考ふる所なし」はその編集者が書いてます。もとの史料はというと、徳大寺の日記ですね。侍従長です。「衆議院選挙見込無之事」だから、これを「何等考ふる所なし」というふうに解釈してます。冷たいんですよ。どうかね、と聞いてるのに、これは大変なことなんじゃないかって言ってるのに、いやいや、私何もわかりませんと、非常に冷たい態度を取るんですね。通説の、(**WB②**) 伊藤と天皇は一心一体だみたいなのは、全然違いますよ。で最後は新党組織をするって言ってるんです。これ、今回は紹介してませんけど。私は新しい政党を組織しますからそれで選挙戦いましょうと最後に言い出すんですね。それまでの下問に対しては冷たいんです。だから関わりたくないっていうことですね。政権譲渡も×だし、勿論憲法つくった本人ですから、憲法停止も×だし、連続解散も冷ややかに見てるわけです。そんなことできるわけないでしょ、と。で、選挙干渉は×なんです。そんな野蛮なやり方なんかダメだと。**でどうするかっていうと、多数派に勝てる政党を新たにつくって、選挙で勝てばいいでしょっていう。**確かにこれ対抗策ではありますよね。我々の党をつくろうじゃないかと。この間の選挙（衆院選）もそうでしたね。希望の党をつくりましょう、立憲民主党をつくりましょうみたいなところで、対抗していくと。ただ一回の選挙で勝てるかどうかっていう問題は勿論ありますからね。現実的かどうかは別にして伊藤はそういうことを言っているんですね。これも解決策ではあると思います、はい。

天皇

で問題は天皇ですね。松方が、閣内では天皇の言うことにすごく従順なんです。一応、閣内は松方ってしてます。その史料ですね、松方正義。「総理は此度は大奮発にて断然仮面を脱し政府党として運動させ度」そういう意向であるというふうに、伊東巳代治って人が報告してます。急に、仮面を脱いで元気になったと。政府党として、明らかに踏み出して行こうとしてますと言ってます。何でこの12月27日に、松方が急にそんなに態度を明らかにしたのかというと、天皇の意向が強く作用してるだろうということなんです。次の「天皇の意向」というところなんですけど、**天皇は、（WB②）何のことはなくて、選挙干渉をやれって言ってるわけじゃないんですけど、一回で決着つけろって言うんですよ。**この後ちょっと見てもらおうと思うんですけど。それは、天皇しか言ってないんですね。今までの人達は一回で決着つけましょうよって言ってないんです。何回でも解散してもいいからやりましょうよ、とか、もういいよ、憲法も議会も止めちゃおうよ、っていう、そういう人はいましたけど、一回で何とかして勝つんだ。**その一回で勝とうって態度自体は伊藤と同じかもしれませんけど、政党をつくることは絶対嫌なんです。**天皇の政党組織に対する嫌悪感ってすごい強いんですね。それは史料上ハッキリしてるんです。なので、選挙干渉に関して言えば、ここは共通なんですよ。（WB②）資料のその図にありますけど。で、ここだけ×なんですよね。**伊藤だけ×で、あとの人達は、ハッキリ、イエスと言ってるわけではないんですけど、許容して一回だったらいいよっていうスタンスを見せてますから、何回でもいいっていうのは、一回で解決するならそれはそれに越したことはないということなので、通説のアバウトな見方は、この選挙干渉に関していうと通用しないということですね。**だから伊藤と天皇をくっつける見方というのはこの場合はできないんじゃないのってことですね。（WB②）天皇の意向というのはすごく重要なわけですよ。ここが、ポイントであるわけです。

品川

その前にちょっと品川も載ってますので品川も見ていきましょうか。①（**資料：p86**）。「二回三回之解散ハ好マヌコトナレども其覚悟」これ12月27日ですよね。もともとは何回でも解散しろって立場なんですよ。二三回の解散はいいって言ってるんです。そういう覚悟でいるんだって言ってますよね。山県と一緒です。憲法停止は見当たらないんですけど、②番ですね「頻ニ内務大臣ヨリ報知有リ」。宮内大臣の土方が、何かやたらに内務大臣が選挙のことに関して報告してきてるぞ、って言ってます。で③番は、これもよく知られてる手紙なんですけど、松方に対して品川が、「高知、大阪、富山等血を見せはじめ、今日より十五日間は、寒中に血花を散らす事も候半と憂慮仕候」だから、選挙戦で、流血事態になることも、憂慮してますよ、と。ただ、「行掛り、萬不得止事と存候」。行き掛り上、しょうがないんだと。憂慮してるってことと、行き掛り上しょうがないっていうのは、スタンスが違うんですけど、本人の意向はそうなんですよね。気持ちとしては。で「今日迄は、存外に各府県ともに静穏に経過仕候」。意外に静かって言ってるんですね。でも血をみることは既定路線なんです。しょうがないです、これは。だけど心配はしている。ま今んとこまだ静かだねっていう。わかります？ちょっと矛盾してるわけですよ。このスタンスは何から来るのかですよね。今までは、いや品川っていうのは、ドカーンってなる人なんだと。確かにその大げさに泣いたりわめいたりするっていうことがあったらしくて、史料でもあるんです。そういうイメージがあるので、何ていうのかな…すごく、もう覚悟して、どんどん行こうとしてる、と。そういう証拠の史料だって言われてきましたけど、よくよく読むと憂慮はしてるんですね。このままやったらもう血を流すことはもう目に見えてると。つまり選挙干渉やったら、血は流れるぞ、と。その選挙の困難さもわかってるわけですよ。さっきの樺山に対してね、選挙の困難を知らないじゃないかと。知らないわけじゃないのにって言ってますけど、要は樺山は知らないって言って

るわけですよね。私はわかってんだと。そんなに簡単にいくわけないじゃないのと。だから何回でも、って言ったのに、一回でやれって言われてるから、そこなんですよ。つまり、天皇の意向があるから、結局、行き掛り上しょうがないです、と。そういうふうに読み取ることができるんですね。この史料だけだと読み取れませんけど、でも、今まで言われてることも、大ざっぱすぎるってことはわかると思うんですね。憂慮はしてるんです。

天皇の意向

天皇は何を言ったのかっていうと、資料にある三つの書簡ですね（**資料：p86**）。ちょっと昔の言い方なのでわかりにくいと思いますが、まず12月26日に、伊藤に対して徳大寺侍従長を通してしか手紙出せませんから、要は、天皇の意向を徳大寺が、あーわかりました、手紙書きますっていって書いてます。これは、よく知られてる手紙で、「抑議員再選挙に就而は同一の議員を再選致候而は幾度も解散不詳の結果を生すへくやと深御憂慮被遊、松方大臣へも度々御沙汰相成、各地方官へも注意之儀内示有之候得共、将来良民の議員となる事を被為望候」ということで、やっぱりですね、民党議員がもう一回再選されたら、結局何回でも解散しろと言ってる人達の言う通り何回も解散することになっちゃうと。それを憂慮していると。だから、松方にも色々、「御沙汰」って言ってますよね。何を言ってるかわかりませんけど何か言ってると。そして地方官にも注意させようとしている、と。天皇の意向は、将来、良民が議員となることを希望してるんだってことがわかりますよね。将来ってことなんで、この史料だけでは、今すぐやれって言ってるようには読めないわけですね。ここの史料をもとに天皇は希望を言っているっていうのが通説の解釈です。はい。で12月31日、山田顕義—日大の創始者ですね—に対して、徳大寺侍従長がまた言ってるんですね。「此後之選挙ハ党派代議士テナク、実業家之良民を選挙致し候様」。これはハッキリ言ってますね。この選挙は民党議員じゃなくて、実業

を持っている人達、常識ある人達を選挙して欲しいと思ってますよ、と。ただこれ、侍従長の言葉とも読めますから、天皇の意向かどうかがハッキリしないっていうところはあります。ただ今回の選挙っていう意向がちょっと滲み出てますよね。で最後ですね。日付は、12月28日。品川に対して松方首相が、手紙を出しています。この日にですね、松方は、天皇のところに奏上に行くわけですね。「陳者本日改選之手続細大奏上仕候処、精々今般之選挙尽力相成、良結果に至り候様再三御沙汰拝承仕候次第、実に恐縮」云々。わかります、これ？今日行ったわけですよ。選挙をやるっていう手続きについて報告に行きましたよと。そしたら、一生懸命今回の選挙は力を尽くせと。天皇ですよ。天皇がそう言って、良い結果になるよう指示した、ってわけですね。「御沙汰」ってのはそういうことなんですよ。今回の選挙、何とかしてくれないと困るぞ、ということですね。一回の選挙で決着つけろよと。で、その後ですね、「内務大臣より言上可仕候旨も奏上仕」。つまり、ああ、わかりました。品川内務大臣が担当なので、報告させますからご安心して下さい、というふうに首相は言ったってことですね。だからお願いですから近日中に、天皇のところに行って、選挙のことに関して報告して下さいね、っていうふうに品川に言ってるんですね。ということはですね、これハッキリしましたね。侍従長ではなく、首相が天皇からこう言われてるんですよって内務大臣に報告してますから、それを、何というのかな、偽造っていうか、天皇の意向を歪めたというふうには普通見ないわけですよ。ということなので**一番前のめりなのは天皇であると**。この選挙一回でっていうのは。これを読み取れるってことなんですよ。

意向を受けた品川・松方

ということで、従来の、希望的な観測じゃないかという、希望を言ってるけどそれは希望ですよね、っていうのとは違って、ハッキリ言ってると。指示出してるわけですよ。で言われた側は、じゃどう

やったらこの無理な選挙、一回で決着つけるっていうのをやればい
いかですね。伊藤の新党組織は、ダメだって言われちゃったんです
よ。他の人達はもう総スカンですよ。こんなこと言ってると。そん
なできるわけないだろって言われてボツなんですね。ということは
もう、品川が覚悟したみたいに、無理矢理やるしかないってことで
すよ。それしかもう残ってなかったってことですね。**天皇の意向を、
わかりました、やりますって言った以上は、やらなきゃいけなくなっ
ちゃったっていうことになるんですよ。**ということで、別に私が新
たに発見したものではなく、既に活字化されてる史料です。私が初
めて使用したのは一番最後の、12月28日の手紙だけです。なので
従来、殆どの史料は出てるわけですよね。ですけど、その解釈が、
一つの史料が出たことによって変わってくるわけですよ。天皇の意
向があったので品川のこの③番の書簡なんかも読み方が変わってき
ますよね。それ行き掛り上やむを得ないっていう言い方は、開き直っ
てるんじゃなくて、天皇から言われてるから、このままやったら血
が流されるぞと。わかってるんだけどやらざるを得ないんですって
ことですよね。意外に品川は苦しい立場に置かれてるってことです。
ほんとだったら何回でも解散してやってほしいのに、いやいや今回
だけだって言われて、わかりましたって言って。で、首相もそう言
われたんで、27日から大奮発して、下命を出した、と。お、って
思うわけですね。今まで優柔不断の松方さんが、何故か急に、どん
どん行け、と。政府党としてやるぞって言い出してると。これは天
皇の意向ではないか、ということですね。という話に変わってくる
わけです。そういうわけで、表を埋めて頂いて一応話としてもちょ
うど時間がやってまいりました。私は博士論文を書いたわけですけ
ど、一番大きな話で言うと、今のところです。天皇の意向で、選挙
干渉やったということはそんなことはないだろう、と。そこまでや
らないでしょってのは、普通の感覚ですし、実際そう言われてきま
したが、やっぱりやってたんじゃないかということですね。

	伊藤	天皇	山県	樺山
政権譲渡	×	×	×	×
憲法停止	×	×	○	○
連続解散	×	×	○	○
選挙干渉	×	○	△	△
新党結成	○	×	×	×

天皇の意向で政治はうごいたのか

そうすると伏線で紹介した天皇に対するイメージってのは変わって
くるわけですよ。立憲君主だとか権力分立だって言って、お飾り
で、実際には三権が仕事してましたっていう、勿論そうなんですけ
ど、こういう大事件に関していうと、首相がモタモタしてる場合に
はやっぱり言ってるんですね。ちゃんとやれ、と、一回でやれって
いう指示を出せばそれに対して従わざるを得ないわけですね。これ
別に、憲法違反じゃないですよね。統治者ですから、言っていいわ
けですよ。ただ、運用として、やらなかったっていう評価をしてき
ただけなんで、実際、何か重要なことがあったら介入した、という
ことですね。指示を出して、それで政治を動かしていたっていうこ
とです。ただ、これは、失敗するんです。大津事件の時も天皇は裁
判に干渉するんですけど、それも失敗するんですね。**なので、失敗、
失敗で、おそらく学習して、政治に口を出さなくなったっていうの
が私の仮説です。** この後のことはまだ調べてないですけど、だから、
後世から見ると、何か最初からうまーくやってるように見えるわけ
です。憲法を守りつつ、伊藤とか使いながら、距離を取って、政治
に関して直接やらなかったように見えるんですけど、実はやった結
果、失敗して、あっマズいぞと。大臣やめちゃったり、内閣変わっ
ちゃったりしちゃうぞ、ということで、学習してやらなくなったと
いうふうに思っております。はい。やっぱり失敗しないと、学ばな
いですよね。というのが、私の今のところの仮説です。ということで、

明日は、よりディープなところですね、今のところで論文の主眼は紹介しましたけど、研究者の通説が、どうやって成り立ってきたのかっていうところもですね、じゃあ何だったんだろうかって話になりますよね。その辺を見ていきたいなぁと思っております。ということで、ちょっと時間、オーバーしちゃいましたけど　最後質問を、とか思ってたけど途中で質問頂きましたけど、何かありますか？今日のとこに関して。選挙干渉に関しては、よろしいですか、今の話？具体的な手法とかは明日と思って、あまり細かい話はしないようにしようと思ったんですけど。色分けのとこですよね。理解して頂ければと思いますが。…大丈夫ですか、はい。わかりました。そんなわけで…。

司会Y　時間になりましたので、本日の講座は終了したいと思います。ありがとうございます。

末木　ありがとうございました。

司会Y　で、次回ですが明日、同じこちらの部屋で、14時半から開始となりますので、そちらもよろしくお願いいたします。じゃ今日は終了します。ありがとうございました。

一同　ありがとうございました。

1．近代日本の内容骨格
―通説への挑戦と新たなる手法―

講座２日目

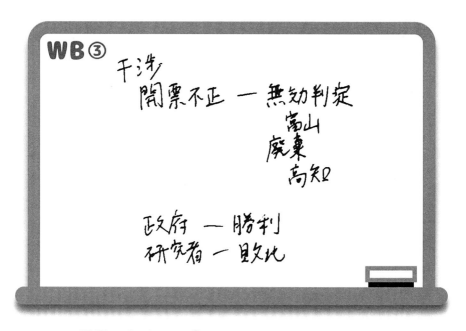

１日目のおさらい①

末木　　まず、(2)番「研究手法」（Resume : p3）のとこなんですけども、これも今日のお話に関わってくるんですが、「歴史」やってる人と「政治」やってる人がいて、その中間で「政治史」やってる人がいますので、「歴史」、つまり文学部出身の人と、法学部で「政治」を学んだり法律を学んだりして「歴史」をやってる人が「政治」「史」やってる、両方あるんですね。そこの話もちょっとしました。で、もちろん重なるんですけども、どこが違うかなっていうと、どうしても、

史料解読という要素が、文学部出身の人は強くて、法学部出身の人の「政治」「史」、「政治」学を学んだ人の「政治」「史」はどちらかというと、権力構造の中で、誰が力を持ってる、伊藤と山県がどういうふうに、物事を調整し合って対立し、みたいなそういう薩長藩閥政府の中で、政治家同士の人間関係、相克みたいなものを描き出す。勿論、これを文学部出身の人がやってないわけではないんですけども、そういうような特色、特徴があるかなと思います。その話をまたしたいと思っております。で、その後の、「選挙とは、干渉とは」という話のところで昨日は、問題を、私がどんどん言ってしまいましたが、資料集の、一ですね。「藩閥政府内の対立」（**資料：p85**）を使いながら（テキストに挟み込まれております）、図２（p36）を使いながら、昨日は穴埋め方式で話をしました。もう一回やると時間かかってしまいますので、資料の政治家がそれぞれ書簡で言っているところを使っていくと、（**WB②：p6**）伊藤、天皇、山県、樺山、従来は左の、図１（p35）です。先行研究の人達の見方はかなり大ざっぱで、つまり選挙干渉、明治25年っていうのをみて言ってるんじゃなくて、その頃、憲法がつくられ、しばらくした時期、明治中期はこんな感じだよ、と。伊藤と天皇の考え方が非常に近接していて、それに対して山県・樺山が保守派で、どんどんいけと自由民権をつぶすような形で、自由党とか改進党をつぶそうみたいな図式を描いてきました。ただこれをもう少し精緻化した方がいいんじゃないかということで、次です。ざっといくと、政権譲渡というのは要するに、自由党と改進党が強いのでその人達に政権を譲ってしまおうかっていう話も実はあるんですね。いや、とんでもない、と。それは、自分たちの権力をみすみす手放すことになりますから、これは全員×なんですね。政権交代ですからね。追い込まれたらしょうがないですけど、何か始まる前に降参するってことは、誰も考えてないわけです。で、（二）番、（三）番ですね。憲法停止。（**WB②**）従来の研究は、憲法停止と連続解散について、山県・樺山は○である、と。つまり主張してるっていうふうに捉えてきたわけですが、史料にも

とづくと山県がそれを言ってる形跡はないんですね。樺山は言って
る。憲法停止ですね。連続解散は、山県も言ってますし樺山も言っ
てる。この二つは違うんですね。連続解散して、行き着くところで
憲法停止になるかもしれないと。それでもいいんだっていうのが樺
山。その辺のところをちょっとお話ししました。で、これは当時の
状況が追い込まれてますので。何故追い込まれてるかっていうと、
最初の選挙で、自由党と改進党が勝って、議会は、（**WB②**）政府側
が有利になってないんですね。自由民権の流れを汲んでいる民党と
呼ばれる、二つの政党勢力が多数派なんです。でもそれでもいいと
思ったんですね、明治政府は。何故ならば、議院内閣制じゃないので、
超然内閣なので、議会が何と言おうとも我々のやりたいことやるん
だと。思ってたんですが、躓きは、予算については議会の協賛がな
いと通せないと。ここを武器に、民党側は戦うわけです。そうする
と思ったように通らないんですね。陸・海、とくに陸軍の予算を減
らせとかですね、そんなことよりも国民生活にまわそうじゃないか
みたいな話の中で、政府は追い込まれていくんです。それで、にっ
ちもさっちもいかなくなったんでどうしましょうかという話なんで
すね。政権譲渡はさすがにまだ何もしてないのに降参はできない、
と。でいきなり憲法停止ってのも、クーデターみたいなものですか
ら、わざわざ自分達でつくった憲法を、この危機につぶすってこと
になっちゃいますよね。連続解散は、多数派民党を崩すためには、
何度か選挙やらないと勝てないだろうと。今の自民党に対する野党
勢力、あんまり勢力持ってませんよね。そうするとやっぱり何回か、
何年越しか考えながら、例えば三回、四回の選挙を経て、政権交代、
ならばそうかもって言われますけど、いきなり次回勝つぞとかって
言ってもですね。「はー？！」って言われますよね。そういう状況
だっていうことなんです。なので、現実的に言うと、何度も解散し
ていいから、とにかく、民党勢力を削っていこうじゃないかってい
う主張をしている人達が保守派ってことですね。ただ今回の選挙ど
うしますかっていう、明治25年のところに入ると、選択肢として

はそんなにないわけですよ。で、伊藤は、選挙干渉、×なんですね。そんなことやるんじゃないと、いう主張をしているわけです。でも、じゃどうしたらいいかっていうと、選挙なんだから、政府党をつくって、この民党と対立する一大勢力を、新たに党を起ち上げて、それを私が引っ張るんで、それで勝ちましょうと言うんですね。だから選挙干渉しない代わりのプランとしては新しい党をつくるぞ、と。これ天皇は嫌がるんですね。（**WB②**）政党勢力、嫌いですので。何だアレはと言ってますから、×なんです。で、山県と樺山はですね、じゃあ、選挙干渉についてどうかっていうと、基本的に主張してるものは見当たりませんけど、連続解散を言ってる中に、いや一回で決着つくんだったらそれはそれでいいよねっていうのがあるんですね。だから許容してるわけですよ。そりゃそうですね。何回もやれっていうのは別に一回で決着つくんだったらＯＫという論理ですよね。で政党は嫌なんです。そうすると、従来の図式とは違って、対立してるのはどこかというと、要は、選挙干渉をやりたい、或いはやってもいいという人達と、伊藤のいや、やめてくれ、というのが対立してるんですね。だから従来は真ん中で切ってきましたけど、選挙干渉事件に関していうと、その図式は当てはまらないということを、前回はやりました。つまり天皇なんです。一回で決着つけろと唯一言ってるのは天皇だけなんですね。他の人はいや、現実的にいったらそれ無理でしょと思うから連続解散なんですけど、天皇に引っ張られる形で許容するという構図です。**一番積極的だったのは天皇ということです**。それが、私の博士論文の結論でもあります。こんな感じで、史料から読み取れることを図式化するとこんな感じですという話をして、終わりました、はい。

1日目のおさらい②－「天皇の意向」の史料

で特にですね、二の「天皇の意向」（**資料：p86**）の史料を、最後見たんですけど、そこだけちょっと見ておこうと思います。資料ですね。「天皇の意向」。従来、右の二つの書簡は知られてました。12月26日

に、伊藤に対して、徳大寺侍従長です。当時の天皇は、自分で直接
手紙出すわけにいかないので、侍従長にその意向を伝えて、侍従長
がうまーい形で、それを伝えるということになっています。ですか
ら、天皇がワァーッと言っても、その通りには当然、言わないわけ
ですね。書かないわけですよ。オブラートに包みながら、つまり責
任が問われないようにしながら伝えなきゃいけない、ということな
んで、徳大寺が、代わりに天皇の意向を伝えてます。で、これは知
られてたんですね。何て書いてあるかというと、かいつまんで言う
と、「同じ議員をもう一回再選させてしまったら、同じ事になるんじゃ
ないか」ということですね。そして、「山県たちが言っている連続解
散になってしまう」と。そうすると、確かに樺山が言ってるような
憲法停止みたいなところまできてしまうので、それは困るわけです
ね。では立憲体制を維持するためには、どうすればいいんだろうか
と。何かしなきゃいけないわけです。「そこのところを、憂慮してい
る」と伝えています。そして、松方に対しても、「度々御沙汰」があっ
たということで、一番、心配してるのは天皇なんだというところが
読み取れるわけです。そして最後ですね、「将来良民の議員となる事
を」望んでるよって話。これがちょっと、解釈が分かれるわけです
けど、「将来」って言ってますから、ゆくゆくは、っていうふうにも
読めますよね。意味としてそうなんですけど、これをどう捉えるか
ですよね。いやいや単に希望を言ってるんで、あとは政府の人が判
断して、やって下さいね、って言ってるように従来の説は言ってき
たわけです。それから、二番目の書簡もですね、山田という、当時
は大臣じゃないと思いますが、徳大寺が「天皇の意向として、この
後の選挙は、党派代議士、つまり民党ではなくて、実業家達を選挙
してほしいね」と。これ具体的ですよね。そういうこと言ってますが、
天皇としてはやっぱり「民党勢力が困る」という意向を持ってるこ
とは伝わってきます。この二つの書簡が知られていました。で三つ
目のところで、選挙を担当する品川内務大臣に対して、松方首相が、
天皇と会ったよと。で色々な改選の、つまり選挙の手続きについて

報告してきましたよ、ということを伝えています。そして、天皇の意向は、「精々今般之選挙尽力相成、良結果に至り候様」ですね。「一生懸命やってくれ」と。「力を尽くして、今回の選挙戦ってくれ」と。「そして良い結果を出すようにしろ」っていうことを、言ってるんですね。これはかなり決定的です。これは別に私が、毛筆の書簡を読み取ったわけじゃなくて、本に載ってるんです。活字化されてるんですね。だから誰でも読もうと思ったら読めるんですけども、その史料が、使われてこなかったということです。従来の通説が出た後に、活字化されてます。勿論あの書簡自体は昔からあるんですよ。それで、その後ですね。「選挙の見込は内務大臣に伝えさせますよ」と言ったんで、「申し訳ないけど行ってくれ」ということを頼まれて品川は実際に行ってるんですね。「選挙の結果はこうですよ」、或いは、途中経過こうですみたいなことを報告してます。**天皇の意向がかなり強く作用してるというところが読み取れると思います。**

選挙とは、干渉とは

で、今日の話をしていきたいと思うんですけども、レジュメの(3)(p3)、「選挙とは、干渉とは」というところです。当時は、明治憲法がつくられて、一回目の選挙は先程言ったように民党が勝ちました。そこから一年半ぐらい経って、明治24年の12月25日に議会は解散します。蛮勇演説って有名な演説があるんですけど、それを機会に解散だって言って解散するんです。解散のときも、なかなか渋ってる松方首相に対して、天皇が早くやれって言って促して、やっと重い腰を上げて解散を決めるということなので、この解散のところから既に、天皇の意向が強く作用してます。そして先程ちょっとお話しした通り政府としてはピンチなんですね。やはり選挙ですから、近代国家としては、適切に行わないと威信に関わりますよね。一回目はそういうことでちゃんとやったわけです。何だかんだありながら。二回目も、本当は適切にやるはずなのですが、普通にやったら、民党に勝てないわけですよ。小選挙区制なんです。今もそう

ですが、基本的に何事もなければ小選挙区制で勝った当選者というのは、再選の可能性が非常に高いわけですね、一回勝ってますから。しかもその一年半前に勝った人達に対して、劣勢の政府が解散しましたっていって、民衆が「ワーッ、じゃ政府だ」ってなるかっていうと、ならないわけです。当時、非常に官僚嫌いがありますので、《有司専制》って言って批判するわけですね。政府や官僚が好き勝手やってるじゃないか。だからみんな自由民権運動に共感を寄せてるわけです。その出身者たちが多いんで、民党に対して支持する構図なので、やっぱり普通にやったら勝てないんですね。だけど天皇は、いや早く決めろ、と。決着つけろということを言ってますので、皆それに引っぱられてるわけです。やらざるを得ないんですよね。通常のやり方を取ったらできないっていうことは品川弥二郎は一番よくわかってるんです。**どうすればいいか色々考えてるわけです、選挙干渉は、別に日本だけではなく世界中に見られるわけですし、例えば、イギリスとかフランスとかでも、初期の頃はやっぱりあります。**色々な手段を使いながら、都合良い選挙結果を得ようとすることは、古今東西見られるわけです。

選挙結果を変えるには？①

それでですね、選挙は皆さん、わかってると思うので、どういう手法取ったら、選挙結果を変えることができるでしょう？これ、問題のところ、次のページの問２（**Resume：p4**）ですね。「権力を用いた選挙干渉の手段とはどのようなものがある」んでしょうか？そして、その次の問ですね。「選挙結果を変えるには何を」したら、効果的なんでしょうか、と。今でも、発展途上国の選挙をやっているところ見ると、そんなことやってるの！？っていう不正をやってます。例えば、戸籍があまり整備されていないわけで、有権者登録をさせる国はいっぱいあるんですね。「そっちから来い」、と。「私選挙に行きたいんで登録したいんです」って言ってきた人に対して、選挙権ありますねっていって認めるわけですよ。で、一回投票しま

すよね。普通は日本だと入場券があって、投票したら終わり。その
人が投票したってことはわかるわけですが、そういうのがちゃんと
整備されてないので、ディズニーランド方式です。スタンプ押して
もらう、と。そうすると消せますよね。薬品使えば。で消してですね、
次また行ってっていうことを繰り返すと。そうすると、当然、その
人達の票で選挙結果が動いたりしますよね。日本にいると戸籍シス
テムでバッチリ決まってしまってるところが、他の国に行くと有権
者登録で違うっていうことですね。それによって不正が行われてる
ことは結構、報道されてます。で、どうしますか、皆さん？政府側
の人間として。新党つくるってアイデアは、ダメだって言われて葬
り去られました。なるべく政府も、知り合いに声かけながら出ませ
んか、とかやるわけですよ。特に、実業家でビジネスやって成功し
てる人には、是非来て下さいと。お金もあるし、名声もあるし。そ
れは多分、皆さん思うと思うんですが、それだけだと選挙結果って
あまり変わらないです。どうですか、何をしますか？…Y君いかが
ですか？権力を、明治政府ばりに使えるとしたら…。

受Y　まぁ暴力ですな。

末木　（笑）…暴力。例えばどういう暴力を？ただぶん殴ってもねぇ。

受Y　例えば選挙活動の妨害ボイコット。

末木　選挙活動を妨害する、と。

受Y　あと資金源絶つために色々な法律つくって、で一、要するに資金源
　　　たる企業または団体に対する活動を停止させる。

末木　あぁなるほど。ルールを使って、法令を使って、営業停止とかね。

受Y　で、あれですか、当時の立法権に関しては、やっぱり議会で承認さ
　　　れないと。今と同じでよろしいんですか？

末木　あ、今と違うルールのつくり方もあるんで、勅令とか。

受Y　あぁ。ってことはある程度法律は作りたい放題できなくはない、や
　　　ろうと思えば？

末木　そうですね。緊急勅令とか出そうと思ったら出せるという状況なん
　　　で、そうです、行政府が、バーッと出すこともできるわけです。た

だそれあまりやるとね、条約改正とかに関わっちゃう。

受Y　あ、やっぱそれは、

末木　気にするわけです。

受Y　不平等条約解消はやっぱり常に視野にあった、政府としては？

末木　そうです、そうです。その交渉してる中で、あの国は、ルールが何もわかってないってなっちゃうとマズいんで…。でも法令の範囲内で営業を認めるという認可権を持っていればそこを使って、お前んとこダメだ、と。ついては政府党に、我々が決めた候補に入れろみたいなね。そうです。そういうのやるんですね、はい。これは暴力っていうよりは、認可権。…行政の権力を結構使って、行政権ですね。そういうことでやってる。何か他にありますか？そういう感じで選挙期間中、絶対に我が方に投票が来るように仕向けようとすると。何か思いついた方がいらっしゃれば…はい。

受S　お金の力。

末木　お金。どういうふうに使います？

受S　袖の下的な。

末木　あぁ、有権者に直接、いくら渡すから、買収ってやつですね。票を買収する。そうなんです。そういうのもあるんです。相場があったようで、県議会議員選挙って既に国政選挙の前にやってますので、そういう時にやっぱりお金がとぶわけですよ。そこはいくら出したからウチんとこはいくら出す、みたいな競争してるんですけど、国政選挙でも、結局、買収。特にその制限選挙なので、今と違って普通選挙ではありませんので、人口の１％ぐらいです。男子限定でもありますし、限られた人を買収するっていうことで、実はできてしまう、ということなんですが、ただこれはリスクもあるわけですね。買収しに行ったら、なんだと。ウチの村がとかウチの家は自由民権だ、みたいなところだと反発喰らいますよね。それで揉め事になったりするというリスクはあります。**はい、お金の力、暴力、そして行政の権力**。あと、何かありますでしょうか？

選挙結果を変えるには？②

受Y　同じような方法論で、選挙区自体を有利に変える。

末木　ん？

受Y　選挙区自体の区分けっていうのはおそらく

末木　あ、区割り

受Y　ルール変更？ すればできますね。

末木　できます、はい。

受Y　例えばそれ、今でもやってますよね。

末木　はいはい。なるほど、区割り設定を、ただちょっと、時間的に間に合わないっていう、12月に解散して、2月に選挙なんで、その前に区割りを変えちゃうっていうのは、ほんとはやりたいでしょうけどね。

受Y　あと必殺技は、警察権力を使って、しょっぴく。

末木　あーあー、そっちの暴力。

受Y　反動的なのを。

末木　逮捕。

受Y　それを（はい）マスコミ使ってばらまく。

末木　（笑）さすがですね。すごいその…悪いこと。

受Y　民党側の、要するに不祥事に繋がるように。

末木　（笑）スキャンダル。メディアを使ってですね、実際ありました、はい。暴力を使ってですね、警察が逮捕しちゃう。それをばらまく、広めるっていうのもそうですけど、新聞を使って、当時の新聞は、民党側と政府側って結構色分けもされてますので、機関紙的な感じになってるんで政府の色がついてる。特にお金が出てるんですけど、そういう新聞は盛んに、特に立候補者攻撃です。あの候補者はキリスト教徒であるとかですね。別にいいと思うんですけど、当時の人からすると、仏教徒の多いところでは、何だ、となるんですよ。それを利用してキリスト教徒だとか、実際と違うんですけど。それから、投票前日の新聞に死んだとか書くわけですよ。そうすると亡くなった人に投票はしたくないじゃないですか。とんでもないわけですよね。勝てそうにないんで、最後そういうことやって一票でも削

ろうとしたという。あとはスキャンダルでも、お金を民党側とくに
大隈重信が、怪しい人からお金もらってるとかですね、そういう噂
をばらまいたりとか、まぁ色んなことをやるんですね。**つまり考え
つく妨害行為を―これ以上にあるんですけど―ほぼ、やり尽くす感
じでやるんですね。**で、前回、言いましたけど死者が 25 人出るん
です。公式の話ですので。実際には、もっといたかもしれないです
けど。けが人が 400 人位でいるんです。これも多分もっといたんじゃ
ないかなと思いますが。選挙で死者が出るっていうのは、発展途上
国だとありますけど、とんでもないですよね。そういう時代なわけ
です。つまり暴力を振るうってことによって、ワァーッと盛り上が
る、と。特にその反発できる力を持ってる自由民権の勢力の強いと
ころは、タダやられっぱなしじゃないわけですよ。対抗できるんで
すね。だから拳銃を買い込んだり、お互いに壮士を雇ったりとかし
て、戦争まがいのことになるわけですよ。特に高知県はすごかった
です。武装した人達を乗せた船が来たんで発砲して、打ち払おうと
するとか、もう戦争ですね。警察がどうにもならないんで、最後は
憲兵なんです。陸軍の憲兵を使って、治安維持をしないとおさまら
ないんですね。それが、高知と佐賀です。特に佐賀は、歩兵が唯一
派遣されてます。ただ実際には、高知の方が酷いんですけど、その
歩兵派遣も、実は色々政府の思惑はあるということも論文に書いた
んですけど、そんな感じで、すごいことをやるわけですよ。何か思
いついたけど言ってない方がいれば、大丈夫ですか？

受 M　投開票の操作とかそういうのはないんですか。

一番、有効な選挙干渉

末木　あぁー、はいはい。そうなんです。（**WB③：p47**）開票する時に不
正をする。（**WB③**）一番、有効な選挙干渉っていうのは、色々考
えてみると有権者の行動を変えようとか、棄権させようとか、或い
はこっちに投票させようというのは色々やってもいいんですけど、
最後、開票作業をした結果、あの人勝ちましたって時に不正される

と、これもう、こっちのことは、あんまり関係なくなるんですよ。だから、実は一番決定的な選挙干渉ってのは、ココなんですね。ここで不正がないってことが証明されないと、我々の一票っていうのは全然意味がなくなっちゃうんですね。皆さん来てもらって投票されましたけども、いや実はもう、決まってますみたいなことになっちゃうわけですね。そうです。それが問題になってるんです。問にしたんですけど（問2）、この図表の最後のところ（図3）ですね。色々書いてあるんで、合法・違法の横軸と、結果に対して影響が大きいもの小さいものの縦軸、私が勝手に入れてるだけなんですけど、これ別に論文に書いてるわけじゃないです。論文に書いたことをまとめてみると、こんな感じかなって以前につくってたんで、ちょうど今回講座があるっていうんで引っ張り出してきました。一番影響が大きくてしかも合法、①。ココこれなんですね。開票する権限を持ってる人が不正をする。開票不正。言い方色々あると思うんですけど、実際行われたことで言うと（**WB③**）、無効判定をするんですね。民党勢力の候補者に入った票を無効にしてしまう。難癖つけるわけです。私が調べて、一番最初に書いた富山県の事例[5]なんですけど、（**WB③**）富山、改進党が強いんですね。改進党の島田さんって人が、富山の改進党のボスみたいな感じなんです、ただ選挙区は、比較的反対勢力の強いという、デッドヒートなんですね。島田孝之票がほんとは多かったんです。勝ったんですね、実際は。

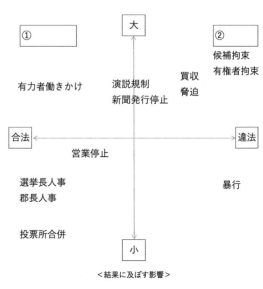

図3　選挙への干渉手段別違法性・影響マトリックス

勝ってたんですが、いやいや、この〝島〟は、島とは読めん、〝鳥
だ〟とかですね。ほんとに、裁判になるんですけど、あとは、田ん
ぼの〝田〟じゃない〝由〟だとかですね。当時の人は勿論筆書きで
やってますから、我々以上にもっと崩すわけですよ。だからここも、
活字にするとこうですけど要は、こういうような感じで書いたんだ
と思うんですけど、ちょっと抜けてしまったとか、こんなのばっか
りです。それで、無効判定で数十票無効にしてしまって、逆転。41
票差で相手候補、武部 さんが勝ったっていう形にしちゃったんで
すね。当然、投票した人は、えっ、何でそんなに無効票があるんだっ
てなりますよね。で、裁判の結果、裁判所が見て、一見して明らか
に島田票であってこれを何故、無効としたか疑問であるっていう、
そういうことを判決に書くわけですよ、それぐらいあからさまな不
正をやってます。ただ後日、その不正をした人に対しては、県から
褒美が出るんです。露骨ですけど。そういうことも報道されてます。
ということで、何が何でも勝とうっていうことは、末端の、一選挙
長って言うんですけど―、選挙の開票する人のところまで、行き渡っ
てるわけですよ。これ当然不正ですから、処分されてもしかるべき
ところですからリスクを冒してるんですね。それでも、こっち側を、
勝たせようということなんですね。はい、１番ですね。

選挙への干渉手法はいろいろ

で２番です。違法で影響が強い。これは同じような問題ですね。候
補を拘束しちゃうっていうのは一つは、２番の下にありますけど、
被選挙権の剥奪ができちゃうんですね、刑事訴追されてる人に対し
ては。なので、投票が終わってからも、有力候補を逮捕しようとして、
警察が探し回ったりするんです。で、その人が東京まで逃げてやっ
と安心したとかですね、そういうことがあるんですね。確かにそれ
で逮捕してしまって、あぁあの人は被選挙権ありませんよだと、当
選したとしてもダメなんです。そういうことを狙ったりします。実
際には逮捕されてないんですけど、そういう手法があるよってこと

です。その「違法」で「大」ってしたのは、投票の、廃棄。(**WB③**) 無効判定と一連の流れの話なんですけど (**WB③**) これ違法なんですね。要するに無効判定しておいて、票を調べられちゃうと困るので、捨てちゃうんです。それ高知の事例なんですね。調べられそうになったんで、いやいやすいませんが、何月何日から何日の間は留守にしてたんで、見当たりませんって、倉庫に入れたのにありませんでしたって言ってですね、なくなっちゃうんですよ。投票は保全を当然義務づけられていますし、当時は、記名投票なんですよ。誰が誰に投票したかが完全にわかるので、それを調べられたら終わりなんですよね。で、しょうがない、苦し紛れに捨ててしまうという、いうことでこれワンセットで、選挙結果を変えてしまおうということです。実際高知はどうなったかっていうと、有権者一人一人に調査してます。再調査だっていって、誰に投票しましたかって聞いて、集計して、それを公式のものとして裁判所が認定して、結果が違ってますねっていうふうにして、逆転します。そんなこともする、っていうことですね。**ここは、実は今まで、強調されてこなかったんです。** つまり、目につくのはココなんですやっぱりね。死者、けが人すごいぞ、と。**選挙干渉事件っていうので、イメージがありますので、暴力、ですね。** それで有名になってるわけです。しかも、民党側もタダでやられたわけじゃなくて対抗してますから、何か、どっちもどっちに見えるわけですよ。実際にどっちもどっちっていうふうに書いちゃう人もいるわけですね。いやいやお互いに暴力振るってるじゃないかみたいな感じなんですが、明らかに、違うんですね。むしろこういう暴力沙汰を置いといて、こっちの不正に目を転じると、相当、ココですね。絶対に勝てというのが、それだけ強いってことになると思うんです。**つまり選挙結果を動かしたいからやってるわけで、暴力、先程言ったようにこちらのやり方っていうのは、そんなに選挙結果を変えることが容易いわけではないですね。** 暴力受けてても投票所に行って、「島田孝之」って書く人、いるわけですよ。そういう人は捕まえちゃうわけですけど、それでしばらく署にいろとかっ

てですね、行かせなくしたりとかですね、あるいは道々に待ち受けていて、ちょっと来いとかって脅迫するわけですよ。で、暴力振るって、行かせなくするとかですね。棄権者がいっぱい出るわけですけど、無理矢理そういうふうにしたということもあるんですけども、ただみんなケガはさせられるわけではないですけど。有名になったイメージに対して、実際に本質的なところはどこなのかなって考えてみると少し違ってくるんじゃないかなということです。で、先程営業停止とか挙げてくれましたけど、実際やってます。合法の中には入ると思うんですけども、圧力をかけていく。それから買収もそうですね。お金を使って、買収する。今ほど禁止事項が多いわけじゃありませんので、一応違法なんですけれども、かいくぐろうと思ったら今よりも容易いので行われております。脅迫とかですね。それから、選挙活動妨害は、マトリックスの真ん中ですね。演説規制とかです。これは実際に、権限の中でやっております。勿論、一方だけ、民党側だけ、規制されるってことなんですけど。それから、新聞を発行停止すると。先程機関紙があるって話しましたけど、民党側の新聞だけ狙い撃ちして、不穏当なこと書いたんでダメって内務大臣が出せますから、選挙を所管してる大臣が、新聞発行停止ってできちゃうんですね。これ後に当然、やめてくれ、と。内務大臣がそういうの決めるのはおかしいという話になるんですけど、当時はできたので、バンバン発行停止にするわけです。それから左下なんですけども、地味なんですけど、役人の中にも言うことを聞いてくれる人と聞いてくれない人がいるんです。従って、まず最初何をやったかというと、県知事が意に沿う人間を選挙長にするんですね。郡長の中でこの人選挙長っていうふうにやりますので、一番言うことを聞く、聞きそうな人を、選挙長にしたり、あるいはもう全員ダメとなったら、連れてくるわけですね。鹿児島の警察官を連れてきて、お前郡長やれ、とかってその人を選挙長にしたりするんです。それで、さっき言った、無効判定をやらせるということ。今でもそういうことありますけど、キーポイントのところに、息のかかった人を入れる、

と。そういうことなんで県知事の交代はありませんけども、地方自治は当時ないですから、内務大臣の所管ですので、最初から政府寄りの人が行ってるわけですよ。選挙で選ばれてませんので。言うこと聞くんですね。ということで、行政面は押さえていくということがありました。「投票所合併」っていうのはですね、先程の、区割りはできないんですけど、有権者が投票所まで物理的に行けなくするということですね。当然人口が少なければそういうことできるんですけど、さしたる理由もないのに合併を最初に決めてしまって、すごい遠くまで行かせられてしまう、と。そうすると棄権してしまうことありますね。そんなことを事前にやってるなんてこともありました。**そんな感じで、ありとあらゆる手法を使いながら干渉していったということになるかと思います。**ということなんで、今、発展途上国の報道で、あぁあんなことやってるって思うものも、百数十年前の日本でも同じようなことをやったということですね。そういうふうに捉えていいのかなと思います。

選挙干渉って何なのか with 通説

で、テキストに戻りますが、選挙干渉の定義ですね。少し具体的な話と、通説の話をして行きたいと思います。定義ですね。「政府が権力を用いて選挙に介入し、合法・違法問わず味方勢力を増やし、敵勢力を減らそうとすること」。これレジュメ（p3）ですね。別に何てことも無い定義なんです。要するに、与党を増やし野党を減らそうとするということ、ですね。自党勢力を当然増やしたいわけです。それについて、色々な手段を使ってやります、ということを選挙干渉と言います。何でこんなことを出してるかというと、要は通説で語られてるのは、わかりにくいんですが、暴力を使っているものだけを選挙干渉と捉えているんじゃないかなぁという使い方をする研究者もいるわけですよ。そうすると読んでると、意味がわからなくなってくるということですね。**選挙干渉の定義自体は、別に暴力使っても使わなくても入ってくると思うんですけど、そこのところで、**

ちょっと紛らわしいというか、誘導してるかなという感じがあるんで、もともと合法の手段はあるし、違法の手段もあるし、様々な形で、わざわざ違法のことを、最初からやる政府ないですよね。合法の範囲内でやってって、難しそうだから違法なことをやるわけですけど、そういうことでもって、広く選挙干渉ですね、っていうことを一応確認したいなということです。でですね、通説ですが、これ資料にもいっぱい載せて頂いてますけども、二つあります。一つは、坂野さんというもう80代後半かな、と思うんですけど、有名な先生で、精力的に今も本を書いてますが、何を言ってるかというと、先程の年末に出された、徳大寺が出してる手紙ですね。天皇からの指示があったので、政府・府県知事・警察・役人が動いて、選挙に介入したということを述べています⁽⁶⁾。これを「系統的指令説」と呼んでます。通常の行政の命令システムの中で政策やってるわけですけども、それと同じ形で上から下に対してこうやれと指令が出され、つまり公式の形で権力を使って、介入したんですね、と。天皇の意向を伝える、徳大寺の手紙でわかりますよねっていうことを言ってます。ただ、坂野さんの説の弱いところは、特に詳細に研究したわけじゃないんですね。天皇の手紙の分析を、少し取り上げて、一般に品川弥二郎がやった、というふうによく言われるんですけど、いやいやそんなこともないんじゃないの、と。天皇が既に指示してるんだから、ってことですね。そういうことを、主張しました。一時期これが通説だっていうふうに言われたんですよ。②番ですね。佐々木さんが、いやいやそんなことはないんじゃないか、という、「暴走説」を唱えます⁽⁷⁾。坂野さんよりも、比較的色々な事調べてます。私は佐々木さんがやってないところをメインに掘り起こしていって全体で調べ、あの結果を見たという感じですけども、その②番ですね。「天皇の意思は一般的希望で、政府は法令遵守を命じ」ていたと。法令守れと言ったんだけども、知事が暴走して、現場で暴力的なこともやって、それで流血の事態に陥ったんだという暴走説。これ自体、先程言ったその定義のところですよね。流血事態のことを言ってるんですけ

ど、選挙干渉って何なのかっていうことについては実は暴走説は語っ
てないんですよ。ただそこのところはあまり、他の研究者も気にせず、
ああ佐々木さんの言ってることはそういう要素あるな、ということ
で、今は佐々木さんの説を支持してる人の方が多いです。ですけど、
今言ったように素朴な疑問も読むだけでも、生じると思うんですけ
ども、そこはあまり、一般的に暴力沙汰の品川弥二郎の選挙大干渉っ
ていうイメージがついてますので、そういうイメージで素通りされ
てしまってるかなって気がします。さてそれでですね、50分経った
ですかね。はい。45分ぐらいで何となく、私、昨日と同じですが（笑）。
ただちょっと選挙干渉の通説のところまで来ましたんで、で、ここで、
数分の休憩は、何分にしましょうか。

司会Y　じゃ、5分くらい休憩を挟みたいと思います。

末木　お願いします。

司会Y　5分後の25分ぐらいから、

・・・ 休憩 ・・・

司会Y　…じゃ、お願いします。

末木　昨日、カークウッドの話して、千島艦事件の話でイラスト書いたじゃ
ないですか。穴空いてるよっていう（笑）。こういうイギリスの史
料を持ってきました。無傷だって言われてたんだけど、見えます？
水夫さんみたいな人が座ってるんですよ。だからイギリス側の船も
こういう被害を受けてると。だから反訴するっていう行動に出るん
ですね。あと、江川達也さんが、マンガ『日露戦争物語』[8]で千
島艦事件のことを描いてます。

通説：佐々木隆『藩閥政府と立憲政治』

さて、それで、佐々木さんの話まで来ました。資料集で、今の話を
実際にどう書いてるかっていう所を抜粋しましたので、ザザッと見
たいと思います。先程、「天皇の意向」を紹介しましたけど、通説の

ところです。坂野さんの話は一行だけなんで、佐々木さんが何を言ってるかというところを少し紹介したいと思います（註（7））。ザーッと読んで頂いて、先程言った選挙干渉というものを佐々木さんはどういうふうに定義してるかっていうことなんですね。例えば最初の①番のところも、「実力行使を含む選挙干渉」というふうに含んでる場合もあるんですね。こういう言い方をするときもあるんです。で、②番のように、「何をもって選挙干渉とするか微妙」だって言い回しをする時もあるんです。ただ「天皇自身が実力行使や民党候補への直接抑圧を指示したとは到底考えにくいところである」と。だからまあ否定形の言い方なんですよね。常に、天皇に関して、少なくともこれはやってないという言い方なんですけど、ただ他の研究者は、そこをもって天皇は指示してないんだね、っていうふうになってしまうわけですよね。**佐々木さん自身はかなり慎重に、巧妙っていうか、慎重に、ここまで言えるということを書いているんですが、やっぱり影響としては、皆さんそこから読み込んで、選挙干渉を天皇が指示したことは認められないってなっちゃうんですね。**でもここで言ってるのは、「実力行使しろ」、つまり「暴力を使ってでも」、とか「お金を使ってでも」とか、「ありとあらゆる手段を使ってやれ」、みたいなことを天皇が言うっていうこと自体もちょっと想定しづらいです。つまり、私が後で見つけたんであれなんですけど、例えば「選挙に対して努力しろ」っていう言い方をしたとしても、これは責任を免れないですよね。選挙干渉をしろって言ったのと同じわけですので、あまり権力者が、細かいことを言うかっていうと普通言わないですね。「とにかくやれ」って言われて部下の人が、「うーん、何をやればいいんだろうか」、て考えて、今年の流行語でいえば忖度してますね。「あ、コレだったらいいんじゃないか」ってやるわけですよね。そうすると、一番上の人は、「いやお前がやったんじゃないか」、って言うわけですよ。で、トカゲのしっぽが切られてしまうわけですね。で、権力者は、「私は何も、言ってません」と。「彼が誤解したんだ」って、権力が保たれていくということになるので、天

皇自身が具体的には言ってない、それはそうなんですけども、それをもってして、何も言ってないっていうのも、言いすぎかなぁと、いうことですね。つまり徳大寺が言ってる12月26日の書簡をかなり低くみるってことですね。希望的なことを言ってるだけなんですよ、とみてるということ。これはかなり慎重なんだろうと思います。はい。それから③番のように「干渉の起こらなかった府県が少なくない」っていうのは論証してるわけじゃないんですね。論証せずに、「干渉の起らなかった府県」って言い方をしてくるんです。これはおそらくですね、私が推測するに、暴力沙汰で死傷者が出なかった府県だってことなんです。それを言ってるだけなんですけど、ただ「干渉の起らなかった」と言われると、あぁ何もないところもあるんだねって思いますよね。で、私が調べたところでは、何もないところはないんです。つまり政府に味方する候補者を立てて、応援しろとかですね、そういうことはやっぱりやるんですよ。そうじゃないと、誰に投票していいかわかんないですよね。なのでやっぱり一斉に、指令があってここまではみんなやりましょうっていうこともあるし、あとは、地域の事情に応じてみたいなこともあるので、一概に言えないんですが、少なくとも、全体でとにかく政府側に勝たせましょうは共有されている、と思います。ということで干渉の起らなかったっていうときのこの「干渉」は、暴力のことしか指してないんじゃないかな、というふうに思うんです。慎重に読まないと、佐々木さんの言ってることは、何となくイメージだと、あー何もないのねってなっちゃう、という要素があると思います。で、その後ですね。しかしのところでまた覆すんですよ。内務省・警視庁は、その一方で『党報』というのは『自由党党報』っていうのを機関紙で出してるんですけど、それを、あげつらって告発しようと思って、最終的にやらないんですけど、板垣退助を拘束しようと思ってたんですね。それを狙ってる形跡濃く、「これを重視すれば通説を完全に否定し去ることはできない」。どっち？！わかりづらい、っていうことなんですね。従って何か証拠があがったら、佐々木さんの言ってる

ことは、あっそっちですねっていうふうになる可能性がまだあるってことですね。**だからあの、確定してる説を唱えてるわけじゃないということです。これ本人も多分、かなり慎重に、言えることはこれです、と言ってるわけですよね。**ということで④番になるんですよ。これはですね、主語は、おわかりですか？「流血の事態は」、ってことなんです。「流血の事態は」、系統的指示によるものではなく、暴発したんですよ。だけどやっぱり後の研究者は暴発説になっちゃうんですね。現場の、知事達が忖度して選挙干渉をしたんです、と。選挙干渉の全責任は知事にいっちゃうんですよ。だから佐々木さんは、「流血の事態は」としか言ってないんですけど、皆さんそれが選挙干渉だと思い込んでるので、どんどん佐々木さんが言ってることから、大きくなってるわけですね。佐々木さんは訂正すればいいと思うんですけど、あまりそれを論文に書くのもアレなんで、訂正なく、多くの人がまだそう思ってます。はい。

通説：佐々木隆「明治天皇と立憲政治」

３ページにいって⑤、⑥、⑦と明治天皇に関して佐々木さんが論文書いてますので (9)、そういったところで補足しながら、書いてるんですけども、先程のは一冊の本ですね。『藩閥政府と立憲政治』という有名な本なんですけど、その後、補足して明治天皇がどうだったのかって話のところで、選挙干渉についても語っています。これは、「天皇が……」の⑤番ですね。天皇が、徳大寺に言わせたように、良民が選出されるように促したのは確かなんだけどもそれは一般的な希望の表明なんです。で、投票誘導を容認していたようにも見えるが、天皇がその具体策を指示していたとは考えにくい。いつもこういう感じなんです（笑）。こうんだけどもこうとは考えにくい。じゃあ何なの？ってのは言わないんですね。それから、この辺は、ちょっとおかしいなぁと私は思うんですが、「内閣は天皇の意向とは別に、すでに解散―金銭による投票誘導の方針を決めていた」。こう言われるとあぁそうなのと思いますよね。これは根拠が薄い史

料なんです。つまり、杉孫七郎っていう人がお金で選挙やりましょうよって言ってる史料だけなんですね。本人は勝手に言ってるだけかもしれないので、そうです、その通りやりましょうって史料はないんですよ。だけど、そういうふうに書かれちゃうとやっぱり、決めてたんだなって思いますよね。だけど前回もちょっと言いましたけど、そんなに松方はハッキリしてないわけですよ。解散すら天皇に言われてやっとやる人ですから、じゃあ金銭によって投票誘導をしましょうなんていうリーダーシップを取れるような状況じゃなかったと思いますけども。ま、そんなわけで、天皇は精神的支援だねっていう話。ツラツラですね。で、少し紹介したと思うんですが、**結局、何でこんなに慎重になるかというと、⑥番なんです。明治天皇が、専制君主なのか立憲君主なのかという評価が密接に関わってきちゃうんですよ。**だから簡単に、いやぁこれちょっとやりすぎましたねって言ってしまうと、先程の、明治政府の体制はいやそんなに酷い体制じゃなかったんです。権力の分立で、天皇はちゃんとわかってましたねと。**立憲君主ですね、この天皇はっていう、一つの、型があるんですよ。その型からはずれてしまう選挙干渉の事例は、なるべく押さえ込まないと語れなくなっちゃうんですね。**ですけど、無理にそんな解釈はしなくてもいいと思うんですよ。立憲君主で基本的にやってたんだけど、時々やっぱり、(**WB③**)このままいったら絶対負けちゃうぞっていう時に、ちゃんとやれっていう言い方は、別に違法でも違憲でもないわけですよね。ですけどそれを認めちゃうと従来の構図が崩れちゃうんで、やっぱり頑なに、立憲君主だという側面を維持したいということなんだろうと思うんですね。なので⑥番の言い方になってくるんです。「『専制君主』と呼ぶことは到底できないと思われる。」「到底できない」って言って「思われる」って言うんですよ(笑)。こればっかりなんで、強いのか弱いのかわからない、ですよね。「到底できない」、と「思われる」。うまいなぁと思うんですけど、はい。強く言い切ってるように見せといて、でもそうなんじゃないのかなぁということです。で⑦番のようにです

ね、これもそうなんです。「明治天皇が政治に」対して「全く関与・介入しなかったと言うのは正しくないが、天皇が事々に意思表示をしたと考えるのも同様に正しくない」どっちなんでしょう。真ん中ですよね。全く関与しないわけでもなく、全部言ってるわけでもないから、当然、基本的には任せてんだけど、時々、ドンって言ったっていう。そういうことでしかないんですけど、そこをあんまり肯定的な言い方で言わないんですね。否定形で言ってるんですね。これはちょっと言い過ぎですよね、っていう言い方でしております。

安田浩『天皇の政治史―睦仁・嘉仁・裕仁の時代』113頁

さて参考のところですね。安田浩さんって方。私は博論をまとめてるところで、安田さんの言ってることに気づいてですね[(10)]、あー、スゴイなと思って、スパッと、こう。研究分野でいうと、かなり過激に思われるんだろうなーと思うんですけど、佐々木さんを斬り、伊藤さんを斬るんですね。安田さんって方は 2011 年 に亡くなったと思うんですけど。その佐々木さんの言ってることを受けてですね、「この評価の仕方は、明治天皇に選挙法違反の具体的行為があったかなかったかを論じて、明治天皇を救出しようとする弁護士の議論を思わせる。」最初から弁護するつもりで引き受けて、なるべく、あなたがそういうことをやってないっていうふうに、うまーく持っていこうとする敏腕弁護士みたいな。そういうふうに読める、と。**つまり学問的姿勢じゃないんじゃないのっていうことを言ってるわけですね。**で②番は「どのような能動的君主も、詳細な具体的政治行為まで指示するわけではない」。先程ちょっと言いましたけども、ま、そうですよね。普通ボスは、大きな方針を出すんであって、平社員に対して君のアレは、何月何日の営業はなってないみたいなことを、普通、言わないですよね。それ言われたらやめますよね。萎縮して。ということで、つまり「系統的な指令」ってのはそういうことだと思いますので、安田さんの言ってることは、鋭いな、というか、これだけスパッと書ければいいんですけど、なかなかそこま

では書けないんですけども、はい。というのが、通説。でも佐々木さんは一番詳しく検討してると思います。

伊藤さんと安田さんの論争

伊藤之雄さんという、有名な方がいます[11]。すごいですね、本をどんどん書いてくので、伊藤博文書いて山県有朋書いて、最近原敬書いて、もう何百ページっていう本を、一研究者が一冊書ければいいかなっていう本を、もう4、5冊ボンボン書くっていう、精力的な研究者でございますが、論争好きなんです。京大の方です。私も先程と同じタイミングで、博論をまとめてる最中、色々読んでる中で、スゴイなと思うんですけど、安田さんとも論争してるんですね。今日そういえばと思って持ってきたんですけど、安田さんって方はすごくて、表題がもう挑戦的でですね、絶対こんな表題私つけられないなと思うんですよ。伊藤さんの説に対して批判する人は結構いるんですけど、例えば、伊藤さんの論文を批判する論文を書いて、「法治主義への無関心と似非実証的論法」っていう題名で書くんですよ（笑）。これ、すごいですよね。あなたが言ってることは「似非」、実証じゃないっていう。あと法治主義がわかってないって表題で書いちゃう、これは批判と反省っていう『歴史学研究』のコーナーです。いやぁー…すごいですね。普通は色々考えますが、でも確かに、論理としては安田さんの言ってることは、通ってます。伊藤さんはもうタジタジなんだろうなぁと、内心。ですけども伊藤さんも勿論反論するわけですね。応酬をするわけです。ま、「似非」が好きらしくって安田さん「似非実証的論法による一面的な指導者像の造形」とかですね、いゃあー、すごいなと思うんですが…。伊藤さんは、別の若手研究者が、書評を書いてるのに対してコメントをするという形をとって安田さんの批判するんです。わかります？うわーっと思って、で安田さんはそれに気づいて、これ私に対して言ってますよね、みたいな、感じですね（笑）。何でしょうかね、みたいな。論争しているんですね。伊藤さんは、近代天皇は魔力のような権力を持って

いるのかという『歴史学研究』という雑誌を舞台にですね、応戦してですね。これは瀬畑［源］さんって言う、最近、公文書の保存で世に出てきてる方ですけど、その人が書評書いたというのを取り上げて最初書いてるんですけど、確かに途中から、安田批判が展開されていくんですね。つまり、その瀬畑さんが安田さんの影響を受けてるんじゃないかということを想定し、それで大本を批判するという、そういうやり取りを、繰り返しております、はい。スゴイなと思うんですけど。

伊藤之雄『立憲国家の確立と伊藤博文』

さてそれでですね、伊藤さんの言ってることも、安田さんに批判されてしまってるわけですけれども、一言で言うと、**伊藤博文を持ち上げすぎなんですね。それも型なんですよ。伊藤博文が立憲体制をつくり、立憲カリスマとして明治天皇と二人三脚で明治国家をつくり上げていった。そして維持していったというストーリーなんですね。**それで本を書いてます。そうするとそのストーリーに、そぐわないものはやっぱり削ぎ落とされてしまったり、或いは、小さくしたり無視したりするんですね。どうしてもそうなりますよね。伊藤博文を顕彰したい、褒めたいって時に、なかなかそれ言えないかなぁってところもあると思うんですね、実際。伊藤も神じゃありませんので色々な失敗もするわけですから、ですけれどもそこを入れての学問的な実証だとは思うんですけど。やっぱりちょっと弱くしたりするわけですね。そこを安田さんに叩かれてるというところがあると思うんです。ただ、史料もかなり見てますので、学会における地位は得てるというか、確立されてると思うんですけれども、選挙干渉に関しても、佐々木さんとちょっと違う面ですけれども〝ん？〟っていうところが、素朴な疑問が生じるところでございます、はい。でですね、先程ちょっと紹介しました図式は実は伊藤さんの図式です。図１（p35）のところですね。従来の見方っていうことで紹介しました。この、ちょっと大ざっぱな、伊藤と天皇が

一緒になって改革派で、山県と樺山が保守派で、武断派なんだという構図です。で、憲法停止と連続解散は同じ議論なんだっていう想定を置いてるんですが、そもそもその想定は成り立たないんですけど、別の議論なんですっていうことも言いました。あの図表で紹介しましたが、この図式を伊藤さんはつくるわけです。つまり天皇と伊藤は、一緒に何かをやっているというふうに、語らないといけなくなってしまってるわけですね。**でもこの時期は、伊藤は天皇に対して冷たいんです。**二回、下問に、本人行きませんけど明治天皇の問いかけを、侍従の人が持って行くわけですよ。「天皇が聞いてらっしゃいますが。選挙に関して何かご意見ありますか」って伊藤に聞くんですね。二回とも、「何も意見ありません」、っていって答えないんですよ。三回目行くんですよ。三回目の時に、じゃあって言って新党組織ですね、出すんですよ。私は枢密院議長をやめてしまうぞとか、まぁ、多分受け入れられないだろうなぁってプランをいっぱい出してくるんですよ。韓国に行かしてくれとか、色んなこと言って、とにかく、こっちで話を決めることに対して、反発するんですね。だから天皇と距離を置いてるんです、この時期は。さすがに選挙干渉のような形で選挙に臨むというのは望ましくないということだし、ちょっと前から松方内閣に対しては距離を置いてる、そういう時期なんですよ。だからこれを褒めちゃうと、わけのわかんないことになっちゃうということなんですね。で、褒めてるんです、実際に。どういう形で褒めるかというと、伊藤之雄さんの先程の⑧番（註（11））のところに、「危機があった」と。憲法が停止される危機が、四回ありましたよっていうふうに伊藤さんがその本の中で言っていて、とくに一番最初は、1892年で第二回総選挙後なんです。それ以降は、第四議会、第六議会、第十二議会が、解散されるというピンチだったということを憲法停止の危機だというふうに捉えてます。つまりここだけ、何故か第二議会の解散ではなく、第二回総選挙後なんですよ。第二回総選挙後、結果が出た後、危機だったかっていうとちょっとピンとこないわけですけど何故ズラすのかですよ

ね。っていうと解散から総選挙にかけて、先程言ったように、伊藤が天皇に対して冷たいからなんですよ。これを憲法危機だ、一緒になって乗り越えたっていうふうに言っちゃうと、言えないわけですよね、そもそも。誰の目にも明らかなんですよ。だからおそらくズラしてるんだろうなぁと思うんですけど、これについても実は批判されていて、安田さんの批判はありますが、他の人も批判してます。何故かというと、先程言った議会の解散の危機だっていうのを憲法停止危機だって言ってる、三回ですね。これは、伊藤が首相なんですよ。だから自分が首相で、自分で危機招いてる。そうすると、憲法を守った伊藤という姿ってのは何なのかということですね。それを安田さん以外の人も指摘してます。**だから憲法危機と、それと戦う伊藤ではなく、自ら招いてそれを何とか解決してるってことなんで、ですから図式として、無理矢理だったんだろうなぁっていう気はします。**ということで一番最初のその選挙干渉に関しては、そもそも憲法停止危機ではないだろうなぁと。樺山だけは言ってはいますけども、別にそれを採用しようなんて話にはなってませんので、品川が樺山は選挙わかってないと嘆いたぐらいですから、憲法停止なんて誰もできないよ、と。そんなことできるんだったら誰もやめないっていう話ですね。あの品川もやめないっていうこと言ってますから、完全に、現実的ではないんですね。ただそれを想定してしまって、図式をつくってますから、まぁ無理が生じるんですね。論理的に言うとちょっと通らないことが出てきてしまうということです。それで、**特に私が注目したポイントは⑥番ですね。お金が天皇から政府に出てるんですね。**選挙干渉もお金かかるわけです。で誰が負担するんだろうか。税金使ったら、さすがにちょっとマズいぞ、と。選挙を運営する費用は税金から出しますけど、どうしたかというと、松方や品川達が、自分でまずお金出すんですね。それで、後からどうにかして、それを補おうっていうんですけど、天皇がその補いの金を出してあげるんですよ。御手元金から十万円を与えた。これは決定的ですよね。見方によっては。**お金渡して、指令も出し**

て、完全にですから、一貫した君主として、これやれっていう意思表示がハッキリ出てるんですけども、そこのところの解釈っていうものがですね、よくわかんなくなってくるわけです。伊藤さんに言わせると。そこの⑥番のところにありますが、天皇が、「このこと」の後ですね、「天皇が藩閥官僚内に現れた路線の相違をめぐり、大枠では伊藤ら改革派を支持したものの、山県を背景にした品川ら保守派の感情を宥める必要を感じて取った」「バランス感覚に基づく行為」である、と。ちょっとよくわからないですね。図式はもう既に改革派と保守派っていうふうに、割ってしまってますので、要するに、強引に行きましょうよっていう人達に対してお金を出して、宥めてあげた、という形でもって、立場を持たせてあげたっていうな感じだと思うんですけども、ちょっと無理矢理な解釈になってしまうということ、ですね。そういったところが気になるかなというところです。

大木喬任の選挙干渉

さて、それでですね。通説の説明で長くなってしまいました、あと10分じゃないですか。「新たな手法」への話が…すいません。佐々木さんと伊藤さんに言及しすぎたかな。「新たな手法へ」のところに入っていきたいと思うんですが、資料集もう一コあるんで、選挙干渉の具体的な話のですね、あっちこっちいって申し訳ないですけど、資料集の5ページに写真が載ってます[12]。現物の史料を何かないかなーと思って、探したんですけど、結構コピーをとってますので、或いは自分で筆写したりしますんで、あんまり皆さんにパッと見せて、面白そうなものがないんですけれども。これは、写真だったので持ってきました。大木喬任という、当時、文部大臣ですね。佐賀出身なんですよ。で佐賀県の選挙干渉に主導的に関わってるんですけど、自分のお金を費やしたりして、かなり積極的なんです。で、文部大臣なんですが、かつて司法卿をやってますので司法関係にすごく人脈あるんですね。なので司法関係

の役人に佐賀に行かせて、手足として使ってるんですね。指示を出して選挙を、うまく政府系に有利にしようとするんですね。という前提で読んで頂きたいと思うんですが、その大木に対して中村純九郎という現地に行ってる人が報告するわけです。その手紙の最後のところですね。追伸的な感じで書いてるんですけど。５ページのところで一段下がってるのが三行続いてますよね。その後です。「大浦」っていうのは内務省の主事なんですけども、幹部ですね。品川の部下になるわけですけど、大浦兼武という人物がいて、その大浦いわく、巨魁は松田正久という自由党の、その後重鎮になりますけども、有名な政治家なんですね。「松田なるはずに、県会議員くらいに、令状を発しおりては、手ぬるし」と。これ要するに、候補を拘束ですよ。逮捕してしまえという話に関わって、県会議員なんかに令状出してもしょうがないでしょ、というふうに大浦は言ってますよと。古賀ってのは古賀廉造という、司法関係者で、後に大臣にもなりますけど、「古賀より司法省へ促しくれと申し候につき、古賀と謀り、高木 に至り、示し合せ」云々ですね。つまり古賀という司法省の人を使って、その上官に言ってもらって、松田を引っ張ってくるような令状を取ってこいってことですね。そういうふうに大浦が言ってますよと。で動いてますよという報告をしてます。そしたら、その左側の６ページ五行目、です。「司法省はかえって、あまり干渉するなという意を伝へありとの事」。つまり、やりすぎだってことですね。司法関係の人は、基本的にこうやってストップさせてるんですよ。ちょっとやりすぎだよと。法を逸脱してるんじゃないかってことをかなり気にしてますので。で、動けなくなってるという状況を報告しています。**つまり大木は、松田を拘束しようという動きを知ってたってことですね。現職大臣ですよ。現職大臣が選挙の時に投票終わってから、候補者を狙うということを承知していたということなんですよ。**今だったら大スキャンダルだと思うんですけど、当時だって勿論大スキャンダルだと思いますが、そういうことをやってたという

手紙が残ってるということですね。大木という人は、研究であまり出てこないです。伊藤博文の方がやっぱりワーッと派手ですね、大木喬任の本が一冊出るみたいな感じにはならないわけですけど、ただ、当時はかなり力を持っていたということですね。政治力が実はあったんじゃないかと。文部大臣なのに司法関係の人動かしてますから、かなり人脈も広かったんだろうなぁと思います。はい。

事実をみるには

今の話はこの後かかわってくるんですけど、その「新たな手法へ」というのは通説の限界って先程言ったように、**やはり、型をもって、こういう人を褒めようとか、天皇がこういうふうに描かれてきたし、これからもこう描きたいってことがあると、それに左右されてしまうということですね。**で、伊藤之雄さんはそういうことを批判して、そういう取捨選択しちゃマズいよ、と言ってきた人なんですけども、やっぱりそういう方も、自分の著作に関していうと、守るというか、顕彰しましょうみたいなことは強く出ちゃうということ、ですかね。それは研究者として、どうしてもこう言いたいってことなんだと思うんですけど、ただそれをやってると、事実が出てこないですよね。プロクルーステース、（言いにくいですね、これね。）の寝台って言葉があるそうで、「自分の理論に都合の良いものだけを恣意的に取捨選択して利用する」。これは、図4なんですけど、別に何か記入してもらう図じゃなくて、F1～F6ありますが、全体を見るっていうんじゃなくて、一個一個、取捨選択してこれを持ってこようって言って、1・3・5で誰かが何かを言う。で、2・4・6で別の方が何かを言う。っていうことでは、事実というふうに認定できないですよね。で、解釈したら両方ありますになってしまうんですが、両方みて全体をみて、理論化する必要があるんだろうなぁと。**つまり理論化の前の事実の選択のところに恣意的なものが入ってると、歴史として何も学べないですよね。**ということを考えております。なので書いて頂くとすると、その下の方は、〝事例全枚挙〟ですね、〝可

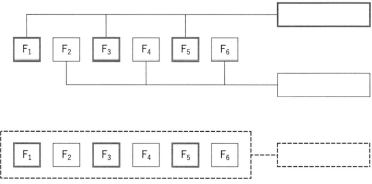

図4　事実の再構成と理論化

変的な仮説〟っていうことですね。**全部の事例を見て考察しましょ
う**っていうのが下ですよね。それがやはり、望ましいと思っており
ます。私のやったのは一事件ですけども、一事件も色々な要素があ
りますので、それを見ると実は、天皇の位置付けも語れたりするよ
うなことに繋がってくるわけですね。これは昨日言ってた、前泊さ
んのマルクスの話なんですけど、そういうふうに掘り下げていくと、
本質にぶち当たるということだと思ってます。

政治史をみる観点―現代から類推する

さて、それで、「手法の模索」というのは伏線で文学部出身と法学
部出身みたいな話をしましたけれども、どうしても「**政治**」「**史**」
**の人も、「政治」に詳しいわけじゃないんですよね。史料として、
あるいは政治家として興味があって調べてますから、どうしても
政治的な観点というのは欠けてしまうことがあるわけです。**例え
ば選挙干渉は、じゃあ、成功したんだろうか、失敗したんだろう
か。ここですね、難しいわけです。定義づけも難しいんですけども、
結果として議会運営を楽にしようと思って干渉したわけですよね。
どうだったんでしょうかっていうと、これ、分かれるんですよ。
成功したって人もいるし失敗したって人もいるんです。何故かと
いうと、議席だけ見てるからですね。議席だけ見ると、政府は喜
んでるんですよ、選挙が終わった後。私達勝ったと思ってるんで

す。勝った（**WB ③**）。でも今の評価は、いゃぁあんなに干渉したのに多数派を占めたのは民党じゃないか。負けたっていう評価なんです（**WB ③**）。じゃなんで政府は勝ったと評価するかですよね。何か根拠があるんですよ。つまり、選挙が終わると、今だったら自民党何議席とか出ますよね。これを固定的に捉えちゃうわけですよ。でも例えば今も統一会派ってやってますよね。ナントカ党とナントカ党が同じような路線なんで、じゃあ一緒にやりましょうかってくっついてるんです。そういう会派という観点が抜けてしまうわけです。欠ける観点っていうのは、議会開いてみたら、あの党とこの党が同じ会派を組んでますっていうこともありますし、ナントカ党の中にも、実は政府寄りの人がいるってことなんです。政府はそれを見てるんですね。自由党の中に何人か議会で法案を審議する時に我が方に味方してくれるはずの人間が紛れ込んでいると捉えてるわけです。それを名簿でつくっていてその人数をカウントすると勝ったっていう評価になるんですよ。だから党の議席数だけ見てると、わからないですね。ただこれは失敗に終わります。政府側はそれを見込んだんですが、結局、お金を受け取っておいて、当選し、国会議員になるわけですが、手のひらを返して民党寄りの民党議員として、ふさわしい党議拘束にもとづく投票をしちゃうんですよ。議案の賛否 が一致しちゃうんです、他の人と。政府を全く無視したわけです。お金もらったのに。何度も働きかけを受けても、全部はねのけて、全部貫いたっていう人もいました。投票、議案の賛否を見たんですけど、中には揺れ動く人もいます。やっぱり政府の工作がうまくいってる部分があるんだなぁとは思うんですけども、議会運営はやっぱり苦しいんですね。そういう色々な党に、枠ですね、決められないところで動いてますので、欠席者が出たりすると、政府側が勝ったり、民党側が勝ったり、とかですね、そういうことを繰り返します。従って、難しいんです、選挙干渉は成功ですか失敗ですかって言われると、そこは、どれで見るかによるんですが、議会運営が楽になったかというと、そうではないということです。つま

り国会議員になってしまえばある程度色んなことを言われても、い
や議員です、ということで政府も手出しできないわけですね、ある
程度。独立して、或いは所属議員として、民党側の一員として動い
てるということですね。買収或いは脅迫は、通用しなかったという
部分が実はあるんですね。ということで、そういうところを、現代
の政治とか、今の選挙或いは議会を見ながら考えていると、あぁこ
れかなと思うところがありますが、なかなかそういう観点が出てこ
ないというところがあります。**もう少し政治史も、政治学っていう
か今行われてることとの類推で見てもいいんじゃないかなぁってい
う気はしております。**

政治史をみる観点―数字で語る

それから、昨日も数字をもっと使ったらって話をちょっとしたんで
すけども、今だったら世論調査を大々的にやって、内閣支持率何％
とか出してますが、当時は当然ないわけですよね。なので、文字史
料で、政治家同士の手紙のやりとりで、この人は権力を失ったとか、
取ったとかそういうことを認定してきたところがありますが、ただ
使いようだってことなんですね。例えば選挙干渉ではありませんが、
当時の政治意識について別の論文で書きました。当時も議会に対し
て請願できるんですね。今もできますけど。だから、有権者でなく
ても、自分達の意見を議会に届けて、政府の政策を変えてもらおうっ
てことは言えたんです。それがものすごい数集まってくるんです。
議会開いてみたら。つまり議会開いて議論しているんですが、そこ
に対して非有権者も意見を言う。そういう経路、チャンネルができ
ていたということです。その数で捉えると当時の政治意識も語れる
ということです。それでいえば、盛り上がっていた部分があるんじゃ
ないか。或いは傍聴者の数ですね、かなり傍聴しに行くわけですよ。
これも有権者でなくても行けるわけです。**だから政治参加や政治意
識という観点は、数字で語ってもいいんじゃないかなという気はし
ております。**例えばそんな感じで使えるんじゃないかなということ

ですよね。歴史は毛筆の、―先程見てもらったような―、手紙が基本っていう思い込みが結構強いんじゃないかなぁっていう気はします。はい。

様々な観点からあぶり出す

さて「新たな政治史」（Resume：p4）ですが、もう時間なんですけど、結局、今、様々な史料を基にして、研究がなされて色々な事がわかってきたんですけれども、やっぱり藩閥政府の中の人間関係みたいなところで研究が、止まってる部分があるんじゃないかと。つまり手紙ですよね。手紙のやり取りをみれば、表に出て来なかった、暗闘って言い方しますけどね、政治家同士の権力抗争がわかるわけですけど、それは大新聞の政局報道かなーって気はします。実は安倍さんとナントカさんが水面下でこういう争いしてました、みたいな。自民党政治はこうだみたいな話に近いんです。で、それだと限界があるんじゃないかなっていうことですね。**つまり、少数の人間で物事を決めてる場合は、その人達が何を考えたかは重要なポイントになるんですが、それだけではなく、議会が開かれ、先程言ったように、非有権者も色々な事が言えますし、言論に関しても色々な手段が、演説会とか、なされてますっていうときに、いやいや水面下でこういうことを手紙でやり取りしてましたというだけでは語れないですよね。**だから人々がどう考えてきたかというものを掬うときには、調査報道的な観点が必要なんじゃないかなぁと思ってます。それで昨日も、『権力 vs. 調査報道』を持ってきて、面白いですみたいな話をしたんです。そういうところに繋がっていくんですけど、研究者の研究って色々な手法があっていいと思うんですけども、内幕を捉えるということの限界が、時代によってもそうなんですけど、出てくるかなっていう気はしてます。そう思っていたら、東大の出してる『ＵＰ』っていう、宣伝の雑誌ありますけども、そこにですね、池上俊一さんっていうフランス史の方が、フランスの政治史ってこうなってますよみたいなことを紹介していて、あぁそうなんだと思

いました。私の思ってるようなことがバーッと載ってて、フランスの政治史の研究動向について、**やっぱり政治史の、権力者が云々ということが、限界を迎えていて、様々な観点からあぶり出そうというふうに変わってきていると**。つまり他の学問の見方、手法を取り入れながら変わってきてますという紹介がありました。そういう時期を、どの国の政治史も迎えてるのかなぁと思っております。駆け足になりました。18歳選挙権もと思ってましたが、そこまで行かず、先行研究の紹介がちょっと長くなりすぎたかなと思いました。一応、私の、通説への挑戦と新たな手法の話までいったかなと思います。ありがとうございました。

（　拍　手　）

司会Ｙ　じゃぁこれで、全二回「近代日本の内容骨格――通説への挑戦と新たな手法」を終わりたいと思います。末木さんには来年のプロセス解明講座第３期でも講師をして頂きますので、来年も是非よろしくお願いします。

末木　来年もお願いします。

1．近代日本の内容骨格
―通説への挑戦と新たなる手法―

(1) 「18歳には政治の現実も伝えたい」『日本経済新聞』2016年6月21日付朝刊

(2) 「18歳選挙権のスタートと今後の課題」『塾』第292号、2016年10月、5頁

(3) 「司法省顧問カークウッドと明治政府」『日本歴史』759、2011年8月、55〜71頁

(4) 高田昌幸、小黒純編著『権力 vs. 調査報道』旬報社、2011年、92〜93頁

(5) 「明治二十五年・選挙干渉事件の一考察―富山県第四区の場合―」『法学政治学論究』55、2002年12月、191〜225頁

(6) 坂野潤治『大系日本の歴史・近代日本の出発』小学館、1989年。「天皇が選挙干渉を伊藤や松方に命じたにひとしい」(222頁)

(7) 佐々木隆『藩閥政府と立憲政治』吉川弘文館、1992年。①「斯かる訓令を再度発する一方で、実力行使を含む選挙干渉を指示するということは尋常の常識では考え難く、品川内相の指令に基づき実力行使を含む選挙干渉が系統的かつ組織的に行なわれたとする通説には疑問を呈せざるを得ない」(203頁)。②「何を以て『選挙干渉』とするかは微妙なところだが、天皇自身が実力行使や民党候補への直接抑圧を指示したとは到底考え難きところである」(204頁)。③「干渉の起らなかった府県が少なくないことも系統的指令説には否定的傍証となる。しかし、内務省・警視庁はその一方で『党報』告発で板垣拘束を狙った形跡が濃く、これを重視すれば通説を完全に否定し去ることは出来ない」(214頁)。④「流血の事態は中央からの系統的指示によるものではなく、極度の政治的緊張の下、知事の出自・立場・信条や地域的政況が複合的に作用した結果暴発的に発生した可能性が高い」(215頁)。

(8) 江川達也『日露戦争物語』全22巻、小学館、2001-2006年

(9) 佐々木隆「明治天皇と立憲政治」(福地惇、佐々木隆編『明治日本の政治家群像』吉川弘文館、1993年)。⑤「天皇が……「良民」が選出されるよう松方に督促したことは確かだが、それは一般的な希望の表明と考えられる。官員による投票誘導を容認していたようにも見えるが、……天皇がその具体策を指示していたとは考え難い。そして何よりも、内閣は天皇の意向とは別に、すでに解散―金銭による投票誘導の方針を決めていたのであり、天皇が解散―総選挙問題に果たした役割は、政府への精神的支援の域を大きく出ないと考えられる。選対費の交付も選挙終了後のことである。天皇の意見が選挙干渉で動機づけ・正当化などの心理的機能を果たした可能性は残るが、実際上の決定者・指導者と天皇の意向を混淆するのは実証的とは言えない」(318頁)。⑥「明治天皇を「専制君主」と呼ぶことは到底出来ないと思われる。藩閥政府と議会の関係については天皇は専ら政府の意向を追認する形で行動した(336頁)。⑦「明治天皇が政治に全く関与・介入しなかったと言うのは正しくないが、天皇が事々に意思表示をしたと考えるのも同様に正しくない」(336―337頁)。

(10) 安田浩『天皇の政治史――睦仁・嘉仁・裕仁の時代』青木書店、1998年。①「この評価の仕方は、明治天皇に選挙法違反の具体的行為があったかなかったかを論じて、明治天皇を救出しよう

とする弁護士の議論を思わせる」113頁。②「どのような能動的君主も、詳細な具体的政治
行為まで指示するわけではない」113頁。

(11) 伊藤之雄『立憲国家の確立と伊藤博文』吉川弘文館、1999年　①「天皇と松方首相・品川
内相の間に「良民」の議員を当選させるための何らかの干渉の必要性について合意があった
ことを示している」(85頁)。②「第二回総選挙の選挙干渉は明治天皇の発意で生じたので
はない。……第二議会の民党の攻勢に対して、それを何らかの形で懲らしめようとする気持
ちは、松方首相・品川内相・樺山海相・高島陸相（山県有朋も同様と推定）ら保守派のみな
らず、改革派の伊藤博文らにも共通していた」(86頁)。③「山県や品川は再度・再々度の
解散により議会（憲法）を事実上停止してもよいと考えていたが、天皇は逆にそのように展
開して憲法が停止されることを心配しているのであり、天皇は伊藤と同様の姿勢であったと
いえる」(同前)。④「樺山海相は、議会停止を覚悟しても二度、三度と解散を強行する考え
を品川内相に示し、事実上の憲法停止の可能性を示唆していることがわかる。これはすでに
述べたように、解散直後からの品川内相の方針であった。」⑤「伊藤が枢密院議長の辞表を
提出し、藩閥と議会との宥和を求め、明治憲法を守り条約改正を実現する強い意志を示さな
かったならば、樺山海相の議会解散の意見は品川内相やその後楯の山県有朋の支持を得て、
松方内閣は議会停止（事実上の憲法停止）にまで突き進んだ可能性があった」(94頁)。⑥
「天皇は松方首相に「御手許金」から、一〇万円を与えた。……このことは、天皇が藩閥官
僚内に現れた路線の相違をめぐり、大枠では伊藤ら改革派を支持したものの、山県を背景に
した品川ら保守派の感情を宥める必要を感じ取った、君主としてのバランス感覚に基づ
く行為として理解できる」(95頁)。⑦「伊藤博文は、自らが中心になり井上毅などを従え
て作った大日本帝国憲法の機能を守り、日本に立憲国家を定着させることを主眼に行動し、
そのため憲法が停止されることがなかった」(325頁)。⑧「一八九二年（第二回総選挙後）・
一八九三年（第四議会）・一八九四年（第六議会解散）・一八九八年（第一二議会解散）の四回、
藩閥政府が解散に次ぐ解散で衆議院の機能を停止するという、事実上の憲法停止の危機が
あった」(325—326頁)。

(12) 本書では割愛した。

1．近代日本の内容骨格
―通説への挑戦と新たなる手法―

一　藩閥政府内の対立

● 山県有朋

若、一回之選挙に於て志誠着実、……実業主義を抱持する士民多数を得るに至れは、国家及ひ政府之大幸と存候

（十二月二十六日付松方正義宛山県有朋書簡）（松方峰雄、兵藤徹編『松方正義関係文書』第九巻、大東文化大学東洋研究所、1988 年、138 頁）

● 樺山資紀

樺山は選挙の困難を知らぬではあるまいけれども、つまり武断主義にて二度も三度も解散終に停止とまで論じ居候得ども、この内閣でその様な事が出来るならばやじ今日去りはせぬなり

（三月五日付山県有朋宛品川弥二郎書簡）（尚友倶楽部山縣有朋関係文書編纂委員会編『山縣有朋関係文書』第二巻、山川出版社、2006 年、200-201 頁）

● 土方久元

最早小児に名力（ママ）は不可与、憲法も議会も断然中止

（一月二十九日付品川弥二郎宛土方久元書簡）（尚友倶楽部品川弥二郎関係文書編纂委員会編『品川弥二郎関係文書』第六巻、山川出版社、2003 年、56 頁）

● 伊藤博文（天皇の下問に対して）

何等考ふる所なし

（宮内省臨時帝室編修局編『明治天皇紀』第八巻、吉川弘文館、2001 年、3 頁）

衆議院議員選挙見込無之事

（「徳大寺実則日記」一月七日条）（早稲田大学図書館渡辺幾治郎文庫蔵）

● 松方正義

総理は此度は大奮発にて断然仮面を脱し政府党として運動させ度

（十二月二十七日付伊藤博文宛伊東巳代治書簡）（伊藤博文関係文書研究会編『伊藤博文関係文書』第二巻、塙書房、1973 年、175 頁）

● 品川弥二郎

① 二回三回之解散ハ好マヌコトナレども其覚悟

（十二月二十七日付杉孫七郎宛品川弥二郎書簡）（「杉孫七郎文書」国立国会図書館憲政資料室所蔵）

② 頻ニ内務大臣ヨリ報知有リ

（「土方久元宮内大臣日記」二月十六日条）（「土方久元関係文書」Ｃ－１０、東京都立大学図書館所蔵）

③ 高知、大阪、富山等血を見せはじめ、今日より十五日間は、寒中に血花を散らす事も候半と憂慮仕候、行掛り、萬不得止事と存候、今日迄は、存外に各府県ともに静穏に経過仕候

（二月一日付松方正義宛品川弥二郎書簡）（松方峰雄、兵藤徹編『松方正義関係文書』第八巻、大東文化大学東洋研究所、1987年、297頁）

二　天皇の意向

● 十二月二十六日付伊藤博文宛徳大寺実則書簡

扨議員再選挙に就而は同一の議員を再選致候而は幾度も解散不祥の結果を生すへくやと深御憂慮被遊、松方大臣へも度々御沙汰相成、各地方官へも注意之儀内示有之候得共、将来良民の議員となる事を被為望候

（伊藤博文関係文書研究会編『伊藤博文関係文書』第六巻、塙書房、1978年、216頁）

● 十二月三十一日付山田顕義宛徳大寺実則書簡

此後之選挙ハ党派代議士テナク、実業家之良民を選挙致し候様、為国家企望仕候

（日本大学大学史編纂室『山田伯爵家文書』第一巻、日本大学、106-107頁）

● 十二月二十八日付品川弥二郎宛松方正義書簡

陳者本日改選之手続細大奏上仕候処、精々今般之選挙尽力相成、良結果に至り候様再三御沙汰拝承仕候次第、実に恐縮罷在候。尚選挙之見込等内務大臣より言上可仕候旨も奏上仕置候間、何卒近日中御参朝之上細事御奏上被成下度奉頼上候。

（尚友倶楽部品川弥二郎関係文書編纂委員会編『品川弥二郎関係文書』第七巻、山川出版社、2009年、75頁）

2．近代と現代のはざまで

プロセス解明講座第 3 期

日時 　　2018 年 11 月 30 日 (金) 19:00 〜
　　　　　12 月 1 日 (土) 15:00 〜
会場 　　東京国際フォーラム G606
　　　　　品川プリンス N タワー MeetingRoomN1

２．近代と現代のはざまで

Resume

はじめに

　今年 2018 年は明治 150 年として様々なイベントや企画が実施されている。多くは明治維新にスポットを当てているように感じるが、150 年に意味があるとすれば、明治・大正・昭和・平成の 150 年の歩みにあるのであって、薩長が倒幕して明治政府をつくる過程にあるのではない。

　私が研究している明治期の選挙に関していえば、今年は久保田哲『帝国議会』と稲田雅洋『総選挙はこのようにして始まった』が出版された年であり、最初の国政選挙、議会に注目してもらえる機会となった。

　今回の講座では、近代と現代の政治参加をみることで、忘れられがちな存在やしくみに目を向けてみたい。私の役割は近代と現代のありのままの姿を描くこと、そして両者を架橋することにあると考えている。

1　近代の政治参加

（１）有権者と非有権者

・有権者
　　最初の衆議院議員選挙
　　選挙権　25 歳以上の男子　納税直接国税 15 円以上　1 年以上住居　1 年以上納税（所得税は 3 年）
　　被選挙権　30 歳以上の男子　納税直接国税 15 円以上　1 年以上納税（所得税は 3 年）

・非有権者
　　性別　すべての女性
　　年齢　年齢資格未満の男子
　　納税　納税資格未満の男子
　　住所　北海道・沖縄・小笠原諸島のすべての男子
　　職業　（被選挙権なし）　裁判官、会計検査官、収税官、警察官、管轄宮内の府県郡役人、担当選挙区に
　　　　　　おける選挙管理担当市町村役人、神官、僧侶、教師
　　　　　（選挙権・被選挙権なし）　陸海軍軍人、華族の当主
　　　　　（選挙権なし）　刑事事件で拘留中または保釈中の者は裁判確定まで
　　差別　瘋癲白痴、身代限の処分を受け負債の義務がある者、禁錮刑満期または赦免後 3 年以内、賭博犯
　　満期　または赦免後 3 年以内、選挙犯罪による選挙権及び被選挙権停止者

問 1　財産がない民権運動家、政党人はどのようにして議員資格を得たのか？
問 2　非有権者は何もできなかったのか、何もしなかったのか？

（２）請願制度
議員の紹介によって請願書を貴族院、衆議院どちかに提出→請願委員（36 人）が審査
→規定に適合しなければ却下、請願委員は請願文書表を作成し毎週一回議会に報告
→特別な報告による要求や議員 30 人以上の要求があるときは、議会は会議に付さなければならない
→議会で採択が決まった請願は意見書を付して政府に送付する。

形式・内容　哀願の形式をとること

受け付けない内容　憲法変更、皇室への不敬、政府・議会への侮辱、司法・行政裁判

請願者は住所・身分・職業・年齢を記し、署名捺印する。

請願者の要件については何も規定がなく、非有権者であっても請願が可能であった。

（3）傍聴制度

・傍聴席　皇族席、外国交際官席、貴族院議員席、公衆席及新聞記者席

・紹介　公衆は衆議院議員の紹介必要

・服装　羽織・袴・洋服、帽子・外套は着用できず、傘・杖は携帯できず、飲食・喫煙禁止

・禁止事項　議員の言論に可否を表すること、議事を妨害すること、戎器・兇器の所持、酩酊

傍聴制度も請願と同様に、選挙権を持たない人々（納税資格未満の者や女性など）が参加できるしくみであった。

・守衛

＜第二議会＞

・退席 10 件、制止 2887 件、保護 4 件、注意 4508 件

・議員の言論に可否を表した者 3 件、服装が規則に反した者 4 件

・特定の席に他の傍聴人が入る（制止、1289 件）、廊下その他の場所で通行を妨げる（制止、1543 件）、席の前列に直立して他人の傍聴を妨げる（注意、3297 件）

・執行事務全体 7409 件、1 日平均 322 件

＜第三議会＞

・退席 7 件、制止 4155 件、保護 98 件、注意 5915 件、議員退場 5 件

・特定の席に他の傍聴人が入る（制止、2136 件）、廊下その他の場所で通行を妨げる（制止、1819 件）、席の前列に直立して他人の傍聴を妨げる（注意、3827 件）傍聴人互いに争論 8 件、傍聴人高声に談話 239 件、参観人議場に入らんとする 1 件、変造傍聴券の露見 48 件

・25 年 5 月 12 日選挙干渉上奏案否決の日、傍聴人が 8 時前から参集し、昼には「多数の面々我先きに争ひ入場」し、この日は傍聴人 605 名（公衆 379 名）で満員だった。

（4）民衆の感想

＜衆議院の議場の様子に対する感想＞

貴族院の議場が静粛なのに対して「議場騒然議論軽躁」（鳥取）

「書生の集会」、「演説の練習場」のようで「些末の事項を討論し他人の語尾を捉へて以て屑とな」している（福井）。

「喧噪紛雑」にして「車夫馬丁の集合所の如し」（三重）

「壮士輩の討論」（静岡）

「冗談嘲語を猥りに吐露し要めて議場に騒擾を醸生せしむる」（栃木）

　「自ら其責任の重大なるを知らす、唯弁舌を弄するを以て快となし、縷々贅言を吐て時日を費消し、或は地方の町村会に髣髴たるものあり。既に開（ママ）期四分の一を経過したるに、未た一も国会重要の問題を議事せす。而して其為す所は大に国会の順序を誤りたるものと謂ふへし」（福井）

＜好評価議員＞

新井章吾（栃木）：山県首相の演説に対して施政方針を質問したことを「新井其人にあらされは能く為し得へき所」と評価している。一方でその質問を起草したのは大井憲太郎であってあえて質問することでは

ないと酷評する者もいる。
中村弥六（長野）：渡辺国武が「仮令自分が当選するも議場に於ける働きは弥六に及はさるなり」と述べたことをもって評価している。
三崎亀之助（香川）：「適任の代議士を出し敢て他府県に譲らす」と得色あるものが多い。

　　＜批判されている議員＞
塩田奥造（栃木）：「一時の風潮」で選挙したが、もともと選挙人との縁故も親交もなく、競争者であった坂部教宜元塩谷郡長の方が学識経験ともに優れていたと「今に至つて後悔」している。
菊池九郎（青森）：「始終無言にして胸中一議なき」
奈須川光宝（青森）：議場に「新軌（ママ）軸を立つるに至らす」
工藤行幹（青森）：「弁論の見るへきなきも胸中余量を貯へ居る」
青森議員全体：「彼等の生気地なきを詰責」しなければならない。
横堀三子（栃木）：「鋭意熱心の気象に乏しき」を残念がっている。
綾井武夫（香川）：大同派で自由主義を唱えていたから自由党に入るべき経歴だが、大成会に通じ、国民自由党に入ってしまったことを支持者は「志操不定」と憤り不満を抱いている。
植木枝盛（高知）：弁舌家として知られているのに議場に頭角を現さないだけでなく、「要なき事を喋々し他人の言葉尻を咎め却て他より書生視せらる」と嘆く声。
竹内綱（高知）：議員収賄の事件について県内反対派（国民派）から誹謗する声が聞かれ、自由派も憤っている者もいるが、表面に運動する動きまでではないと報告されている。これは第一議会内で竹内が大江卓予算委員長と院内工作に従事していたことから出た話のようである。
田中正造（栃木）：改進党員が熱心に選挙し勝ったため「顕はに冷評を下すもの無之」も、議場における言論が「不快感情を惹起」している。

　　＜議会と内閣の関係に関する感想＞
傍聴者の感想（福井）では、最初は議員が政府を恐れている様子だったが、近頃は反対に政府が弱くなった。大山巌陸軍大臣、樺山資紀海軍大臣の説明も国会議員から「土偶の如く勝手次第に為し居れり」という様子で、樺山大臣の演説も最初は愉快だったが、最後は「諸君の協賛を得て云々したし」と「腰の抜けたる咄し」である。青木周蔵外務大臣以外の各大臣が演説で「御頼み申す」という状態では「現政府も今に国会に踏倒されるやも知れす」とまで述べている。
知識を備え財産家で名望ある者の意見（静岡）では、帝国議会は明治十三年に請願した結果だが「民智進化の度甚た低く」、選挙の際に選挙人は注意と考案を用いず有力者に籠絡され「親族会議や膳椀主義の候補者を挙げて選出」したため、三百人の議員で相当な所見を持っているのは全体の三分の一くらいであり、責任を負える人物は多く官吏から出ている。そのため述べることが政府に加担する恐れがある。結局、初期の国会で十分な国利民福を得ることは難しいと述べる。

＜個別法案に対する意見＞
商法施行延期と地租軽減である。前者の可決については、満足している反応が多い（香川、鳥取、三重）。後者については、期待する声が多い（福井）が、その軽減程度に不満をもつ者もいる（香川）。また、節減のみを主張し行政の機関運転を鈍し、国家事業に渋滞を来すことに批判を向ける者もいる（静岡）。「中流以下の人民」は、楽観的に地租軽減、租税軽減が容易くなされるとみている者がいる（静岡、高知）。

＜第一議会の帰趨についての意見＞
無事に最初の議会が終わることを望む声があった（鳥取、富山）。
改進党員は予算委員を支持する声が多く（富山、香川）、それを大同派が「予算案は実際不可能な減額説を唱え徒に政府に敵対し陰に解散を望み」と批判している（富山）。

選挙権を有していなかった初期議会期の一般の人々は請願、傍聴を通じて政治参加への意欲をもち、議会における代表者である議員の一挙手一投足を注視し、論評していた。したがって、非有権者を「外国人にひとしい」『非一国民』と捉えるのは的外れと言わざるを得ない。これはおそらく議会開設後の政治参加の手段は選挙と議会しかないという思い込みによるところが大きいのではないかと考える。その点は今後修正されるべきである。

　当該期に請願は直接政策に結びつきはしなかったが、自由民権期をはるかに超える件数が請願され、第一議会に提出された請願には全国で合計約86万人が賛同した。これは有権者数のおよそ2倍の数である。したがって、法案成立・改正を後押しし、内閣、議会に世論がどこにあるかを知らせるには十分だった。また、傍聴には連日公衆が大勢詰めかけた。傍聴を通じて観察された議会・議員の論争の様子や、それに対する率直で新鮮な感想は、主観を交えながら新聞などを通さずに直接各地方に伝播した。傍聴制度は全国に議会の議論を伝える情報伝達の役割をもっていた。

　自由民権運動から始まった政治参加の波は、大同団結運動を経て議会開設後も人々を動かしていたといえる。自由党が反体制野党から体制内野党に変貌していったように、人々の意識も体制内で認められた権利を用いて表現されるようになった。政府に抵抗する運動に最高の価値を置いた戦後歴史学の呪縛から脱して見れば、制度内で自らの主張を通そうと運動する公衆の政治意識の覚醒が読み取れる。特に、その動きに選挙権をもたない非有権者が多く含まれていたことは注目すべきである。

　その点で自由民権運動の結末は敗北ではなかったし、初期の議会政治は議会内の政府と議員の駆け引きで終始したのではなく、全国から発せられる政治に覚醒した民衆の声にも動かされながら進んでいったといえるだろう。

2　　他国の政治参加

　　図表参照

3　　現代日本の政治参加

（1）「関係者以外立入禁止」の政治

・模擬選挙成立の条件
①社会環境
　　　政治を日常会話の話題にできる社会
　　　政治参加の選択肢が提示されている社会
②選挙の自由
　　　選挙運動が自由に行える社会
③情報公開
　　　政治家・政党の情報が公開され誰でも簡単に得られる環境

・社会環境
家族と政治の話をする36%、しない59.4%
友人と政治の話をする26%、しない69%　　　（総務省調査2016）

「無党派層は寝ていてくれればよい」（森元首相）
「政府は有権者に賢くなってほしくないのかなと思ってしまう」（高校生、『東京新聞』2016・8・2）
「政治の話をしようとすると、相手のシャッターが下りる感じがする」（大学生、『東京新聞』2018・5・25）

政治関係者と一般大衆で選別された政治参加
社会環境として政治の話題がタブー、受動的姿勢

中が真っ暗な会場で入口で選別され、排除された一般大衆も、投票の時だけは狭い門を空けてもらい、「投票だけはしなさいよ、誰にするか決めた？まだ？なにしてたの？早く、早くと言われ投票したら、出口を閉められ、はいさようなら」というイメージ。受け身でいさせるだけでなく、アリバイとしてむりやり投票だけはさせて民主政治が保たれている形をとる。この状況で「投票率をあげるぞ！みんな投票いこう！」と授業をすることはどういう意味をもつのか？

（２）べからず選挙

・日本の選挙運動
ビラ２種類以内７万枚（衆・小）
葉書３万５千枚（衆・小）
マニフェスト（事務所内、演説会場、街頭演説で配布可）
ポスター７万枚（参・比・個人）
選挙カー、街頭演説、個人演説会、ネット、電話
選挙公報、政見放送

戸別訪問、事前運動、立会演説会の禁止

・若者が選挙で見たり聞いたりしたもの（2016 参院選）
　　　テレビ 50.2%、新聞 21.1%
　　　ポスター 36.6%、街頭演説 23.8%、選挙公報 18.3%、
　　　政見放送 12.3%、ネット 11.1%

「関係者以外立入禁止」の政治参加で唯一立ち入りを許される選挙も、「暗闇に手を引かれて投票にだけ入る肝試し」に過ぎない。

（３）若年層の政治意識

　図表参照

おわりに

・「閉ざされた選挙」「選別された政治参加」から「開かれた選挙」「オープンな政治参加」へ。
・「べからず選挙」100 周年まであと７年。
・有権者とは、投票者であるとともに、立候補者でもある。エントリー制限問題の理解と受動的態度からの脱却。
・高校生に政治参加（意見表明）の選択肢を提示すること。
・選挙＝投票ではない。結果としての投票を行うために過程（＝日常的な政治家、政策への評価）が重要。そのための情報公開を。

近代2　三権分立の中の帝国議会
1　議院の自律性（自律権）
（1）議院の自律性とは
　　議会内部のことがらを行政権、司法権から独立して決めること
　　具体的には　議員資格審査、不逮捕特権、免責特権など

（2）第一回総選挙の当選者にかかわる訴訟・逮捕事件
　当選訴訟
・石川2区　生年月日詐称→当選者交代
・熊本6区　無資格者投票無効→当選者交代
・群馬4区　無資格者投票無効→第二回総選挙まで決着つかず

　訴訟（当選訴訟提起せず当選証書取消による行政的措置）
・茨城4区　無効判定変更→当選者交代
・秋田1区　投票同数年長者当選→無効判定変更→当選者交代

　逮捕
・東京10区　銀行頭取の委託金費消
　　　6月30日告訴、7月1日投票日、7月3日選挙会で当選者決定、7月4日逮捕
　　　翌年2月27日裁判確定前に辞職

（3）議員資格審査と不逮捕特権
①議員資格審査　2件（茨城4区赤松新右衛門、秋田1区二田是儀）
　第1議会で議員資格に異議を唱える議員が求め、委員会設置（議院法78条）
　論点：投票の効力（有効無効）を審査決定する権限があるのか
　結論：権限なし。
　理由：三権分立の観点から議院の自律性よりも他の二権への侵害を避けることを優先する。

②不逮捕特権　1件（東京10区森時之助）
　大日本国憲法53条　両議院の議員は現行犯罪又は内乱外患に関る罪を除く外会期中其の院の許諾なくして逮捕せらるることなし

　甲説：不逮捕特権は議院不可侵権から生じるものであるから、司法官が会期に際して既に逮捕した議員を解放しないのは議院不可侵権の侵害である。
　乙説：議院の特権は絶対的ではなく、開会後政府に対して既に逮捕した議員の解放を求めることはできるが、政府は議員の要求なしに司法処分を中止する義務はない。
　丙説：議員及び議院の特権は法律の明文で付与した範囲内に限定され、憲法は会期外に逮捕することや既に逮捕した議員を解放すべきことを指示していないから議院は解放を要求する権利をもたない。
　法制局：甲説は英国や仏国の不可侵説を論拠として主権は議会にあるという主義に立っており、日本の憲法はそのような絶対的主義を採用していない。乙説はドイツ、プロイセン、オーストリアで行われる議論で最も事理に適したといえる。ただしこの三ヵ国はいずれも乙説を憲法に明文化している。

　第1議会で冒頭から発言を求める議員→議員の権利利益に関する事案として動議「衆議院議員にして

94

開期（ママ）前に逮捕せられ開会後尚拘留中の者は衆議院の許可あるに非されは引続き拘留すること
を得ず」決議として可決→委員会設置→決議を司法大臣に通知
　　→司法大臣は衆議院の拘留継続許諾の権限を否定→上奏を検討するも賛成得られず
　　　衆議院　不逮捕特権の逮捕には拘留を含むと解釈
　　　司法人臣　逮捕を狭く解釈

　行政権を濫用して開会前に議員を逮捕し、開会後も拘留を続けることが可能となる危険性
　現行憲法５０条　会期前に逮捕された議員は、その議院の要求があれば、会期中これを釈放しなければ
ならない

２　外交の民主的統制
（１）新外交と国民外交の時代
　行政府　対　議会
　大正期外交
　・ヴェルサイユ条約交渉時「サイレント・パートナー」→若手革新派外交官たちが外交革新同志会結成
　・新外交の時代＝国民外交の時代

　国民外交とは
　　・民間外交　国際親善
　　・情報発信、情報公開　外務省に情報部設置、外交文書公開
　　・議会によるコントロール　議会に外交に関する委員会設置、議員外交

　英国外交史上の「トラブルメーカーズ」（異端者たち）
　　　ＵＤＣ（民主的統制連盟）モレル、ポンソンビー、マクドナルド

（２）望月小太郎という存在
　・人物
　　極貧から才能を見出され有力者に引き上げられ、学校に通うことができ、慶應義塾に入塾し、福澤か
ら随分才ありと将来を期待された。中井弘経由で山県有朋の知遇を得て英国留学し、ロンドン大学、ミ
ドル・テンプル法学院に学ぶ。バリスター資格取得。明治２９年山県特使のロシア皇帝戴冠式出席に随
行し、翌年、伊藤博文一行に随行しヴィクトリア女王即位６０周年記念式典列席。35年衆議院議員当選
（通算当選７回）。鋭い舌鋒で政府の外交姿勢を問い質す姿はよく知られ、新聞にたびたび登場。「望小太」
と呼ばれた。42年英文通信社社長。著書も多くあり、代表作はホーマー・リー『無知の勇気』を訳した
『日米必戦論』、『世界に於ける明治天皇』。新聞『英文通信』、雑誌『日英実業雑誌』、『財政経済月報』、『商
工之天下』を発行し、内外の情報流通に貢献し、各界の名士と交流した。

　・外務省・陸奥人脈からの酷評
　　駐英大使を務め、憲政会総裁として首相にまで登りつめた加藤高明
明治二十九年の段階で、望月について「愚物ノ飛上リ者」で、「有名家ニ面会ヲ求メ得意カル癖」があ
ると陸奥宗光に報告し、「稲垣満次郎ニ劣ルコト数等其言行窃ニ在欧日本人中ノ笑者」と酷評。

　　陸奥に見いだされ官界に進み、政友会を率いて首相となった原敬
望月が元老に政友会の悪口を吹き込み、虚言を弄して欺いていると認識していた。望月の人格について

も、大隈から手当金を受け取りながら井上馨に付いているという「余り蔑視したる説」を聞いて「望月の人格にては何とも保証しがたし」ととらえ、望月の生活に余裕があるという話を聞いて「私利を計り居る」と決めつけた。

　後に外務大臣となった外交官松井慶四郎
大隈内閣期に加藤外相が元老に外交の説明に行かない理由として、井上馨のところに「いつのまにか望月小太郎が取入って家令のようになって、朝夕侯の内に居るので、ウッカリ機密書類など送ると望月がこれを見て、何を言い触らすかわからぬ」からという。また、「望月という男はエライ者で、井上侯に取入って加藤さんから敬遠されていたが、後には加藤さんが民政党（ママ）の総裁になると、またまたうまく摺込んでスッカリ同邸に出入りするようになった」と書いている。

・研究者の評価
　奈良岡聰智『加藤高明と政党政治』
　　望月の雅号「鴬渓」を「世に出ず不遇の地位にいることのたとえ」と不遇を強調。
　　「何ら官職を得られず、党運営に不満だったようである」

・望月の主張
外務省改革論（明治４０＜ 1907 ＞〜４４＜ 1911 ＞年）
有力な外務大臣の永任、外交官任用の多角化、半官外交家の海外派遣、議会に外交委員設置、外政に関する協会の連合、外交文書の出版、国際通信局設置の必要性を説く

→日本外交史上の「トラブルメーカーズ」（異端者）としての望月

2．近代と現代のはざまで

講座１日目

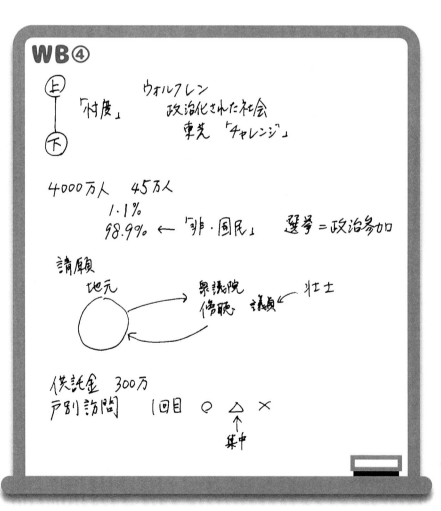

WB④

上
｜
下

「忖度」　　ウォルフレン
　　　　　政治化された社会
　　　　　東芝「チャレンジ」

4000万人　45万人
　　1.1%
　　98.9% ← 「非・国民」　　選挙＝政治参加

請願
　地元　　　　　　衆議院　　　壮士
　　　　　　　　傍聴　　議員
供託金　300万
戸別訪問　　1回目　○　△　×
　　　　　　　　　　↑
　　　　　　　　　集中

司会Y　時間になりましたので、始めたいと思います。はじめに事務連絡なんですけども、今日明日、全2回で行なうんですが場所が変わりまして、明日は品川プリンスNタワー17階の、ミーティングルームN1という場所になります。15時からになりますので、そちらの方においでいただければと思います。あと明日の講座が終わった後に、忘年会を企画しておりますので、是非、ご参加ください。ご参加いただけるということだと思ってるんですけども。

司会N　（笑）

司会Y　はい。

一同　（笑）

司会N　みんな参加なんでしょ？だからよろしくねで。

司会Y　よろしくお願いします。はい。では、内容の方に入りたいと思います。本日と、明日、全2回。末木孝典さんに講師をしていただきます。はじめに簡単に、末木さんのご紹介をさせていただきます。末木さんは、近代日本史政治史の研究者として、主に選挙干渉を中心として、研究をすすめられています。また同時に慶応義塾高等学校の教諭をされておりまして、教師をされながら、長年研究をされています。研究者としての立場からだけでなく、教育者としての立場から現代の政治への提言をされるなど、幅広くご活躍されております。また今年の七月に、これまでの二十年の研究成果をまとめられた、『選挙干渉と立憲政治』という著作も出されていますので、

司会N　読んだんですか？

司会Y　とても刺激に満ちた、本ですので…。

司会N　読んだの？

司会Y　読んでないんですけども。

一同　（笑）

司会Y　（笑）読んでいただければと思います。よろしくお願いします。では。

末木　では、よろしくお願いします。

受講生　よろしくお願いします。

末木　お二人とも去年、両方とも、あ、去年は三回ありましたっけ。二回？

２．近代と現代のはざまで

司会Ｎ　二回、三回だったっけ、

末木　何かそれもわかんなくなっちゃった…。

司会Ｎ　…憶えてねぇや（笑）。

末木　全部、聴かれましたっけ…？

受Ｋ　あたしはたぶん…。

末木　途中だけって感じ…。

受Ｋ　全部は出れてないと思う。

末木　まぁ、直接つながりのない話しますので、大丈夫です。去年は、プロセス解明講座って言われたので、研究するときの思考法みたいなところを中心に、政治史とは何かとか、歴史と政治学の話とか、まぁそういうところを中心に、お話したんですけど、今年はもう少し、具体的な話をしようかなぁと思います。先ほども紹介していただいたように本を出したんですけど、選挙干渉も、去年ちらっと問題出して考えたりとかしたんですけど、問題関心が少し選挙干渉以外のところにも広がってますので、今日は、政治参加っていうことで、選挙をもう少し幅広くして政治参加っていう視点で近代と現代、何が違うのか。そして何が共通なのかという話をしたいなぁと思います。それで、もし時間が余ったら次回、明日ですね、何か余りそうな感じしますけど、この話か、終わったところで、今、興味持って調べていることとかをお話できればな、と。もしそれでも余ったら選挙干渉かなぁみたいな感じで、考えておりますので。とりあえず、今関心を持ってることを中心に、今日、お話したいと思います。

去年のプロフィールとほとんど変わらないんですけど、変わったのはですね、今年から、教職課程センターの非常勤講師をしています。去年、国内留学したんですけど、その時に、教職課程センターでお世話になって、ちょうど、講座の認定が、厳しくなったらしくてですね、休眠状態のものもちゃんとやれみたいに文科省から言われたと。でちょうどいいからやってくれみたいな、そういう感じで頼まれましたので、この秋からやってます。それがですね、社会科教育って、専門分野に付け加えてますけど、社会科教育法特殊１っていう

選択科目なんです。今事前にネット上で、受講者が確認できて、５人だったんですね、最初。最初の５人さぁどうするんだみたいに思ったんですけど。一回目、４人来てですね、一人減ったんですね。秋学期も今は、キャンセルできるので、一週目はお試し期間だそうで、昔はそんなことなかったんですよね。翌週になったらですね、２人になっちゃったんですね。男子と女子一人ずつ。大学２年生。だから１対２で、授業やっております。ということでですね、やりにくいですね、非常に。つまり発表してもらっても、結局２人とも時間を持て余すというかですね、まぁ２人にやってもらって、次どうしようまた発表かーみたいになっちゃうんで、ま５人ぐらいいてもらったらよかったんですけど、まぁ、手探りでやっております…はい。

政治化された社会における「忖度」

…ということでですね、変化はありましたが、研究上の変化はですね、本は去年から作業してましたので、新しく何かやったってわけじゃないんですけど、論文が１コ…２コかな…？去年の講座の後、高校の紀要に、少し一般化したというかですね、書きたいこと書けるので、現代の話を書きました。それが、「高校の政治教育における政治性の視点―「忖度」と「政治化された社会」の構造―」⁽¹⁾ですね。すごいですねこれね。題名だけ見るとすごいですけどね。現代の、政治教育って言ってますけど、結局高校の授業でやってることとは関係ない話を、その背景、問題意識みたいなところを取り上げて書きました。**ちょうど去年「忖度」って言葉が流行ったので、日本の、政治性の強い社会において忖度というのはあり得るのかどうかっていう話をちょっとしたんですね。**それは去年の、選挙干渉のときの上からの指示があったかなかったかに近いんですけど、立場が上と下がはっきりしてると、（**WB④：p97 書く**）いうときに、下の人が何かやりますよね、現場の人が。それで去年は忖度だって言って、指示しているかどうかわからないのにやったっていうこと

ですよね。だから上の責任は、まぁあるかもしれないしないかもしれないみたいな、玉虫色みたいになってましたけど、そこをですね、ほんとにそうかなぁって思って。「政治化された社会」って書いたのは、ウォルフレンさんという人ですね。ちょっと雑談が長くなりそうですが（**WB④**）。日本にずーっと住んでいる外国人ジャーナリストの人がいて、その人がもう何十年も前にですね、三十年前くらいかな？日本に関する、ベストセラーになった本を書いたんですね。『日本／権力構造の謎』[(2)]っていう。その人が言ってるのは、日本っていうのは、非常に政治化されている社会だと。生活のいたるところに政治があるって言うんですよ。私、それ読んで、エ！？っと思って、こんなにみんな無関心なのにって思ったんですよ。多くの人はそう思ってると思うんですね。でもウォルフレンさんからみると、いやそんなことはないんだと。いたるところに上下関係があるじゃないかっていう。ちょっと、私の解釈入ってますね。でも、こういうことだと思うんです。職場においても上の人が下の人に対して命令したことに下の人は何故か、従っているとかね、そういうところを指してるんだと思うんです。それを政治性って呼んでいるので、「政治化された社会」っていうことなんですよ。政治性、政治化された社会。（**WB④**）。そういう社会で、忖度っていうのは何かって考えると、結局、上の人が指示を出しているかどうかわからないって言ってますが、明らかに上の人が指示しないと動かない人なわけですよ。政治化された社会においては。下の人は自分で判断したらダメな社会ですよね、そうすると。で、具体的に言うと例えば東芝事件で、社長がなんて言ったかっていうと、「チャレンジ」って言ったんですよ（**WB④**）。「こんな業績でどうすんだ、チャレンジしろ」って言って。で何したかっていうと、下の人は粉飾したわけですね。数字をごまかしたわけです。だから「チャレンジ」っていうのは要は、粉飾しろっていう意味だったわけです。よくやったっていうわけですよ。あるいは、そう言わなくても「やれ」っていう言葉はひとこと言った、何をやれとは私は言ってないんだって

よく逃れるんですけど、文脈ではっきりしてるときに「やれ」って言ったらそれは不正行為を上の人が命令したっていう認定をしないと、いくらでも逃れられちゃうっていうことですね。そこを書きたくて書きました。なので、その政治化されてない社会だったらまだわからないわけですけど、政治化された社会で、上の人が指示しないってことはないだろうということなんですね。だけど、やっぱり、証拠がないじゃないかみたいな話が、どうしても出てしまう。だから忖度って言葉も、便利なので使うんですけど、使いすぎると上の人の責任がずーっと問われないんじゃないかなということですね。で、選挙干渉は、天皇が、結局、首相や内務大臣に、「やれ」って言ってるわけですよねっていう話でした。手紙が残ってるのでそれが認定できるんですけど、なくてもやっぱり、上の人が暗黙の了解で認めたことも責任が問われないと、繰り返されちゃうんじゃないの？って思います。ということで好き勝手に、縦横無尽にですね、絶対、この二つは、同じ論文に出ないだろうなんてことを、自由に書きました。東芝の話も書くし、ハンナ・アーレントも出してきたりとか色々しました。はい。ということで今回の話とあまり関係ないですけどもそういうの書いて載せました。で、さっき時間が余ったらっていったのはその下ですね。第一回選挙を今、中心にやっているんですけど、選挙自体ではなくて、これ話し始めるとちょっと終わんなくなっちゃうんで次回、もし時間が余ったらにしますけど、選挙が終わった後の話ですね。それを、議会対政府ということで描こうと。そういう、ものを書きました。あとは、いちおう『三田評論』の福澤をめぐる人々という連載も続いてまして、一年に二回ぐらい回ってくるので、望月小太郎 [3] という人と、日原昌造 [4] という人ですね、書いております。そんな感じの変化しかないですかね。ということでちょうどな感じになりました（笑）。ちょうど雑談終わりかけていましたね。ちょうどいい感じで。

一同　　（笑）

2．近代と現代のはざまで

近代の政治参加

末木　はい。今日は何をお話ししようかっていうことですが、まず、先ほ
どちょっと言いましたが、近代と現代の政治参加ですね。比較が必
ずしもできないところもありますが、それぞれ、ちょっと見てみよ
うじゃないかと。で言えることはないかなって話ですね。それを見
ていきたいと思います。まず近代の政治参加と、先ほど言ったよう
に第一回選挙に関心を持ってるので、**一番最初の選挙で多くの人は
どうやって政治参加したんだろうかっていうことですね**。一応従来
の研究を紹介すると、従来は、有権者は当然、絞られていましたので、
レジュメの３頁（**Resume : p89**）ですね。二枚目の左側。選挙権は
25 歳以上の男子。しかも、納税資格がありますので直接国税 15 円
以上。これ所得税もしくは地租なんですね。土地を持ってる人が多
く有権者になってました。なので、地方の方が有権者が多いんです。
都市部に少ないんです。所得税で稼いでる人ってやっぱり財閥の人
とかいますけど、そういう人の方が少ないですから、地方の農村部
で地租納めて 15 円超えてますよっていう人が、多くいたので、そ
ちらの方が率は多いんですね。今と一票の格差が逆なんですよ。だ
から東京の中心部なんかだと、ほんとに数十票で当選しちゃうよう
な、そういう選挙なんです。ただ、選挙干渉に結びつけちゃうと、
そういう人に対してじゃあ、脅迫できるかっていったらできないで
すよね。財閥の当主に脅迫したったら、捕まってね、牢獄に入れら
れて終わりですので。説得するわけですね、東京の選挙干渉は基本
的には、説得してどうかお願いしますっていうやり方。でも、同じ
東京でも郊外の地主たち、農民たちに対しては容赦ないんですよ、
けっこう。乱暴なことして引っぱってきたりとか。そういうことやっ
てますのでそれを地方ではやってたってことですね。なので、でき
る相手には乱暴。できない相手には乱暴しないっていう露骨な線引
きがありました。ということで地租の方が多いんですけれども、と
りあえず富裕層の人たちが有権者になってます。

受Ｙ　先生いきなり質問していいですか？

末木　はいどうぞ。

受Y　15円ってだいたい今の感覚でいうとどのぐらいのイメージになるんですか？

末木　えーっとですねー、…んー（笑）難しいですね。

受Y　っまでもかなりの、富裕層。

末木　そうですね。えーっと、換算すると一万倍するって話もある、そうすると15万円なんで、安いですよね。

受Y　うん…そうですよね。

末木　もっと高いはずなので、うーん…1500万円とかそんな感じですかね…もっとかな…。

受Y　うん。

末木　っていう感じです…はい。総人口が、4千万ぐらいの状態です当時（**WB④**）。で、有権者が、45万人だったかな。1.1%です。そうですね。今の人口の1.1%の一番、上位層が、いくらなのかっていうことをみればいいと思うんですけど、そうするとー…億ですかね。うん。15億とかっていう方がいいかもしれないですね。という感じです。はい。結局人口も地方部の方が多いので、一番人口多いの新潟県なんですよ。東京じゃないんですね。だから、議員の定数も人口配分なので、新潟に一番多く配分されるっていう形です。なので地方の方が、東京はもちろん人口多いんで議員多いですけど、ただ、今みたいな感じで、ガーッと少ないみたいな感じの格差はないです。さてそれで、その有権者の人が、富裕層で限られた人であって、じゃそれ以外の98.9%の人はどういう政治参加だったのか、っていうことに関しては、研究しにくいわけです。基本的に有力な人たちはいろんなもの書いて残せるわけですが、一般のほんとうに普通の人たちですから、なにで見たらいいかわからないわけですね。去年言ったように何か史料がないと、やっぱりそれは不利に、まぁ不利に扱ってるつもりはないでしょうけど研究者としては語れないので、わからないと。だから、有名な研究者はですね、非国民って書いたらあれなんで「非・国民」とかですね、外国人に等しいとかね、そうい

う言い方をしてました（**WB④**）。権利がないっていう意味ですね。除外されていたっていう一応そういう認定をしてきたわけですね。ただ多分に、わからないってことは強いわけですよね。選挙に、参加できる人とできない人でしかないんですけども、そこに大きな差があるというふうに、言ってきたわけです。

被選挙権は

さて戻ると、被選挙権は年齢が、ちょっと上です。30歳以上。条件は、あんまり変わらないですね。納税資格ありますし、それから、一年以上納税をしているということを条件にしていますので、ただ被選挙権は、一年以上住んでるっていう条件が外れてるので、今住んでなくてもいいということ、ですね。だから違う土地の人が、ここで、選ばれましたっていうと、選ばれてきます。ただ立候補制度ではないので、そこがまぁ難しいわけです。つまり私は、立候補するつもりないって人に名前が書かれて集中しちゃうと当選しちゃうんですよ。当選承諾しますかって聞かれて、わかりました、当選承諾しますっていうと、当選。嫌ですっていうと、しなくていいっていう意思表示を後からしないといけないという、そういう制度でした。だから同じ人が二か所で当選するってこともあり得て、実際あるわけです。こっちで断って、こっちで当選しますとかっていって選んで、当選してます。まそんなようなことで、立候補制でないってところが、今と大きく違うところです。今年（2018年）は稲田雅洋さんっていう人の本を「はじめに」のところに書いたんですけど、私いきなり、書名を間違えてしまってですね、総選挙はこのように「して」始まった、です。ごめんなさい、「して」が抜けてしまって、「このように始まった」って書いちゃいましたけど。『総選挙はこのようにして始まった』[5]というタイトルでございます。今年の、10月だったか11月だったか出版されました。そこでわかりやすく書いてあります。こういう仕組みですね、立候補制がなかったとかです。

非有権者は

さて、それで限られた人がって話しましたが**じゃあ非有権者は、どういう人たちだったのか**、ですね。プリントは選挙法をそのまま、バーッと書いただけです。まず女性はすべて排除されていますので、すべての女性が排除されてると。そうですね、法律が男子と女性…てちょっと整合性ないですけど…すいません。で、年齢はもちろんそうですし、納税資格未満の人はダメですよね。納税資格とか年齢資格をクリアしている人でも、最初の選挙法による選挙は、北海道と沖縄と小笠原諸島を外しましたので、そこに住んでると残念ながら、投票できないということなんですね。ということで、地域的な差も出てます。それから職業でですね、けっこう細かく、この人たちには被選挙権ありませんよーと書いてあって、裁判官や、会計検査官とかですね、警察官も、ダメだと。で神官・僧侶・教師ですね。だから教師が、選挙に出られないので文科省、あ文科省じゃない、当時は文部省ですね。文部省も気をつけろみたいな、資料を出したりしてます。それから、両方ともないってのが陸・海・空の軍人と、華族の当主ですね、両方ありません。その代わり華族の人は貴族院の議員資格が、ある人はありますので、そちら側でってことですね。だから分けてるわけですね。軍人は政治に関わらないっていう、軍人勅諭ってありますので、それを宣言してますので、政治に関わっちゃいけないということです…はい。あとですね、刑事事件で拘留中または保釈中のものは裁判確定まで、選挙権をもたない。これがですね実は、さっきちらっと言った、一番最近書いた論文の話に関わってくるんですね。不逮捕特権を出しましたけど、今の憲法だと不逮捕特権っていうのは、議会が始まる前に逮捕されてる人も、衆議院やら参議院やらですね、どちらか所属してる議院の方が、保釈しろ、釈放してくれと議員としての活動をさせるぞっていったらですね釈放しないといけないルールになってます。でも、明治憲法ではそういう規定がなかったので、明文がないんですね。で、明治政府は、結局議会から色々言われるんですけど、ダメだって言って

すね、つまり選挙の次の日だったかな。すぐに逮捕されてる人がいたんですけど、その人を釈放するかしないかは別にして、議会が決めることだと。帝国議会衆議院が、政府に色々言うんですね。こちらで決めさせろって。権限持ったうえで、釈放しなくていいよって言う場合もあるけどって言い方で色々言うんですが、政府は突っぱねて結局認められなかったんですね。その、議会と政府の間の確執みたいなところ。最初の議会でその権限を獲得できなかったんですね、議会が。という三権分立の中で力関係どうだったのかなぁなんて話をしました。ちょっとそこと関わってきますね。で、これはですね、悪用されるとどうなるかというと、政府にとって都合の悪い議員は、当選した後議会が始まる前に、逮捕しちゃえばいいわけですよ。そうすると、裁判確定するまで被選挙権がないので、出られないんですね。というふうにして悪用される危険性があるんで、こちらに権限持たせてくれって議会は言ってました…はい。そんなわけで、そういう政治的な争いの時に関わってきます。それから最後、何がいいかなと思って差別って書いちゃいましたけど、「瘋癲白痴」、ですので、精神的に病を抱えてる人に対しては差別的で、有権者としては認めないと。あとは、犯罪で、刑に服して満期を迎えた人は、三年以内はダメなんですね、賭博犯もそうです。ですので結構これは厳しいかなと思いますが。問題になってくるのは自由民権運動で捕まった人たちが、この頃に出てきてるんですけど、その３年で引っかかって出られなかった人とかですね、そういう人が出てくるということですので、そういうことを睨んでの規定のようですけど、そういう形で排除されてるよってことです。

議員資格をえるには

さて、問がありますが（**Resume : p89** 問1）、財産がない自由民権運動家ですね。あるいは政党人、自由党とか改進党の人が、財産はないけれども政治活動を既にやっているわけですが、**どのようにして議員資格を得たんでしょうか**。つまり納税が 15 円以上ないと選

挙に出られないわけですよね。で、ありそうもないかなぁっていう人が出て当選してます。どうやったら得られるんでしょうか。…どうぞ、何か、あれば。アイデアをどうぞ。

受講生　…

末木　　つまり何らかの方法で、クリアして出てきてるわけです。

受Y　　制度は維持したままでってことですよね？

末木　　：そうです。どうやったら、財産資格をクリアできるでしょうか。…

受S　　税金って義務以上に払うことってできるじゃないですか？

末木　　はい

受S　　なんか、

末木　　義務以上に払う…

受S　　あ、あなたはこの額払ってね、って言われてもそれ以上払ってもいいっていう…それで、自分から 15 円出してる…？

末木　　その 15 円は、どうしましょうか？

受S　　あっそうか、その 15 円がないのか。

末木　　（笑）そうなんです。資産があって、運動してる人もいますが、そうじゃない人も有名な人の中にはいるわけですけど、そういう人はどうすればいいんでしょ？この稲田さんの本は、中心的なのがそこなんですよ。どうやって財産資格つくったんだろうか？っていって調べたそうです。…いくつかあるんですよ。この稲田さんが書いてるのは一個だけなんですけどー、私、もう一個知ってて、それは書いてないんで、あれっと思ったんですけど…。

受　　　えー

末木　　っま他にもあるかもしれないです。

受Y　　誰かからもらって払うとかそういうことじゃないですもんねー？

末木　　ぁそれに近いです。

受　　　それに近い…。

末木　　それに近い、はいはいどうするんでしょう。

受K　　地主の娘の家に、婿養子に入るとかですか。

108

２．近代と現代のはざまで

末木　そうですね。**一コは養子なんです。**

受Y　あー。

末木　養子。はい。

受Y　ふんふん

末木　そうすると、財産が受け取れる。もう一コあるんですけど、何でしょう？さっきチラッと、近いこと、言われたと思うけど…（笑）もらうっていう、正確にはもらうわけじゃないっていうことですけど…。

受Y　誰かに肩代わりしてもらうとか。

末木　そうそういう感じですね。そうなんです。資産家の人が、あ、この人素晴らしいって言ってー…。

受Y　推薦。

末木　**名義を変えちゃうってこと。**

受Y　名義を変える。

末木　財産の。

受Y　あー。

末木　あの人の資産なんです実はコレって言って、

受Y　はーはーはーはーはー。

末木　つくってあげちゃうってことですね、地元の人が。それか養子に入るかっていう感じなんです。ということで、だから、協力者がいるってことですね。**違法にならないカタチで、財産資格をつくってあげてたということで、**そういう人がバックアップして、もちろん選挙運動もね、手伝ってあげたと思うんですけど、支援していたということなんですね。なので、今も日本の政党って、あんまり力がないって言われるんですけど、結局個人後援会が、地元の人たちが集まってきて、この政治家絶対推すぞってやってますよね。その原型がやっぱりここにあるっていうことだと思うんですね。政党の組織でやっていくんじゃなくて、あの人だから絶対推したいっていう、強い意向を持った地元の人が協力して助けてあげるっていう、それ自体悪いことじゃないと思うんですけど、最初のスタートの時と全く同じことを21世紀になってもやってるっていうの、そこは問題がある

と思うんですけど。つまりそれが世襲に繋がってくるわけですよね。後継候補を党本部が決めても、地元の人は納得しないので、世襲の人、じゃ息子さんを連れてこようとかっていって、あの人のオシメを換えてあげたんだ俺は、みたいな話があって、出てきちゃうわけですよね。で、もう一人の人が出たいと思っても、結局争わせるんですね。自民党のやり方なんか。無所属で出ろって言って、当選した人が後から公認を受けるみたいな形なんで、ほんとうは政党の中でやるべきことを、そうやって、みんなに選ばせることをやってるっていうことなんで、政党の力がその分ないってことなんですね。っていう話にもうちょっと広げられるかなと思うんですけど、そんなわけで、やり方があったっていうことなんですね。はい。

政治参加のカタチ

でもう1コの方は、まぁこの後の話なんです。じゃあ、99％の人は、どうだったのかと。何もできないのかどうかですよね。で、実はできたっていうところが、さっき言った論文のポイントなんです。選挙で99％の人は排除されていた。つまり選挙イコール政治参加っていうふうに普通考えちゃうわけですね（**WB④**）。確かに政治参加の大きな柱ですよね、選挙で一票投じるっていうことが。それで代表を選んだことによって、色んな事が決まっていくところがあるので、ただイコールではないわけですよね。ほんとうは。イコールではない。では何があるかってことなんです。そうするとですね、**私が打ち出したっていうか紹介したのは、請願という制度と、傍聴という制度なんです。**傍聴って政治参加としては実はそんなに強くはないと思うんですけど、ただそのあとの話のつながりがあるんで、もう一つは請願という仕組みですね。**つまり、認められた形で政治参加することができたっていうことなんです。**そこを見てこなかったんじゃないのっていうことですね。請願って制度は今もあります。署名集めてるのは実は請願っていう制度を使っているのですね。それを提出して、受け取って、何人分出てきましたってやりますよね？

あれが請願です。当時も、選挙には参加できない人も請願で署名して人数に入ることはできたんですね。細かい話を、この後、載っけてますけど、紹介によって、請願書を出しますよって。それを議会に出してくって話ですね。4頁（**Resume：p89・90**）ですね。形式・内容は哀願って、お願いしますって形を取れっていうことなんですけど、内容の方で受け付けないものはありました。憲法変更しろとかですね、不敬のものとかですね、侮辱的なものとか裁判に関すること。これはダメなんだけど、結局、要件としては住所・身分・職業・年齢を書いて署名捺印すればそれでオーケーなんで、誰でもいいってことなんですね。取り決めはなかったわけです。納税資格はないわけですから、みんな参加できますよと。じゃあどのぐらいの人がやったのかなっていうのが、表1ですね。この図表の方の、バーッと府県が載ってますが。表1の1から47は、多い順番になってます。賛同人数が多い。ただ、複数の案件が出てますので、地租を軽くしてくれーとか、いろんな規則緩めてくれーとか。それ全部合わせたものです。それを合計したのが賛同人数です。右側が、23年末の人口。で、その割合ですね。倍数ってちょっとわかりにくいと思うんですけど、有権者数を一として賛同人数が何倍なのか、ということですね。一番多い山口県は、5800人の有権者に対して賛同者が11万人を超えてますので20倍ぐらいの人数が賛同してます。これ一人で複数あると思いますので、11万人ってことじゃないとは思いますけれども、延べ人数でも20倍多いわけですので、相当数が参加したっていうことですよね。それは言えると思うんですよ。ちょっと、山口が突出して、あとは、4倍、5倍な感じですけども、ただ、数万人規模で参加してますよね。人口の12％って今だと大変なことなると思うんですけど、相当人数が集まってくると。全国で2.11％ということですので、有権者の1.1％に対して請願で関わった人たちは2.1％ですので倍の人数が関わってるということですね。注目ポイントは、40位、北海道。1408人、請願に参加してます。有権者数は、ゼロですよね。入ってませんので。つまり、選挙で議

表1 第一議会における道府県別賛同人数・人口・有権者数

	府県	賛同人数	23年末人口	賛同人割合	有権者数	倍数
1	山口	113,927	927,015	12.29	5,806	19.62
2	千葉	80,001	1,191,353	6.72	16,647	4.81
3	福島	69,730	952,489	7.32	13,132	5.31
4	岐阜	62,864	932,658	6.74	10,113	6.22
5	福岡	45,252	1,236,015	3.66	16,832	2.69
6	岩手	42,332	671,956	6.30	4,670	9.06
7	兵庫	40,027	1,551,367	2.58	22,233	1.80
8	徳島	39,147	683,994	5.72	5,791	6.76
9	埼玉	32,604	1,081,121	3.02	18,078	1.80
10	岡山	30,555	1,072,706	2.85	14,419	2.12
11	愛知	29,795	1,473,099	2.02	18,762	1.59
12	群馬	29,310	738,061	3.97	8,580	3.42
13	新潟	24,402	1,693,727	1.44	17,748	1.37
14	三重	21,036	926,376	2.27	17,337	1.21
15	青森	20,631	545,026	3.79	4,974	4.15
16	大阪	15,683	1,348,317	1.16	15,699	1.00
17	熊本	13,834	1,057,646	1.31	12,616	1.10
18	広島	13,028	1,319,507	0.99	12,306	1.06
19	愛媛	10,607	926,972	1.14	7,205	1.47
20	福井	10,053	603,444	1.67	8,628	1.17
21	滋賀	9,795	677,502	1.45	15,456	0.63
22	奈良	8,491	500,742	1.70	7,321	1.16
23	長野	8,221	1,146,071	0.72	10,602	0.78
24	富山	8,094	754,105	1.07	10,683	0.76
25	静岡	7,491	1,084,562	0.69	11,648	0.64
26	山梨	7,482	458,534	1.63	3,805	1.97
27	宮城	7,328	751,830	0.97	7,867	0.93
28	栃木	7,221	713,362	1.01	10,486	0.69
29	神奈川	6,953	979,756	0.71	8,521	0.82
30	島根	6,631	697,878	0.95	7,108	0.93
31	京都	5,457	894,928	0.61	7,515	0.73
32	和歌山	5,069	630,373	0.80	5,769	0.88
33	東京	4,542	1,486,671	0.31	5,715	0.79
34	鳥取	4,530	401,697	1.13	3,777	1.20
35	長崎	4,466	773,095	0.58	3,663	1.22
36	大分	4,456	792,085	0.56	5,940	0.75
37	香川	4,317	672,557	0.64	5,600	0.77
38	茨城	3,828	1,025,497	0.37	15,543	0.25
39	石川	1,827	753,337	0.24	9,664	0.19
40	北海道	1,408	414,430	0.34		
41	山形	1,358	756,909	0.18	10,937	0.12
42	宮崎	179	416,824	0.04	3,304	0.05
43	高知	163	577,937	0.03	5,542	0.03
44	佐賀	65	565,568	0.01	9,562	0.01
45	鹿児島	18	1,005,816	0.00	4,926	0.00
46	秋田	1	697,298	0.00	7,836	0.00
47	沖縄	0	406,622	0.00		
	合計	864,209	40,968,835	2.11	450,366	1.92

注：賛同人数は『第一回通常会衆議院記事摘要』、人口は内務省統計局編『自明治十七年至明治四十年道府県現在人口』、有権者数は末松謙澄「二十三年ノ総選挙」『国家学会雑誌』第4巻・第44号より作成。なお、倍数は有権者数を1としたときの賛同人数である。

員を選べない地域の人たちも、請願はできたということなんです。制度を生かして自分たちの意見を、叶えられるかどうかは別にして表明することができたということですね。沖縄は残念ながらゼロなんですけど、この時は第一議会なので。最初はありませんが右側見てもらうと、第二議会、第三議会3件ずつ出てますので、賛同人数はおそらく、3人ってことはないと思うんですね。ということなので、沖縄や北海道の人も意思表示することができた仕組みだよということです。北海道は、13件、4件、3件、20件ですよね。北から南ってことで表には順番になってますけど。…はい。というところで、**非有権者である99％の人も、認められた制度を使って意思表示をしていた**ということがわかると思うんですね。それが請願制度です。

残念ながら採用されてるものは基本的に第三議会まではないので、途中から発生はしてきますけども。ただですね、この後の話と繋がっていくんですね。議員はやはり、その声を無視できなかったんだろうなって思うところがありますので、政府がそれを取り入れるかどうかは別にして、世論が議員を動かすっていうことはあったんだろうと思うんです。

近代の傍聴

さて、次に傍聴の方に進んでいきたいと思います。傍聴制度は今もありますよね。衆議院、参議院ともに傍聴することができます。基本的に紹介状みたいなものを議員から受け取って、傍聴するって形になってますが、それも当時からです。で、席はですね、皇族席、外国交際官席、貴族院議員席、そして公衆席に一般の人が入ります。新聞記者席ということで分かれていまして、

表2　第一議会から第三議会の道府県別請願件数

道府県	第一議会	第二議会	第三議会	合計
北海道	13	4	3	20
東京	38	51	25	114
京都	17	18	5	40
大阪	11	29	9	49
神奈川	9	218	5	232
兵庫	54	42	53	149
長崎	11	38	28	77
新潟	26	17	10	53
埼玉	31	31	12	74
群馬	26	13	6	45
千葉	318	34	7	359
茨城	18	13	3	34
栃木	22	26	7	55
奈良	10	7	5	22
三重	27	141	9	177
愛知	75	33	40	148
静岡	44	54	20	118
山梨	12	23	4	39
滋賀	13	15	6	34
岐阜	39	113	41	193
長野	23	14	8	45
宮城	8	12	8	28
福島	57	9	23	89
岩手	6	10	1	17
青森	65	3	4	72
山形	24	10	6	40
秋田	1	4	2	7
福井	16	12	21	49
石川	12	7	16	35
富山	15	11	2	28
鳥取	14	10	6	30
島根	18	12	15	45
岡山	160	23	13	196
広島	20	41	6	67
山口	8	6	23	37
和歌山	8	7	8	23
徳島	3	43	35	81
香川	33	56	0	89
愛媛	25	23	4	52
高知	3	81	3	87
福岡	12	14	4	30
大分	4	8	10	22
佐賀	5	9	56	70
熊本	4	3	2	9
宮崎	2	4	5	11
鹿児島	11	14	60	85
沖縄	0	3	3	6
合計	1,371	1,369	642	3,382

注：『第一回通常会衆議院記事摘要』、『衆議院事務局諸課報告第二回・第三回』より作成。数字は元の資料のままである。

紹介を得ないと、入れませんよ。それから服装が細かく決められていました。羽織・袴・洋服にせよってことですね。帽子・外套はダメだよってことです。傘・杖は携帯禁止。飲食・喫煙禁止。あとですね、態度についても、細かく決められていて、議員がやったことに対して、可否を表明することを禁止すると。今でも野次ると、退席させられますよね。守衛の人が両腕を持ってこう、シューッと運んじゃうみたいなありますけど、ああいうことをするわけです。昔からあれを命じることができるわけです。それから議事を妨害する。ま最近、あの安保法制のときも靴投げたって人が、有罪でしたよね。業務妨害かな、はい。兇器の所持、酩酊、ですね。お酒飲んで来るなってことですね。ま大変なことになりそうな感じがしますので、ダメだったわけです。その人数ですね。表3と表4ですね。これは第一議会の記録が細かい数字が載ってなくてグラフしかないので、細かいのが載せられないです。第二議会・第三議会の記録にはあるんですね。ちょっとそこはもったいないなと、せっかくだから記録残してほしかったなと思うんですが⁽⁶⁾、とりあえずでも、目安にはなると思うんですね。先ほどの分類で言うと、公衆席ですね。男性は第一議会は9000人あまり、参加しました。女性は66人、参加してます。これもですね、非有権者である女性が、66人、参加ってことですので、一応政治参加ってことかなということですね。傍聴しに行くってこと自体が、認められていたよということです。はい。傍聴してる人の8割は公衆ですので、かなり人数としても一般の人は詰めかけていたってことが言えると思うんですね。一日平均498人。定員が600人ぐらいしか入らないので、相当、みんな詰めかけてたってことがわかると思うんですね。第三議会は、更に平均人数が増えてます。500超えてますよね。これは、要は、選挙干渉ですね。選挙干渉後の議会ですので、みんなが詰めかけて、色々暴れるんです。ということで、パーセンテージ落ちますが公衆の割合は72%。ですのでほとんどの公衆席はどんどん埋まっていくということですね。そんなような様子が見て取れると思います。で、守衛と庶務で

2．近代と現代のはざまで

守衛部調査

区分	通常	臨時	合計	%
皇族	4	0	4	0.0
外国外交官	28	21	49	0.4
貴族院議員	423	0	423	3.7
官吏・宮内官	53	0	53	0.5
官吏・一般官吏	538	539	1,077	9.4
公衆・男	7,685	1,346	9,031	78.8
公衆・女	66	0	66	0.6
公衆・外国人	9	0	9	0.1
新聞記者	746	0	746	6.5
合計	9,552	1,906	11,458	
1日平均			498 人	

庶務課調査

区分	通常	臨時	合計	%
皇族	4	0	4	0.0
交際官	25	24	49	0.4
貴族院議員	463	0	163	1.0
官吏	538	539	1,077	9.4
公衆	7,730	1,346	9,076	79.6
新聞記者	746	0	746	6.5
合計	9,496	1,909	11,405	
1日平均			496 人	

注:『衆議院事務局諸課報告第二回』より作成。

表3　第二議会（衆議院）における傍聴人数

ちょっと人数が違うんです。何の差なのかよくわかりませんが⁽⁷⁾、突き詰めないほうがいいかなと思って両方、論文にも載せました。とりあえず、こういう数字だよってことでそんなに大きくは違わないんで、五十人単位で違いますかね。下はちょっと四百人ぐらい違うのかな。大きい違いが出てます。通常と臨時っていうのは、通常は事前に申請して、傍聴の権利を得た人。臨時というのは、当日来て、空いてたので入れてもらったっていう、それで臨時っていうことですね。その場で空いてるからじゃあ空いてる席でどうぞって入れてもらったっていうことのようです。その区分があったみたいですね、はい。ということですので日によって差はありますが、一日平均でほぼ満席のような感じで人が集まってきてるという様子。**これは結構みんな熱心に聴きに来ていたっていうことですよね。で、それが請願とくっついてるんですね。**つまり地元の団体をつくって例えば地租を軽くしてくれっていう人達が集まりますよね。〝地租軽減グ

守衛部調査

区分	通常	臨時	合計	%
皇族	3	0	3	0.0
宮内官	147	0	147	1.1
外国交際官	45	35	80	0.6
貴族院議員	813	0	813	5.8
官吏	718	1,082	1,800	12.9
公衆・男	8,741	1,334	10,075	72.0
公衆・女	47	0	47	0.3
公衆・外国人	8	0	8	0.1
新聞記者	1,022	0	1,022	7.3
合計	11,544	2,451	13,995	
1日平均			518 人	

庶務課調査

区分	通常	臨時	合計	%
皇族	3	0	3	0.0
交際官	45	35	80	0.6
貴族院議員	813	0	813	6.0
官吏	706	1,064	1,770	13.1
公衆	8,547	1,344	9,891	72.9
新聞記者	1,005	0	1,005	7.4
合計	11,119	2,443	13,562	
1日平均			502 人	

注:『衆議院事務局諸課報告第三回』より作成。

表4　第三議会（衆議院）における傍聴人数

ループ〟みたいのできるわけです（**WB④**）。で、有権者もいれば非有権者の人もいますよね。その人たちが、何人かを選んで、東京に行ってこいって言って、頑張んだぞみたいな感じで、お金を持たせて、一人いくら払えとかいって餞別みたいな感じでこの人たちに交通費を出してあげて、行ってきますっていって行くんです。団子みたいですねちょっとね。議会ですね。衆議院に来てですね（**WB④**）、傍聴するわけです。後でその感想が出てきますけど、傍聴…。つまり聞きたいのは、結局、地租軽減をしてもらえるかどうかっていう特定法案に関心があって行くわけですね。で、議員にも働きかけするわけです。ただ聴きに行くだけじゃなくて、上京してますので、せっかくだから地元議員のところに行って、あなたはちゃんとやってくれよって意見を言うわけですね。で、傍聴して、まぁ、通らなかったらガッカリして帰ってくるわけですが、帰ってきて地元の人に報告するわけです。こうだったよ。議会ってのはこういうとこだったよって言って。それを聞いて、あそうだったのか。諦めずに二回目も行きましょうとかっていうことをグルグルやるんです。これはあの、基本的に今とそんなに変わらないと思うんですよね。団体つくって、代表者が行って、今だったらメールとか、手紙とか色々あると思うんですけど、そういう形でもって、意思表示をやっていくということですね。**政治学で圧力団体って言い方しますけども、様々な業界団体が政治に意見を出しますけれども、その原型みたいなもの、**まぁもちろん、地域ごとに集まってますので、それを統合してって形にはまだなってませんが、それがお医者さんで集まりましょうよっていったら医師会になるわけです。ですので、その原型みたいなものがもう既にあったということですね。**これが、新聞なんかではわからない議会の様子を、生の声を伝えるということに繋がっていくわけです。**これ自体は既に研究されてる人がいたので、それに触発されてこういう紹介されてなかったデータを積み重ねてってことです。だからこれは私のオリジナルではないです。こういうことを言ってる人がいる。つまり書き残してるわけですよ、

日記とかに。行ってきてこうだったよみたいな。ちょっと乱暴なソウシがいて大変だったみたいな。当時の壮士って（**WB④**）、暴れる人たちね。武器持って、時々議員を襲ったりしてですね、高田早苗とかも襲われるわけですけど、そうやって、何だお前はみたいな感じですねボーンってやるという人たちを見かけて、東京は酷いところだみたいな感想を持って帰るっていうこともあるので、それが伝わった場合と、一生懸命頑張ったよと伝わった場合と評価が違ってくると思うんです。そんなつながりがありますよっていうことです。

第二・第三議会の傍聴の様子

さて、さっきのレジュメにもどっていただいて、守衛報告（**Resume: p90**）。どんな様子だったのかですね。集まってきて人数多かったってのはわかったわけですが、何となく盛り上がってそうな感じはしますが、実際どうだったのか。ということで守衛の報告があります。さっき言ったように退席させられるんですが、10件も第二議会で発生しております。止めただけっていう制止が2887件。すごいですよね。これ、20日間ぐらいしか多分開いてないんですけど、だから一日当たりすごい数が発生してるってことですね。全体が一日平均322件って自分で計算してますので、一日の議事の中で300件仕事があるってすごいですよね、守衛さん大変だったと思うんですが、複数の人が暴れるっていうことですね。単に暴れるっていっても暴力だけじゃなくて、決められてるんですね、席が。なのに勝手に別の席に訳分らず入ってくるっていう、そこで既に制止してますので、その件数多いですよね。つまり自分が公衆席に行くべきなんだけど、今野球とかみてもそうですね。自分の席わかんないじゃないですか。だからそこで「いやー君、君、君」って、「君違うよ」みたいな話をずーっとしてたということだと思うんで、たぶん当時ですから別に札がかかってるわけでもなく色分けされてるわけでもないと思うんで [8]、わかんなかったら聴けみたいなことだと思

うんですね、はい。で「廊下その他の場所で通行を妨げる（制止、1543件）」。これもおそらく人数多いですから、わんさかいてですね、しかも席がわからないから騒いでるみたいな状況もあると思うので、けっこう熱気はあるってことですね。いっぱい人が集まってきて何だか知らないけど混乱してる状況ということなんです。で、三つ目。注意してるだけですが、前の人が立って、聞こえなくなっちゃうって、興奮してますね、これね。「席の前列に直立して他人の傍聴を妨げる」って、見えないってことだと思うんですが、聞こえも妨げるってことなのかもしれませんが。座ってくれよっていうんですね。3297件、すごいですね。という感じですので、もちろん議会ってのはどういうものかわからず、お上りさんみたいな感じでやってきて、それで、注意されてるという状況ですよね。酷いねっていう話にしてしまえば一言で済んじゃいますけども、でも熱気を持って、熱心に来てるっていうことは事実だと思うんですね。あ、ちなみに「服装が規則に反した者4件」は、ありますので、何を着てきたのかよくわかりませんけれども、なんか、（笑）うん、すごい服装だったんでしょうね。はい。で、ヤジってしまって、つまり可否を表明、発生しています。更に第三議会が選挙干渉で荒れますので、退席は減っていますけれども、議員が退場してるのが5件出てます。衆議院議員自身が退場させられるという状況。制止件数が4000件に跳ね上がってます、はい。で先ほどと同じ項目はいいんですけども、新しい項目が増えてまして、「傍聴人が互いに争論」しているが8件ですね。おそらく選挙干渉に関連したと思います。あるいは傍聴人が声高にですね、喋り続けてやめてくれっていうのが239件。盛り上がってますね、これね。選挙干渉は、地元の人からすると、昨日行われた感じなわけなんですね。俺んとこもこうだったみたいな多分ね。そういう話です。お前んとこもそうかみたいな。うちんとこ警官が酷くてみたいな。そういう感じだと思うんです。それは興奮しますよね。で意気投合しちゃったりすると思うんですけども。あと、議場に入ろうとした人が1件いるということですね。最後で

すね。「変造傍聴券の露見」。つまり紹介を受けないともらえないので、あぶれちゃった人が偽造したってことですね。今、偽造して傍聴する人いないような気もしますが、それだけ聴きに行きたかったっていうことですね。相当、盛り上がってるなぁということなわけです。最後の点のところは新聞に載ってる記事です。選挙干渉の上奏案が否決された日、ここは政府も可決されたらかなわないっていうんで、事前に、色々多数派工作やってます。で、たぶん大丈夫だろうけどもって言って、当日、否決されるんですね、ギリギリで。で八時前から集まってきてしまって、我先に入っていくと。傍聴、605人。満員だったという記事がありますでで600人ぐらいしか入らないということ、公衆が379ということ ですので、一日平均は500ですので満員御礼が何日もあったってことでしょうね。という数字ではありますけども、一項目が増えたり、あるいは件数が増えたりすることによって、何らかのイメージはつきますよね。なので、99％が国民扱いされなかったんだとかね、外国人に等しいとかっていうところはやっぱりそんなわけないんじゃないかなぁっていう直感的なところは正しいんだろうなぁと思うんです。**つまり自由民権運動で盛り上がった人たちが、わざわざ議会ができて憲法もできてるのに、盛り下がるかっていうと、もっと興奮するってことですよね。**もっと政治を自分たちで盛り上げていきたがるってことだと思うんですね。ということですので、今の政治に冷たいみたいな印象とは違う様子があると。でもだいたい物事って最初そうですよね。やっぱりいけますよとか権利ありますよって言われたらまず一回目は、ちょっと行使してみようってなるじゃないですか。やっぱり、普通の感覚で言うとこっちだと思うんですけど、研究者はいやそんなことないよっていうところを強調してきたのかなって感じはします。

傍聴にいった民衆の感想

はい。さて、民衆の感想ですね。遠慮も要らないわけですけども感

想はね。見てきたままを、一生懸命地元の人に伝えると。それで一般化はもちろんできないとは思うんですけど、自分が見たものを一生懸命伝えてるだけですからね。ですけども何を言われてるのかなってみるだけでも、議会の姿はまたこれもわかるんじゃないかなぁと思って、抜粋して、論文にも載っけました。これはですね、何故こんなことがわかるかっていうと、内務省が報告書を出してるんですよ。各地方の警察官に情報調べさせて、で、こういう人がこういうこと喋ってましたよみたいなことを報告で上げさせていて、それを取りまとめて書類にしてるんです。でそれは、見られるんですよ、ネット上でも。ですけど、使ってる人がいないんです。で、何で使わないのかなぁと思って、シメシメと思ったんですけど。反響はあまりありませんが。ただ面白い史料だなぁと思うのは、生々しい言葉が出てくるんですね。色んな感想があります。府県を出してますけど、基本的に名前が出てるわけじゃないので、ナントカ県の教養ある人がこう言っていたみたいな紹介の仕方をしてます。これは露骨で、身分が下だとか上だとかお金持ってるか持ってないとかそういう感じで、その人の人となりを表そうとする感じです。それで、基本的に議会はうるさいっていう感じ、一言で言っちゃうと。その表現が色々面白いんです。鳥取県の人は「議場騒然議論軽躁」とかですね、八文字で示してますね（**Resume:p90**）。福井の人は、「書生の集会」のようだと。あるいは演説を練習してるような感じだと。厳しいですね。で些末な事を話し合っていて、他人の言葉尻を捕らえて屑となしてみたいなね、そういう（笑）。今でもあると思うんですけどね、言葉尻を捕らえた感じの、論争しかしてないじゃないかということを言ってる人もいます。福井県の人はなぜか鋭いんですよ。この人何者なんだろうなと思うんですけど。うーん。ちょっと論文でも取り上げたんですけど、こういう人ばっかりじゃないとは思うんですけどね。三重県の人も、ちょっと職業差別的ですけど「車夫馬丁」っていう、昔馬車を走らせてますので、そういう人達が乗る人が出てくるまでは喋ってますよね。そういうところで、要

するに下品な会話をしてるような、そういう雰囲気を醸し出してい
ると。ちょっと低く見てるってことです。蔑視してる感じの言い方
をわざわざしてます。それぐらいザワザワしてるっていう感じです
ね。そういう表現が色々出てくるということなわけです。で、福井
県の辛辣な人ですね。これ言えるってことはですね、県会議員かな
という感じしますけどね、ちょっとタダものじゃないだろうとは思
うんですけども、町村会を彷彿とさせるって言ってますから、町村
会知ってるぐらいの人ですからね。たぶん、県会議員とかそんな感
じの人だと思います。地元の名士みたいな人ですね。で、最後のと
ころですね。「未た一も国会重要の問題を議事せず。」これが重要だっ
てことがわかっているわけですが、それが議論されていないと。始
まって四分の一過ぎてるのに順序が違ってるじゃないかって。そう
いうレベルの高い批判をしてる人がいます。あと、議員の話を飛ば
して、〈議会と内閣の関係に関する感想〉（**Resume：p91**）。そこをご
覧いただければと思います。また福井県ですね。この人は傍聴も行っ
てるんです。同じ人じゃないかもしれませんが。手厳しいです。今
度は、大臣に対して厳しいんです。最初は議員が政府を恐れてる様
子だったが近頃は反対に政府が弱くなった。大山［巌］、樺山［資
紀］は強面で有名なわけですが、説明も国会議員から色々、「土偶
の如く勝手次第に為し居れり」ということで、扱われてると。大臣
の演説も、最初は愉快だったけれども、だんだんですね、皆さんの
賛成を得てからとか、「腰の抜けたる咄し」だと。で青木周蔵以下
各大臣が「御頼み申す」と。お願いしますっていう状態になってる
と。だから現政府も、今に国会に踏み倒されるかもしれないという
様子が聞かれてます。確かに、最初は議会は形式的だろうっていう
ふうに憲法上見られていましたが、結局予算に対しては、議会が賛
成しないと通らないという憲法上の解釈であるので、政党っていう
か議員側も、うまく使って政府に対して色々言うんですね。そうす
ると予算通してもらわないとしょうがないんで、だんだん下手に出
てくるという、力関係の変化ですね。それがちょうど描き出されて

るということです ね。はい。静岡の人はちょっと辛辣なので、そもそも民智進化の度合いが低いとか、ちょっと早すぎた議会の開催だったんじゃないかというような感じですね。議会全体がレベル低いっていうようなことを言ってる人もいるということね、300人の間で所見持ってるのは全体の三分の一、100人ぐらいだよって、他の人は全然ダメだというようなことも言っています。はい。そういう見方もあったということなので、シビアに見てる人がいるという一方、**地元の人からすると、やっぱり注目してるのは自分たちの地元議員が頑張ってるのか頑張ってないのかということですので、**評価がかなり分かれてます。報告書に出てる人だけ挙げてもかなりの人数ですね、色々言われてます。評価の高い人、何人かいますけれども、具体的に何を評価してるかっていうのはあまり、出てないです。誰かが評価してたとかって話を持ってきて、うちの先生は偉いなあみたいな、そういうレベルなんでしょうね。それよりも批判されてる方の人は、やっぱり喋ってないってことですね。何か活躍してないじゃないかウチの先生はっていうところで、失望するという、だから議員の人は目立とうとするんだなぁと思うんですよね、今もそうですけど。テレビに映ると途端にこう、饒舌になると。テレビの映らないところで国会中継見てると何か、ショボーンとしてるみたいなそういうところありますけど、しょうがないですよね。やっぱり地元の人が見られるっていうところが重要なわけで、そこでその先生に対する評価が決まっちゃうということですね。栃木県の塩田議員に対しては、あのライバルだった人の方が良かったって後悔してるっていう有権者のシビアな言い方ですね。一時の風潮で選挙したっていう、ことですから、ブームに乗ったんですかね、何のブーム、ちょっとわかりませんが、雰囲気があったんですかね、はい。青森県は、個別に書いてありますけど、評価として全員について色々言うみたいな感じ。基本的には喋ってないってことですね。意気地がないとかっていう感じで怒ってます。はい。あとはですね、植木枝盛ってけっこう弁舌家で有名だったんですけども、議

場では全然ダメだと。ヤジってばか
りいるっていう、そういう不満が出
てます、地元から。確かにそうなん
ですよね。理論家植木からすると何
でこんな感じなの？っていう感じな
んです。理論とか思想で活躍できる
のかもしれませんね。自分の思って
ることを喋るのはいいんだけど、誰
かの議論に対して色々言うってこと
が、もしかしたら苦手だったのかも

植木枝盛

しれないです。よくわかりませんけどそこは…はい。ということで
田中正造がもしかしたら皆さん、この中だと知ってる議員かもしれ
ませんが、冷評を下すものはないけれども、「議場における言論が「不
快感情を惹起」している」っていう、何か不快に思うようなことを
言ったっていうことですね。これも具体的にあんまりよくわからな
いんで、ただ、これが内務省通じて政府に報告されてるということ
です。はい。ということで、けっこうですね、色々言い合ってると
いう様子ですね。**地元に帰ってから、あの人はこうだっていう噂を
していると。これ当然、次の選挙の時にどうなるかですよね。左右
するんだろうなぁということですので、請願、傍聴、そして帰って
きてからの感想というところ、この
ネットワークってのは意外に選挙に
も関わってる。**で次にも繋がってく
るという ことだったんでしょうね、
きっと。その他法案とか色々ありま
すけども、第一議会の帰趨とか、色々
あります。かなりですね、知ってる
人としては、不満だっていうことで
すね。出てきています。最後のとこ
ろは、ずーっとですね、私のその論

田中正造

文の最後のところをまとめた形になっております（Resume : p9I）。

選挙＝政治参加、なのか

結局、権利がない、つまり選挙権がないだけなはずですよね。ですけども、イコール政治参加ができないというふうに捉えて、議論してきたというか、認定してきたってことですが、そこは、言い過ぎなんじゃないかということですね。**ですから請願と傍聴というと今だったらそんなに大したことないっていうふうになると思うんですけど、このネットワークを知っているとこういうやり方してるんだってみると、やっぱり、一種のメディアですね、これ自体が。**ということなので、地元の人もそれを聞いて、多くの有権者はおそらく投票行動を変えていくと思うんですね。もちろん地元に帰ってから議員が、選挙活動でいやこうだったんだって言えばまた変わると思うんですけど、そういう判断材料にはなっていったということですね。でそこに非有権者が相当数関わっているということですので、それは無視できないんじゃないかなぁ。**つまり選挙にも影響を与えるような、行動の中に非有権者も入ってると、一緒に入っていると。**だから分けてないってことですね。普通そうだと思うんですけど、政治活動で、あなたが有権者だからやってもらって私が非有権者だからってあんまりないですよね。一緒にやりましょうよ、ただ私は選挙で一票投じられませんけどってことだと思うんですよね。というふうに見た方がいいんじゃないかなぁということです。はい。その辺をまとめて書いた感じですね。一応、自由民権運動の結末が、敗北だったみたいな話を嘗てしてたので、そこに対する反論みたいな形で論文を書いたんで、最後の方もそういう話を載せてます。そこは敗北じゃないってことですね。つまりそれは憲法や議会が、近代的な側面が薄いっていうに捉えてきたからなんですよ。そんなものつくって満足してるようじゃダメだっていう、そういう、研究者の意見が強かったんですね。もっと民主的なものを目指すべきだったみたいな。ですけど、実際には認められたものをうまく使って

やってるってことですからね。何もその決められたことで、ハイハイって言って従ってるわけじゃないですね。認められたものをフルにつかって自分たちが思ってることを意思表示できてるということなので、要するに研究者が低く見ちゃってたってことだと思うんですよね。権利が認められなかった＝何もしなかった人たちっていう想定じゃないと、かつての学説は成り立たないので、そんなことはないんじゃないのっていうことです。ということで最後の文章の一文はですね、ちょっとまぁ言い過ぎだなとは思うんですけど、「全国から発せられる政治に覚醒した民衆の声にも動かされながら進んでいったといえるだろう。」っていう、ちょっと無理矢理というか、期待するような感じで書きましたけど、実際に政治に反映されたかどうかってのいうはまた、疑問だなぁとは思うん ですけれども、ただ世論がどこにあるかを示すことはできているというふうには思います。それは今でも世論調査で示されたら、大臣とかも動揺しますよね。それに近い効果を見ると、無意味じゃなかったんじゃないの？という言い方です。そんなわけで最初の議会や選挙は盛り上がってたぞ、というところ。そして、その権利があるかないかとかですね、そこで短絡的に見ちゃいけないんじゃないのということを紹介しました。そして現代の話ですね、現代。あと三十分ですよね…？

司会Y　そうですね、はい。

現代の政治参加

末木　はい。三十分でいけるところまでって感じですけど…。後半の現代のところ。**他の国と比べて日本はどういう位置づけにあるんだろうかっていうところを中心に紹介したいと思います。**直接的に、冒頭も言いましたけども、今の話と、現代の話が比較対照可能な感じで置かれてるわけでもないので、ちょっと、飛びますけれども。ただまぁ、日本の政治参加っていうことだと、言えることもあるんじゃないかなぁというわけです。この後半は、10月に政治学会で発表

した、「18歳選挙権から見えてくる日本の政治参加の課題」をもと
に構成しております。そこでは20分で発表しろって言われて、絶
対オーバーするだろうなと思ってオーバーしたんですけど（笑）。
難しいですね、20分って。という内容なんで20分でほんとうは喋
れるはずですが…ちょっとわからないです、はい。では、まず、他
国の政治参加ってあまりデータがないので、他の国は何をやってる
んだろうなっていうことです。単純に興味が湧いてくるところです
が、表5ですね。見ていただきたいと思います。この『比較・政治
参加』[9]っていう本はですね、貴重なデータを出してくれる。デー
タを探しても、政治学の本をみてもほとんど載ってないです。選挙
に参加したかしなかったかはもちろん投票率でわかるのでいいんで
すが、それ以外の行動は何をしてるんだろうかって、意外と盲点な
んですね。つまり、イギリスや、ドイツではあると思うんですけど
日本にはそれが伝わってこないのは研究者の人があえてそれを紹介
したりとか、データとったりとかということをあまりしないんだ
と思うんですけど、それが載ってたので貴重なデータだなと思う
わけです。イギリスのデータは色々載ってましたが、労働党員と、
保守党員が載ってて、労働党員の方の99年のデータだけ載せてま
す。何をしてますか。これ参加したっていうものに対して答えてま

英労働党

	%
自宅のポスター貼り	76
署名	60
寄付	68
寄付依頼	34
リーフレット配布	61
党集会参加	48
戸別訪問	32
電話での選挙活動	13

（1999年）

出典：Seyd P,Whiteley P.British Party Members:An Overview. Party Politics. 2004;10(4):360. Table4

表5　他国の政治参加傾向

すので、一人一回ってことじゃないと思います。ただ数字が上から順番って感じになってないです。途中いきなりリーフレットが61%みたいになってますので、項目でそのまま並べちゃっただけだと思います。ちょっと私自身が並び替えれば良かったんですけど。簡単に参加できるものはやっぱり参加率が高いですね。ポスター貼ってあげますよとか。あるいは署名しますとか、リーフレット配布しますとかだった

126

ら党員の人は、気軽に参加できるということですよね。党集会参加48%、戸別訪問32%。電話は日本では、限られてる選挙運動の中に入ってるので、どの候補もやると思うんですけど、イギリスではそんな主流じゃないみたいですね、13%ですので。戸別訪問の方が、三倍ぐらい多いですので、そちらの方がメインで活動してるんだろうなぁということですね。直接会った方が早いということですよね。それを補っている意味での電話、なんだと思います。ドイツの方は16歳〜29歳っていう若い世代のデータが載ってました。二つ分かれてますけど、可能性があるっていう、やるかやらないかわからないけど可能性はあるよって答えてるのと、実際に行動しましたっていう答えが両方あるので、政治参加の割合が高いといわれるドイツの人も、意外に可能性あるけれども、やっぱりやらなかったっていうのがあるってことがわかってそこら辺も面白いですけども。ガクッと減ってるのありますよね。スト、市民団体に参加するとか、政治家に手紙・メールを出すとかっていうのは、やるかもって言うんですけど、実際にはあんまりやらないということですね。やっぱり選挙に行って、署名をして、というところ。デモが32%、とかありますので　高い数字になっているということですね。はい。ストは確かにできるかどうかわからないですからね。5%ぐらいってのはしょうがないですけど、政治家に手紙・メールってもっといっぱいやってそうな感じしますが8%という答えになってます。そこに勤務校である慶應義塾を載せました、無理矢理。これ可能性あるかどうかしか聞いてないので、実際やったかは聞いていません。最初　選挙は投票率ですのでいいとして、意外と高校生も聞くと、あ、コレならできるかもってマルつけるんですね。やらないとは思うんですけど。署名ぐらいだったらやってもいいですよとかですね。で、聞き方が、手紙・メールっていうふうに、この項目に合わせて聞かなかったんで、それであとからちょっと確認してですね、手紙とメールだけを集計したら13%だったってことなんですけど、その他、今の高校生だとＳＮＳなんです、やっぱりね。メールじゃなく

て。それ入れればもっと上がります。そこで意見表明するとか、友達にこの人いいよって言うとか、そういうことだったらやれるっていうふうに答えますので、**やっぱりですね、選択肢があるよってことをまず知らせないとはじまらないんだろうなぁってことを、アンケートをとって思いました。**これすらやらないっていうか政治参加イコール選挙っていうのは、今も同じだと思うんですよね。結局、評論家とか色々な人が、選挙ぐらいは行ったらーみたいな話しますよね。だけどそれ以外のことっていうのは、何も言ってくれないわけですよね。で選挙に行けって言われて行ったんだけど誰に入れればいいかわからないって高校生とかは答えるわけですよ。そりゃそうですよね、情報がないですから。そういう不親切というか、選挙にだけは行けというのは、無理矢理じゃないかなぁと思うんですが、そういうことがまかり通ってるということですから、これ要は、さっき紹介したのも、研究者の人の思い込みですよね。現代人は、こういうふうに思っちゃってる。現代日本の人たちはってことですね。あるいは研究者だの評論家だのという人たちは自分の思い込みが強いものをそのまま若い人に言っちゃってるっていうことですね。それで、果たしてそういうことでいんだろうかっていうことです。

現代日本の選挙運動規制はどうなってる？

この後はですね、言いたい放題書きたい放題書いてますので、文面がいきなり変わりますよね。あれだけ、さっき、近代は学術的に書いてますが、こちらはあまり気にせず書いてますので。**日本の現代の政治参加のありようっていうのは、かなり、異質なんじゃないかということです。**他の先進国に比べるとですね。表6を見ていただきたいと思います。これはですね、問です。空欄補充ですね。「G8各国の選挙制度」、選挙運動に関することなんですが、2007年時点と、今年の時点で、どうなってるでしょうか。因みにですね、他の国の、○とか△とか×ありますが、○というのは「規制なし又は可能」、△というのは「一部規制あり又は一部不可」、です。×とい

２．近代と現代のはざまで

うのは、「規制あり」っていうことを意味してることもあるので、お気を付けください。ですけど禁止に近いということですね。いろんな制約がかかってて、ほぼ禁止っていうそういう意味の×です。横線はデータなしです。ちょっと「インターネットの利用」と「演説会」のデータがあんまりないですが、「演説会」っていうのは立会演説会のことを指してます。個人の演説会は、もちろん、どの国もＯＫで日本もでき、あーぁ…答えを、ちょっと答えを言ってしまってますが…。複数の候補者が喋っていいかどうかという立会演説会です。いかがでしょうか。まず2007年。私は知ってるぞという人どうぞ（笑）。

一同　（笑）…

末木　上から順番にざっと言っていただければ。

受Ｙ　「戸別訪問」規制ありじゃないですか…？

末木　…はい。禁止です、日本は。はいそうなんです、×ですね、×。次は「選挙運動期間」。ない国が多いんです。選挙運動期間っていうのを設定しないっていう、解散したらそっからの選挙運動っていうことですね。日本は、どうですか？選挙運動期間は …。

受Ｋ　ある。

末木　ありますよね。ってことは×なんですね。そうなんです。衆議院が12日間、参議院が17日間ですね。という短い。これ、今回載せてませんが、戦後すぐは30日間なんです、両方とも。段階的にどんどんどんどん下げて、今や12とか17なんですよ。地方の町村長選

表6　Ｇ８各国の選挙制度（2007年時点）

	アメリカ	イギリス	ドイツ	フランス	イタリア	カナダ	ロシア		日本
戸別訪問	○	○	○	○	○	○	○		
選挙運動期間	○	○	○	△	○	○	×		
インターネットの利用	○	○	○	×	―	―	―		
演説会	○	△	○	△	―	―	―		
文書頒布・掲示	○	○	○	×	○	○	○		
選挙権年齢（歳）	18	18	18	18	18	18	18		
供託金（円）	0	11万	0	0	0	11万	―		

凡例　○：規制なし又は可能
　　　△：一部規制あり又は一部不可
　　　×：規制あり又は禁止、不可
出典：市民政調選挙制度検討プロジェクトチーム、片木淳編著『公職選挙法の廃止』（生活社、2009年）を一部改変。

挙はスタート時点では20日なんです。だんだん減って今は5日なんですよ。だから、現職に新人が挑んで勝てるわけがない、ってことですよね。短縮化しております。さて三番目は『インターネットの利用』。いかがでしょうか。

受Y　2007はダメ、じゃないですか…？

末木　そう、そうなんです。2007年はダメなんです。現在は一般の人がメールで選挙運動することは×、ですけど…言っちゃってますけどね。それ以外だったら、ネット利用はＯＫになってます。次は立会演説会いかがでしょうか。複数候補が、意見を戦わせる場を設定できるかどうか。

受Y　…できそう…？

末木　あぁー、それに近い映像見たことあると思うんですよ。なんか、何人か並んでて、ネット上でも、7党首揃い踏みみたいのやってますよね。あれはですね、司会の、男の人女の人が一人ずついて、必ずその人を経由してしか話しないんですよ。同じ質問をしてー、

受Y　あぁー。

末木　一問一答式に答えさせ、特徴的な答えをした人は何とかさんこう言ってますけど何とかさんどう思いますか？っていう、いや私はそう思いませんとかって言うんですけど、その人に直接は言わせないんですよ。つまり党首の話を個別に聞いてるのがたまたま、7党首7人揃ってるっていう形をとっているんですよ。ということで×なんです（笑）。

受　ふぅーん。

末木　注意深く聴いていただきたいんですけど、相互に話は絶対しないという…そうじゃないとー、違法になっちゃうということなんです。もう意味ないですよね。何故禁止してるかっていうことを、考えていただけるとですね、結局明治の頃は、○なんですよ。立会演説会やってるんです。戦後ダメになったんですね。要はですね、喧嘩しちゃうんですよ、聴衆が。野次ったりとか。対立候補が喋ってる時に邪魔して、あんなやつはダメだみたいな話で、なーに言ってんだっ

て言って隣の人と、隣の候補を応援してる人と喧嘩になっちゃう。で殺傷沙汰みたいなことが起きるんで、やめましょうかと。でもネットの時代に入ってますよね。ネットで党首討論してて、殺傷するかどうかなんですよ。

受　　うーん。

末木　（笑）しないですよね。血が流れるわけないわけですよね。あるとしたら、〝何だこの野郎〟みたいな文字がね、

受　　（笑）

末木　こう流れるだけっていう…、何ていうか、血は流れないんですよね。っていうことを高校生に言って笑わせるんですけど。意味ないですよね。しかし×。はい 。えー、文書の頒布と掲示。これいかがでしょうか。フランスは何か規制がかかってるんですね。あとの国は規制かかってません。

受Ｙ　△？…かな…。

末木　△…。

受Ｙ　好き勝手にはダメですよね …？

末木　そうなんです。規制ありなんです。限られた枚数しか配れないんですよ。ここは厳しいんです。文書に対しては凄い神経尖らせるっていう特徴があって。ネットの利用が×だったのは、かつてホームページを一枚と数えたからなんですよ。ネットの利用って、当然公職選挙法に書いてるわけないじゃないですか。戦後すぐのやつ。だから解釈として、文書に当たると。文字が書いてあるじゃないか。あの画面１枚だ。そうすると規制枚数の７万枚プラス１枚じゃないかって言ってアウトになったんです。という解釈で×にしてるんで、やめましょうよっていうことですね。はい。というぐらい厳しいんです。今でも、７万とかそういう数字は守んなきゃいけないんですね。はい。「選挙権年齢」はいかがでしょうか。2007 年。

受　　20 歳。

末木　20 歳、です。Ｇ８で唯一、20 歳、だったんです。世界広しといえどもですね、まぁこの時点ちょっとわからないですけど、変える直

表7　G8各国の選挙制度（2018年時点）

	アメリカ	イギリス	ドイツ	フランス	イタリア	カナダ	ロシア	日本
戸別訪問	○	○	○	○	○	○	○	
選挙運動期間	○	○	○	△	○	○	×	
インターネットの利用	○	○	○	×	―	―	―	
演説会	○	△	○	△	―	―	―	
文書頒布・掲示	○	○	○	×	○	○	○	
選挙権年齢（歳）	18	18	18	18	18	18	18	
供託金（円）	0	11万	0	0	0	11万	―	

凡例　○：規制なし又は可能
　　　△：一部規制あり又は一部不可
　　　×：規制あり又は禁止、不可
出典：市民政調選挙制度検討プロジェクトチーム、片木淳編著『公職選挙法の廃止』（生活
　　　社、2009年）を一部改変。

　　　　前まででいうと、ほんとに少しの国ですね、わずかな国しか20歳
　　　　以上ってないです。やっと、18になったということですね。「供託金」
　　　　は今も昔も変わらないです。2007年も18年も変わってません。衆
　　　　議院の小選挙区で出る場合、最初に払うお金があるんですけど、い
　　　　くら払うでしょうか。

受Y　　結構高そう…。

末木　　高いです。他の国見てもらうと、0がありますね。でイギリスとカ
　　　　ナダは、11万円。

受Y　　こんな桁じゃないですよね

末木　　そうなんです。

受S　　400万。

末木　　あぁー、いい線です。300万なんです（**WB④**）。日本の次に高い
　　　　のは韓国とオランダが180万円とかなんですよ。それも高いですけ
　　　　どね。ちょっともう、ズバ抜けて高いんですよ。

受K　　何に払うお金なんですか？

末木　　えーっと選挙が、税金で負担してる部分があるので、やたらに売名
　　　　行為で出てくる人を防ぐためのお金。何に使ってるかって言われる
　　　　と選挙に使ってるんですけど、一定得票すると戻ってくるんですよ。

受S　　ふーん。

末木　　で最初に、出してねってことなんです。その覚悟はあるかないかみ
　　　　たいなそういう感じです。ただ、普通の人が出られるかどうかなん

ですよね。落選したから次もって言ってですね、いいよ300万どうぞみたいな、そういう感じはないですよね。ということで2回出たら平均年収超えちゃうってことですね、日本人の。という世界になってるわけです。はい。という形で2007年で2018年。もうおわかりだと思うんですが、ネットの利用と3番目ですね、3番目が△ね。メールがダメですので、一部。△で、18になった、っていうだけです。あとは変わらず、×です。こういう状況なんですね。他の国と合わせなくてもいい、というふうに言ってしまえばいいかもしれませんが。代表を選ぶということに関して、あんまり違ってたらおかしいですよね。権利にかかわるところだと思うので。選挙権・被選挙権ですから。人権に関して、他の国と違っていいって言えるかどうかなんですよね。今日のニュースで流れてましたけど、ゴーンさんの長期拘留に対して日本の検察官がその国独自の制度があるんだって反論してますけど、権利に関してそれ言っちゃったらちょっとバカにされるんじゃないかなぁと思いますけど。同じ権利を謳っておいて、それをやっているってことですので。同じことがこれでも言えると思うんですね。ウチの国はそうだからって言えなくもないですが、同じ選挙やってて、他の国だったらいいことを日本でやったら捕まるわけですからね。しかも、罰を受けるわけですので、そういう形で選挙をやっていいんだろうかっていうことなんですね。ただこれは、この状況でずーっとやってますので、ココに疑問を呈する政治学者っていないんですよ。それやったら、色んなことが崩れちゃうんで、まぁこういうのは所与だと。所与の条件として、政治をやりましょうってなってます。ただ一部の学者の人や、市民の人が、その出典のところにありますけども、いやコレはおかしいんじゃないのって言って、集まって、色々提言をしてますけれどもあまり取り上げられないですね。ということですので**現職議員からすると、このやり方でずっと勝ってる人からすると、変えたくないということは当然あるので、なかなか変わらない**ということですね。

日本の選挙運動規制

はい。という状況を踏まえた上で、日本の政治参加はどうなってるのかなぁということなんです。先に選挙の話したんで、レジュメの7頁と8頁の、「べからず選挙」（**Resume：p93**）のところを先に見た方がいいのかなぁと思います。先ほど、その文書に対してはやたらに厳しいって話をしましたけど、ビラを撒ける枚数が7万枚って決まっていてですね、2種類以内7万枚なんです。さて、七万枚はどう数えるんでしょうか。一応、破ってませんっていうことを言わないといけないんですね。先ほどホームページが、プラス1だからダメだったわけですから、7万は何かの形で、わかるようにしてるわけです。どうやってるんでしょうか。ビラを手にしたことありますか？

受　　　ないない。

末木　　選挙の時の。普通のじゃなくて。

受Y　　え、あの配ってたりとか、するやつですよね？配ってたりとかする。

末木　　そう、そうです。写真があって、名前が入ってるやつには、必ず、その7万枚だってわかる形の何かがあるんです。わかる形ってのはパッと見はわからないかもしれないですけど。

受Y　　通し番号とか…？

末木　　通し番号はないんですけど、そういう感じで何かが貼ってあるんです。

受Y　　〝配っていいよマーク〟みたい

末木　　そうそう、そうなんです〝配っていいよマーク〟なんです。この辺に貼ってあります。これがですね、証紙ってやつなんです。選管って書いてあります。東京都選管とかって。何号ビラとかって。で、ポコって浮いてるんです。つまりこれを貼ってるってことなんですよ。

受　　　ふぅーん。

末木　　手作業で。この、ネットの時代に（笑）。**IT化の時代に、7万枚を手作業で貼っているんですよ。**だから一人で立候補した人は、せっ

せせっせ７万枚貼ってですね、フーっ終わったぁーって言ったらもう選挙期間終わってしまうみたいな、一日何枚貼れるんだみたいな話だから。つまり政党の人がスタッフでみんなでやるのを前提にしてる制度ってことですよね。だから、何もない人が、いや被選挙権あるから出ますって言って出てもですね、ポスター貼って証紙貼ったら終わっちゃうってことですよね。配るまでに至らないということと，たぶん 12 日間でどうやって配るかって話なんですね。ということをやってます。もちろんビラなんてもう意味ないんだって思ってしまえばそれやらなければいいんですけど、ただ、他のことが制限されてますので、同じことを他の人はできていて自分はやらないってやると、もうそれだけで不利なんですよ。ですから、基本自由ですよってやってしまえば私はコレやめます、でこっちやりますで、勝てるじゃないですか。でも、狭ーくしてコレしかできませんよ、さぁどうしますって私半分やりませんだと、もう負けるってことですよね。**ということで、後ろ盾のない人が勝てる仕組みにはなってないということですね、はい。**ハガキはですね、選挙って消印のところに印刷されてるハガキが配られてますので、それが３万５千枚しかないってことですね。わかるんです。渡されますので。ビラは自分たちでつくって印刷してますので、それで証紙貼らせるってことをやってます。はい。マニフェスト、一時期よりも下火になりましたけど、この問題はですね、配れる場所が限られてるんですよ。たまたま行き当った演説会場で配ってますよ。街頭演説を駅前でやってましたって時に、配ってもらえたっていう以外は、わざわざ、事務所にトントンって行ってマニフェストくださいって言わないといけないんですけど、そんなことする人あんまりいないですよね。あれを積極的にもらいに行くかっていったら、もらいに行かないですよね。かといってあちこちで配ったからといってなにか、プラスか、違うのかっていったら政党の公約が載ってるだけですから、別に配ったっていいわけですよね。ということなんですが、依然としてこうやってます。つまり私が教室に行ってマニフェストを、さぁ

135

みなさん一部ずつ渡しますよって言って、配ったら、アウト、違法なんですよ、そうすると。はい、さようならってことですね。捕まります、みたいな。でも同じものをコピーして配ったら教材なので、ＯＫなんですよ。だから18歳選挙権って言うんだったら、まずそれを変えないといけないですよね。特例とかいって除外してくれないと全然意味ないですよね。だからせっせせっせとコピーしてやらなきゃいけないということなんですね。**そんなわけで、もういいんじゃないのっていう規制がいっぱいかかってるということです。**はい。で、限られているのは、選挙カー、相変わらずの選挙カーですね。街頭演説。個人演説会っていうのは、屋内でやるのを個人演説会と言います。外でやると街頭演説って呼ぶんです。だから支持者の人集めて、喋りますよね。あれが個人演説会ということ…エイエイオーみたいなハチマキしてっていう。で、基本的には支援者ばっかりってことです。ネット、電話、選挙公報、政見放送。さて若者はどのぐらい触れているのかっていうデータが、総務省のデータで出てます。2016年。テレビが一番高いですね。50％の人が見てるよと。新聞21％。ポスターは 最後、投票所のところで見てるんだと思うんですが、36％。街頭演説もたぶん駅前で見てて23％。選挙公報18％、政見放送12％。ネット11％が何を対象にしてるのかだと思うんですけど、ＳＮＳとかでみれば、多分そんなに低いわけないなぁと思うんですけど、何か限って聞いてるんだと思うんですね。例えば、候補者のっていう文言が入ると多分見てませんになるんですけど、選挙に関して会話してましたかとかっていうことであれば、たぶん、選挙関連のことを見たり聞いたりしたかって聞けばもっと跳ね上がるんじゃないかなぁという気がします。ということで、そんなに力入れて文書制限してるんですけど、まぁだいたい見てないってことなんですよ。だから力入れて規制する必要もないですよね。つまり以前は7万枚っていう制限をかけないとお金持ちの人だと、ジャンジャン刷って差がついちゃうと。でもいま7万枚刷ったって、別に大した金額じゃないですよ。300万円とどっちが

　　　　　高いですかとかっていう話になるわけで、そんなのは別にですね、10万円もかかんないわけですよね。その辺詳しそうですね。印刷物、7万枚だと、いくらぐらいですか？

司会Y　…7万枚ですか？

末木　そんな印刷しないか、普通（笑）。

司会Y　でもまぁそんなかからないですね、10万もかからないと思いますね。

末木　かかんないですよね。ということですので、7万に拘らなければですね、カラーコピーでバーッとやればいいわけですので…。まぁせっせと、制限かけてる理由はもうないということだと思うんですよね。はい。で、戸別訪問禁止している、事前運動禁止している、そしてさっき言った立会演説会禁止している、という三大禁止項目なんですけど、これいずれも先ほど見てもらったように、他の国ではＯＫにしているということです。特に戸別訪問は、ロシアさえも〇ですよね。つまり**選挙って戸別訪問とほぼイコールですよ**、普通は。つまり、私が選挙出てお願いしますっていうことなら原始的に、普通とりますよね。中学校の生徒会長選挙は「よろしく」とかって襷掛けてやるじゃないですか。あれを禁止するわけですよ。何故でしょうか。何で戸別訪問はダメなんでしょうか。

受Y　買収。

末木　そうなんです。買収防止なんです。買収防止。確かに明治の最初の方の選挙は、先ほどちょっと言ったように数十票で決まっちゃいますので、ただお金持ちの人が東京はいっぱいだから、買収しようとしてもしょうがないんで説得ですけどね。もしそれでお金持ってなければ買収しても、まぁ、20票取れれば勝てるぞだったらお金積むかもしれませんよね。しかし、普通選挙になりました。だいたい衆議院の選挙区で、10万票ぐらい取れば、ほぼ勝てます。…一人当たりいくら払えば、投票してもらえそうですか。千円で投票しますか。千円じゃさすがに、今どきですね、何にもならないですね。一万円だったらちょっと心動くんじゃないかな。おいくらでしょう

か。10億なんですね。10億かけてですね、一回の選挙で当選しようとする。すごいですねー。二回目続くんでしょうか、この人はっと思うんですがー（笑）、20億、30億、40億、みたいな。ま、荒唐無稽なわけですね。つまりそれを、全世帯10万軒、配りに歩くかっていったらですね、そんなことする 人いないわけですよ。戸別訪問するということは他の陣営もするわけですから、そんなことしたら、あっ、A候補は一万円でしたよと。あなたいくら？みたいな。私じゃあ二万円みたいな（笑）。吊り上げますよね有権者の人。お金くれるらしいぞみたいな。やらないわけですよ。だってもう密告されたらアウトで捕まるわけですから。そうすると当選しても当選資格奪われてしまうんです。ということで買収防止という理由は、もうないんだろうな。つまり現在の、21世紀の買収は取りまとめなんですよ。取りまとめしてやるぞっていう人に、じゃあ切羽詰ってるからお金渡して、俺は数百票持ってるぞとか、千票持ってるぞみたいな人に縋っちゃうんですね。それでバレちゃって、その人が捕まるみたいなそういう話なんですよ。そりゃそうですよね。だって10万票の争いなんだから、一票買ってもしょうがないっていう世界だってことなんですよね。**つまり制限選挙下では、一定の理由があった買収防止なんですけど、今時やらないでしょうっていうことですね。**お金が絡むと、バレるっていうことですね。大体どの国も、一通りは回るそうです。で、○×つけていく。この家はダメだ。つまり、ウチの党の支持者であるということは二回目行かなくていいわけですよね。あるいは敵対政党の熱心な支持者。二回目行ってもしょうがない。時間ばっかり喰っちゃう。だから二回目行くのはここなんです、△（**WB④**）。つまり未定とか中立の人をいかに獲得するかっていう競争になるわけです。日本は無党派層が多いわけですから、つまり△の人が圧倒的に多いということですから、みんなそこに集中するわけです。ていうことは、さっきのバレるっていうのはまさに、もうバレバレなんですね。みんな行くわけですから、何回も足繁く通う。そうすると、お金もらったぞっていったらもう

わかっちゃうっていうことなんですよね。そこまで、この話がわからなくても、他の国で買収がいっぱいされてるのかって考えれば、してないわけですよ。今頃大変なことなってますよ、そんなこと言ったら。毎回選挙で捕まってる人が数千人いますみたいな話になる。ってことがないわけですから、そうすると、日本人だけが戸別訪問解禁すると、今どきなのに何故かお金使ってますよって話ですよね、理由としては。そんなことはないということです。はい。ということなので、もう、やめたらいんじゃないかなぁということなんですが、まぁ結局、続けてるんです、禁止を。で、さらに、酷い話は、もうそろそろ時間なんでそれで終わりにしたいんですが、事前運動も禁止されてる、はずなんですよね。選挙期間が始まる前に、選挙運動しちゃいけないんです。でも、既成政党の人は何をするかというと、その期間中に、回るんです一軒一軒。選挙お願いしますって言わなければ、普通の政治活動と同じなので、政治活動中の私ってことなので、「おばあちゃん、何か困ってませんか」とか言って、困り事を聞いてるだけなんです、お茶飲みながら。でも来てもらった人はわかりますよね。あ、選挙が近いからねみたいな。よろしくーみたいな感じで回っちゃうわけですよ。それで票を固めちゃうということなん です。なので、それを厳守して、いやぁそんなことはダメなんだって言って、スタートラインで公示日・告知日で、立候補します！って言ったらですね、新聞になんて書かれるかというと、〝出遅れ〟って書かれるんですよ。スタートラインですよ。さぁスタートライン立ちました。出遅れですあなたって。それ書くんですね。わかってるので新聞記者は。他の人はみんな回ってるけどあなた、やっとスタートってことなんですよね。つまりわかってる人が得するシステムにもなっちゃってるんで二重に酷いわけですよ。**だから、結局回って、買収はしませんけれども、票を固めるという行為が行われているという状況なので、戸別訪問を禁止するっていう意味もないんですね、実際は。知ってる人だけが得するということなんです。**そんなわけで、時間がやってまいりました。ちょっと中

途半端になっておりますが、まぁ、政治から選挙の話ですね。選挙だけが政治参加じゃないぞって話なので明日、冒頭でこの続きを、ということでプリントはすいませんが、明日も持ってきていただければと思います。で残りの時間は、冒頭でお話をされた通り、今やっていることを、改めてレジュメでつくってくるので、それをお話して、それでも時間が余るようだったら選挙干渉の話を、少し具体的にと思っております。はい。

司会Ｙ　はい。…時間になりましたので、終わりたいと思います。ありがとうございました。えーと明日なんですけども、冒頭でもお伝えした通り場所を変えまして、明日は品川プリンスのＮタワーの十七階のミーティングルームのＮ１という場所で、15時から、開始しますので、そちらもよろしくお願いいたします。そのあと忘年会も予定されていますので合わせてよろしくお願いいたします。本日はありがとうございました。

一同　ありがとうございました 。

2. 近代と現代のはざまで

講座2日目

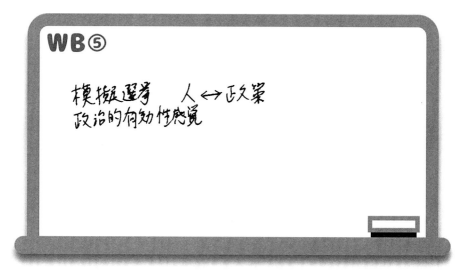

司会Y　それでは時間になりましたので、始めたいと思います。初めに事務
連絡なんですけども、講義の最中、写真と、音声の録音を、記録の
ためにさせていただきますので、その旨ご了承いただければと思い
ます。よろしくお願いいたします。では、始めたいと思います。本
日は、昨日と今日全二回ということで末木孝典さんに講師をしてい
ただいております。今日、初めての方もいらっしゃいますので、簡
単に末木さんのご紹介をさせていただきます。末木孝典さんは近代
日本政治史の研究者として、選挙干渉を中心に研究をされておりま
す。同時にまた慶応義塾高等学校で、教員も務められておりまして、
教師をされながら、長年研究を進められています。研究者としての

立場からだけでなく、教育者の立場から、現代の政治に提言される
など幅広くご活躍をされています。そしてですね今年、7月に、こ
れまでの、20年間の研究を集大成した、『選挙干渉と立憲政治』と
いう著作の方も、出されていますので…　［探す］

司会N　出しときゃいいじゃん。

一同　　（笑）

司会Y　［本を出して］こちらですね、こちらの…。

司会N　それは、それはどっから？

司会Y　刺激に満ちた…、？これは…購入、しました。

末木　　あっ、あっはっはっは。

司会Y　購入した著作となっていますので、よろしければ皆さん、

末木　　買っていただいてありがとうございます。

司会Y　読んでいただければと思い…ちょっとここ置いときますね。

末木　　（笑）

司会Y　それでは、〈近代と現代のはざまで〉と題しまして、末木さんに講
　　　　義をお願いしたいと思います。よろしくお願いします。

末木　　ではよろしくお願いします。

一同　　よろしくお願いします。

昨日のおさらい

末木　　昨日話をしたレジュメも、お手元にあると思います。まだ完全には
　　　　終わってないので、ただ、昨日話した内容のポイントまとめをした
　　　　後、残したところ、それから、昨日ちょっとお話したんですけど、
　　　　早く終わったら、今手がけてることをやります。昨日から今日にか
　　　　けて大慌てでつくった、レジュメがありますので、それに移りたい
　　　　と思いますので…。構成上、近代の話にどうしても新しく用意した
　　　　方はなってますので、昨日近代、今日現代の方がキリとしてはよ
　　　　かったかもしれないですけど、ちょっと話してみないとどんな感じ
　　　　なのかわからなくて、そんな感じになっておりますので、ご了承い
　　　　ただければと思います。さて昨日の話は、近代と現代の政治参加と

いうことで、軸は政治参加です。最初の選挙の時の政治参加の在り方と、現代、戦後通してですけども、今どうなってるかっと話をしました。データ、図表などを使ってですね、今まで調べたことを中心にご紹介いたしました。ポイントはですね、結局政治参加っていうと、イコール選挙っていうふうに捉える人が非常に多いということです。一般にもそうですし、研究者の人もやっぱり、無意識の中でそういうふうに思い込んでるところがあるので、最初の選挙の時に、選挙権持ってない人は政治参加できていないってなるわけですね。こっちが×だからこっちも×っていうふうに、イコール関係なんで、そう思ってしまって、だから、政治参加していない民衆、それが99%、だっていうふうに、つまり有権者が1.1%なんで、じゃ98.9%の人は、選挙に参加してないんだからイコール、政治参加できてないという形で、国民扱いされてないんだとか、色々言われてきたんですね。ただこの人たちを調べた上で言ってたわけじゃなくて、上の人たちを調べた上で、そうじゃないんだから権利ないですね、っていう形。だからここ調べたら、結論は変わる可能性があるっていうことですね。で、そのことについて書きました。それを紹介したんですけど、**結局ですね、政治参加の方が広い概念ですので、選挙に参加できなくても、参加する手段はあった。例えば、請願や傍聴という。**今だったらあんまりパッとしない方法なんですよね。署名集めて、国会議員に、議会で取り上げてくださいってお願いすること。もともとは、君主にお願いすることなんですけど、その方法と、国会に行って傍聴するって、今でもありますけども、見に行こうかぐらいな感じですよね。ただこの二つが実は、非有権者も参加できたと。女性も選挙権ありませんが、第二議会で66人参加してますので、そういう形でもって、参加できてるじゃないか。しかも、この繋がりっていうのがあって、つまり地元で何かを訴えかけようじゃないかと団体つくります。で何人か、代表に出てもらって、この人たちにお金を渡して、交通費渡すから行ってくれっていってですね、わかりましたって行くわけね東京に。衆議院議員

に色々、請願すると。我々の地元ではこういうの持ってきましたって言って、出す。それだけではなくて、その人たちが傍聴して帰るんですね。だから自分たちが、関心持ってる法案がどう取り扱われてるのか。それから衆議院がどういうふうに、議論してるのいうのを見た上で、帰るんですね。で報告するわけです。こうでしたよっていう。その報告が、内務省の史料で残ってるんですね。どういうふうに、地元で言ってるかって話。あの内務省に報告したわけではなくて、その巷の話を、警察官を通じて、情報集めてますので、それを、全国津々浦々まとめた、史料をもとに昨日ちょっと紹介したと。でー、結構、ズバズバ言うわけですね。衆議院の連中は騒ぎすぎだとか、騒々しいとか、色々文句言うわけですけど、自分たちも、結局色々、守衛に制止されてるぐらいですから、色々やってるわけですけども、盛り上がっていたっていうことですね。なので、この二つの手段しか見てませんけれども、それだけ見ても、今まで言われてたようなことっていうのは、まぁちょっと、イメージが違ってくるというところのお話をメインにしました。それで現代の方の話に入って、様々、規制があるという話を昨日しました。図表の方で、空欄になってますけども、日本の選挙はどういうふうに行われてるんでしょうか、ってこともやりました。表6（p129）、表7（p132）ですね。**G8で比べると、日本の選挙制度、つまり、選挙運動に関する制度はですね、全然違う様子になるということを、紹介しました。** 2007年時点では、「戸別訪問」以下ですね、様々なことに関してすべて×ということを紹介し、「選挙権年齢」は、2007年の時は、20歳でした。そして「供託金」は300万円という、それが答えなんですけど。全部×で、20歳、300万。で、現時点でどうなってるかっていうと、「インターネットの利用」のところは△、になりましたが、あとは×ですね。で、選挙権年齢が、18に、ようやく揃い、供託金は相変わらず300万円。300万円ってのは、衆議院の小選挙区の場合です。比例代表に出る場合は600万円ですので、サラリーマンの平均年収を超えてしまうというお金をまずは出さなきゃいけ

ない。そんなような話をちょっと紹介しました。で戸別訪問の禁止なんかは特に、他の国では、選挙はそういうものだと。戸別訪問するものだと思っているところのものを日本でやると、捕まってしまうんだということですので、だいぶ違う様子があるぞということですね。その他やっていいことも、かなり限定的ですので、レジュメの８頁（**Resume:p93**）にありますが、色々数字を紹介しましたけど、ビラを配っていい枚数は、この枚数ですよ。８頁の一番上のとこですね。葉書が３万５千枚ですよ、とかですね、じゃあビラはどうやって、７万枚、数えるんだろうかというところで、証紙という小さいシールを貼るんだ、手作業で貼るんだって話、昨日紹介し、７万枚貼りきらないと配れないと。そしたら、一人の人が、政党に所属せずに無所属で一人で出たら、12日間の衆議院選挙の大半はシールを貼ってるんじゃないかと。まそんな話もしました。あるいは、ポスターですね。掲示板に貼るのも、自分で貼らなきゃいけなくなっちゃうので、あちこち走り回って貼ると。相当な労力ですよね。ということで、新しい人が出にくい。しかも政党に所属してない人が出る場合に非常に不利であるというところは特徴的です。そして一生懸命そういうふうにやるんですが、若者はじゃあそういうの見てるかというと、若者が選挙で見たり聞いたりしたしたものという総務省の調査なんですけど、テレビはよく見るわけですけど選挙に関連して。あとはダーッとですね、２割３割です。せっかくそうやってやっても、ポスターでさえも36％ですから、６割強の人、見てないんですよね。ただ、限られてることしかできないので、それをやらないとなると不利になるので、みんな一生懸命それをやると。その話をして終わったかなと、思います。はい。

「関係者以外立入禁止」の政治

ちょっとあの、順番を変えて選挙の方を先に紹介してますので、戻ってですね、「『関係者以外立入禁止』の政治」という、これ政治学会でそのままそういう言葉を使いましたけど、それに対して批判はな

かったですが。**そういうふうに、政治参加というのは選挙だって思い込んでる社会において、選挙がそういうありさまですから、政治参加に関してどういう扱いをしてるのかとか。**これもう推測できると思うんですね。**参加することを前提にしてないという形が目立つわけです。**ちょっと模擬選挙の話は飛ばしてですね、「社会環境」（**Resume：p92**）見てください。これも総務省の調査が参議院選挙のときに、大規模に行われましたので、若者が家族と政治の話をするかどうか。すると答える人は36％。しないと答えた人が6割ですね。友人と、と聞くと更に減ります。26％。しないと答える人が7割。ですから政治の話をほとんどしない環境にいるっていうことですよね。その環境で選挙に行け行けと言っても、いやいやわかりませんよ、政治のことはよくわかりませんって。普通に考えてそうなると思うんですね。ですので、選挙にターゲット絞って言われますけども、他の政治参加に関しても、広くこういうことできますよーなんて話はあんまり伝わってこないわけですね。なんだかよくわかんないけど難しそうなモノとか、あるいは汚いことやってるモノとか、お金をかけて何か悪いことしてるんだとか、って色々不信感を募らせてしまうということがあるわけです。でーそれを数字ではなくて見るとすると、森さんの言葉は私授業でよく取り上げるんですけど、もうまさに、本音を言ってくれてると。かつて現職の首相の時に言った言葉ですよ。現在オリンピックのドンですけど。「無党派層は寝ていてくれればよい」って言ってますね。これよりもあの神の国発言の方が有名だったので、日本は神の国であることをみんなに言いましょうみたいな。神道政治連盟で言ったわけですけど、リップサービスですよね、そっちは。ただこっちは、選挙で自分たちが勝ちたいから、無党派層の人が寝ててくれれば自民党は勝てるんだって露骨に言っちゃってるわけですよね。これ現職の首相ですから、自民党総裁ではありますけど、首相として発言してますので、そうすると首相が国民の半分ぐらいの人は選挙に来るなって言っちゃってるわけですよ。この方が大問題かなと私は思うんですが。ただコレ本

2．近代と現代のはざまで

音だと思うんですね。多くの議員は、自分が関わっている人たちが選挙に来てくれれば勝てるので、それ以外の人は、お休みくださいと思っていると。**限られた人たちの中で政治をやりたいということですよね。**だからそれを代表して言ってくれてますので、こういうのはだから、言うなっていったら良くないんで、どんどん言ってくださいと。滑らかにどんどん、言ってもらった方がいいと思うんですよね。ということで、政治家の行政府のトップである人がですね、そういうこと言っちゃうということですので、政治環境・社会環境ですね、非常に政治に対して距離があると。だから、関係する人だけが入るべきものであって、関係ない人は、どうぞ、門前払いですから、外に行ってくださいと。遊んでてくださいみたいなね、そういう感じなわけです⁽¹⁰⁾。はい。それで、若い人も敏感に察知してるんですね。新聞記事二つ（**Resume：p92**）なんですけど、政府は、有権者に賢くなってほしくないのかなぁと思ってしまう。これは街頭で、自ら、高校生の人が世論調査しようとしたのかな？そういうことをやっている積極的な子が色々やってみた結果ですね、こういうことを思うということです。それから大学生は、政治の話をしようとすると相手のシャッターが下りる感じがする。〝意識高い系〟、みたいな感じの扱いを受けて、あぁもうこれ無理だなと思ってしまうと。そんなことも書かれています。これ多分、多くの人の実感だと思うんですね。政治にちょっと関わろうとすると、あるいはちょっと喋ろうとすると、何かもう、ダメ、みたいな、シャットアウトっていう環境なんだろうということです。はい。なので、そこのレジュメの下のところ（**Resume：p93**）ですね。**選別されてしまっていて、限られた人どうぞ、あとの人はさよならっていう、選別された政治参加、というのが日本の社会の特徴なんじゃないかな**、ということですね。こういう社会ではやはり受動的な姿勢にならざるを得ないと。積極的に何か働きかけようと思ってもシラーっとしてるわけですから、孤立しますよね。でー、ヤんなっちゃうと、いうことですので、政治に関わった人も、やがてはヤんなって、去っていくとい

147

うことなんじゃないかなぁと思うわけです。

模擬選挙を成り立たせるには

で戻ってですね、そういう状況で模擬選挙を授業でやるっていうのはすること自体否定してないので、一緒に組んで、授業担当した講師の人がやってましたけど、それで一緒に論文書いたりしましたけれども…えー、**つまり、模擬選挙をやるやり方は気をつけなきゃいけないってことです。**つまり理想的な選挙で模擬選挙やっちゃうと、現実は違うんですね。あるいは逆にわかりやすくしようとして、色々、事例が新聞載ったりしてますけども、選挙は難しいのは、AさんBさんっていう人を選んでますよね。ですけど、模擬選挙ってなかなか実在する人を扱えないわけですよ。実際に自分たちのその学校のある選挙区の人を取り上げてやってしまったらマズイわけです。ですから架空の話になるんですね。あるいは、教員が出てきてとかっていう感じになります（**WB⑤：p141**）。手っ取り早いのは実は、生徒会長選挙みたいな感じで、Aさんはこういう主張をしています。Bさんはこういう主張をしてますっていうその政策で一個ずつだしてもらって、じゃどっちにあなたは投票しますかっていうのわかりやすいわけですよ。争点一個。そういうやり方をしてる人の実践例がいっぱい新聞載るんですね。ただこれもですね、選挙ってそういうものだと思ってしまったら、実際は違うわけですね、AさんBさんはそれぞれ、色んな方面で色んな政策を打ち出すわけです。つまり、経済のテーマ、年金だとか、安全保障だとかそういういろんな面で、どっちの人を選ぶんですか。私はこの政策とこの政策がいいと思いますとかやってって最後どうしても選ばざるを得ないんで、じゃあ私の重視してるのはまぁコレなんで、Bさんとかですね。たぶん実際にはそうやると思うんですよ。それを、単純化してしまうので、やっぱり、政策で選んでることになっちゃってると。現実の選挙はこっちなんじゃないですかということなんですね。難しいんです。**簡単に言うと、現実との違いをつけてやり過ぎ**

てしまうと、意味がないし、現実と一緒にやろうとすると、難しくなっちゃうってことですね。そのジレンマの中に、教員はいるということなんです。なので、私は、思ってるのは、模擬選挙をもし成り立たせるためには、こういうことが必要なんじゃないかという３点（Resume：p92）を挙げてます。なかなか難しいです。現実には、どれほど時間がかかるんだろうと思うんですが。まず一番目は先ほどの、家族や友人と政治の話を簡単にできるような状況じゃないと、社会環境ですね。難しいんじゃないかなと。つまり殊更に取り出して選挙の話、模擬選挙ですよってやらなきゃいけなくなっちゃうんですね。普段会話してれば、あぁあの話ねっていうことで、じゃ私はこっちだから、みたいな話なるわけですけど、すごい構えた話になっちゃうんですね。だから難しく感じるんだと思うんです。日ごろから話していれば難しくは、感じないと思うんですね…はい。それから、この後の話にも関わるんですけど、前回、ちょっと紹介しましたけど、政治参加ってなんなのかっていう、色んなものがありますよって話もしてませんので、選挙でいきなりですので、そこも、やっぱり、色々な手段があって、選挙はその一つなんですよっていう提示のされ方をしないと、選挙だけになってしまって、そうするとハードル上がっちゃうんですね。じゃあとりあえず行かなきゃと。でも難しいっていう話になってしまうということなので、もっと幅広く、つまり明治の人も請願とか傍聴でやってますからね。そんなに大変なことじゃないわけですよ。ということで、そういうのがない場合はちょっと難しいんじゃないかなぁということ。それから選挙運動の話は先ほど紹介したように、自由に行えないわけです。だから我が国は特有のものがありとかもし言ったとしても、それは選挙権という共通の権利であるものを、何故日本だけが独特のものをやって、正当性があるかってことですね。そこに対して答えを出さないといけないわけです。そう考えてみると、人の権利について、国によって違うってもちろんある。あり得ますけど、選挙権に関しては、同じ代表を選んでることで何故、やってはいけないことがこ

んなにあるのかと、なかなか正当化できないんじゃないかと思います。ですので、模擬選挙でやった場合、あるいは生徒会長選挙もそうだと思うんですけど、個別に何か話し合ったりすることしますよね。でも戸別訪問ダメなわけです。そこのギャップをどう埋めるのかって話。で最後は、そもそも情報が公開されてないんじゃないのということです。政治とカネの問題も、なかなか公表されないと。ネット上に上がってる選挙管理委員会ありますけども、そうじゃない選挙管理委員会もあります。そこに行かないと政治資金の収支報告書が見られないんですね。でメディアの人が行って、閲覧して、報道して、昨日ちょっとまぁ、実名アレですけど、この人の看板が、とかって話になるじゃないですか[(11)]。お金支出してるぞとか。訂正します、とか。そういう話に繋がっていきますよね。ということなんで、そのメディアの人だけじゃなくて、我々が普通の人が見られるようにして、構わないわけですけども、そういう環境がなかなかないですね、実現しないということなので、そうすると高校生の意見聞いても、何を根拠に選べばいいのかわからないと。情報ないですので、そういう話になってしまうんじゃないかということです。はい。なので模擬選挙はなかなか難しいんじゃないかなぁというふうに私は思ってます。私の授業は結局昨日の話と今日の話のように、現実どうなってるかっていうことをやってます。それを教職課程センターで喋りましたけど、そしたら、そんなことしたら政治不信が募りませんかみたいな。現職教員の人が聞いてるわけですけど、やり過ぎじゃないですか的な感じのニュアンスで質問されましたけど。だけど、まぁそれで政治不信になるぐらいの方がいいんじゃないかなぁと思うんですけどね。つまり、授業では、巷の政治不信に繋がるお金の問題とかも、いやお金かかるんですよみたいな話もしてますので、政治家の側に立ってものを考えるということも伝えてますので、そうすると意外と、いやぁ、お金かかるんだったら、どこを我々サポートするんだみたいな話になりますので、ただ、多くの教員からすると、やり過ぎだと。生々しい現実を伝えるのはど

うかみたいなそういう話にどうもなるみたいです。おかしいと思うんだったら、将来、その人たちが変えればいいですので、若い人たちに対して、オブラートに包んでもしょうがないんじゃないかなぁということですね。だって報道されてますからね。政治家がこんなことを、ウソついていましたみたいな話。それと、理想の選挙、政治を語ったところで、ギャップが発生するのは当然、というところなわけです。

投票のときだけ開くドア

さて、そういうわけで、最後のまとめですね、先ほどのレジュメの７頁の文章（**Resume：p93**）で、５行書いてますけど、これは比喩ですね。投票になるとですね、まぁやたらにみんな「選挙行け、投票だけはしなさいよ」っていうふうに、お尻を叩くわけですね。**つまり先ほどの比喩でいうと、関係者以外立入禁止なんですけど、選挙の時だけ、「さぁ行け、さぁ行け」っていうふうに、でも中入ると真っ暗なわけですよ。「どうやって、行けばいいんですか？」「コチラです」って言って、他のところは見るなって言ってですね、汚いものがあるから見るなって言ってサァーッと行かせてですね、で奥の、投票所のところで投票してハイさようならっていう、そういう、酷い状況なんじゃないんですかという問題提起でございます。**そういうところで教員が、「さぁみんな投票行こう」っていうことは、やっぱり無責任なんじゃないかなぁと、いうことですね。教員批判ではなくてですね、色々、時間が短い中で皆さん、頑張っているんだけど、やっぱりあんまりお尻叩くようなことじゃないんじゃないかなって気はしてるわけです…。

高校生の投票率は高い！？

高校生は、じゃどのぐらい投票してるかなんですよね。表８ですね。先ほど、選挙制度見てもらいましたけども、その右側のところに、高校生の、衆参、一昨年と去年の選挙の投票行動、アンケートをとっ

た結果が載ってます。で、去年国内留学だったので、別の先生が政治入門持ってましたので、そこだけしかお願いできなかったので、ほんとはホームルームでやる方が人数が多いわけですけど、一昨年は、ホームルームでも、無作為に選んだ3クラスだったかな？協力してもらったので、私が授業持ってるのと、無作為で選んだ3年生の3クラス。211という、サンプルが得られてます。ただ、選挙権は、7月に選挙あると、ほとんどの生徒は誕生日を迎えていないので、選挙権ないんですね。211、聞いてますけど、結局なかったのが136で、あった75人に聞くしかないと。行きましたか。行きました、60人ですね。80％なんです。で、去年のデータちょっと人数少ないですけど79人に聞いて、10月だったかな、選挙。年の後半でしたので、50人、選挙権ありました。行きましたかっていったらですね、行きました、40人。80％。まったく動かしてないで

2016年参院選（n＝211）

1 参院選時の選挙権

あった	なかった
75	136
35.5%	64.5%

2 もしあったら投票

した	しない
114	22
83.8%	16.2%

3 参院選に投票したか

した	しない
60	15
80.0%	20.0%

全体投票率	54.5%
18歳投票率	51.3%

2017年衆院選（n＝79）

1 衆院選時の選挙権

あった	なかった
50	29
63.3%	36.7%

2 もしあったら投票

した	しない
28	1
96.6%	3.4%

3 衆院選に投票したか

した	しない
40	10
80.0%	20.0%

全体投票率	53.7%
18歳投票率	47.9%

4 参院選投票先（選挙区）

自民	公明	民進	共産	おおさか維新	無所属	回答なし
39	1	7	3	3	3	4
65.0%	1.7%	11.7%	5.0%	5.0%	5.0%	6.7%

5 参院選投票先（比例代表）

自民	公明	民進	社民	共産	おおさか維新	無所属	回答なし
41	1	6	1	2	3	1	5
68.3%	1.7%	10.0%	1.7%	3.3%	5.0%	1.7%	8.3%

6 参院選で投票した理由

ア18歳が初	イ行くべき	ウ関心	エ大人から	オ友達から	キ議席伸ば	ケその他
38	39	4	18	1	2	1
63.3%	65.0%	6.7%	30.0%	1.7%	3.3%	1.7%

7 参院選で投票しなかった理由

イ関心なし	ウ忙しい	エなんとなく	カ政治家いや	キ政党なし	ク実現政策	コ自分みたい	体調不良
1	7	1	3	2	3	1	1
6.7%	46.7%	6.7%	20.0%	13.3%	20.0%	6.7%	6.7%

表8　高校生の参院選・衆院選における投票行動

すよ。私が 80 に揃えたわけでもなんでもなく、たまたまこういう
数字が出てます。他の、学校の話を聞いてもですね、低いところで
60％ぐらいだっていう話をきいたことありますけど、高校生は高
いっていう話は方々で出てます。それが十八歳選挙権に向けた教育
の成果だ、とか胸張る人もいますけども、違うんじゃないかなぁと、
私は思ってます。というのは、多分、親と一緒に行っているんじゃ
ないかなぁと、想像するに。みんなで行こうよっていう時にじゃ行
くよ、って話になりやすいのでー、そうすると大学生は、やっぱり
地元離れてる人が結構多いので、行こうよって言っても自分一人で
すよね。じゃやめたって話になるんじゃないかなというふうには思
うので、親元にいるかどうかっていうところが意外と、大きいんじゃ
ないかなぁと。ま一緒に行かなくてもですね、投票に行くの行かな
いのみたいな話はやっぱりしますよね。友人とはなかなかし辛いわ
けですので、家族と、投票日ぐらいそういう会話なるんじゃないか
なぁということなので、高校生は高いというふうに思います。あと
大学生は住民票の移動がめんどうくさいということで地元から移し
てないとかですね、移してなくてもほんとはできるんですけど、め
んどうくさいんですね。ということで、総務省もどうもそこは問題
だと思ってるようなので、今後対策を立てるそうです。はい。とい
う、アンケート結果。

高校生を対象とした政治意識調査

それから最後のところですね。表 9 を見てください。じゃあその高
校生たちは何を考えてるんだろうかっていう政治意識調査を、上宮
高校という大阪の高校の先生が、選挙学会でポスター発表を毎年の
ようにやってるので、その人と知り合いになって、全部じゃないん
ですけど質問項目を揃えて、じゃあウチも聞いてみますので一緒に
使いましょうよみたいな話をして、で、使わせてもらって、私も、
向こうにウチの高校の結果を教えています。それで、ピックアップ
したものですね。揃えて調査したもの。あと独自に聞いてるものも

ありますので、それも載せてます。はい。そうすると、当然、地理的にも離れてますし、大阪と東京ですので。あるいは、上宮高校は共学なんですね。私立の学校という共通項ありますが、男子校と共学、とか色々違うところあるんですが、**やっぱり高校生としての意識っていうのが、共通する部分もやっぱりあって大きな傾向は、だいたい同じなんですね。**その上から見ていただければわかると思うんですけど、関心ありますかとかですね、ネット調査ってのは、共同通信が行った、18歳・19歳の、インターネットモニターに対する調査を比較のために載せてます。それも、そんなに変わらないんです。でですね、注目してほしいのは、問5。「自分には政府のすることに対して、それを左右する力はないと思いますか？」。**これですね、〝政治的有効性感覚〟っていうの聞いてるんです。**専門用語で言うと。普通の政治学の教科書に出てきますけど、政治的有効性感覚（**WB⑤**）ってやつなんですね。で諸外国で比べて、やってるのと、日本の人のこの感覚を比較したりする研究ってのは政治学者で、今もやってます。ポピュラーな、専門用語。で、日本の人たちは低いっていう結果が出てるんですね。では高校生はどうでしょうか。「ないと思いますか？」やっぱり7割、6割、「ない」と思うんですね。私にはないですよっていう、謙虚な姿勢。ちょっと飛ばしてですね、問10、問11見てください。質問を変えたんですね。「人々が声を上げれば政治の決定を覆すことができると思いますか？」。そうするとですね、「できると思う」って言う方が多いんですよ。50%超えるんですね。あるいは11番のように、「今の世論を変えることができると思いますか？」。そうすると増えるんですね。66%。59.2%。自分にはないけれども、みんなが声を上げたら政治は変わるとか世論は変わる、っていうふうには思ってるんですね。自分一人の力を過信してはいないけれども、みんなが集まったらやっぱりそれは変わるでしょっていう、だから冷静に合理的に判断してるっていうだけだと思うんです。諸外国は高いんですね、問5のような質問をすると。おそらく、自分が何かアクションした

２．近代と現代のはざまで

表9　政治意識調査結果
　　　―慶應義塾高校５４人と上宮高校（大阪）１５２人の比較―

問1　あなたは国や地方の政治にどの程度関心がありますか？

	関心がある	関心がない	
慶應	57.4	42.6	2016年6月
上宮	49.6	49.7	2015年5月
ネット調査	49.6	50.4	2016年6月

問2　投票に行くことは有権者の義務であると思いますか？

	義務	義務ではない
慶應	83.0	17.0
上宮	76.3	23.7

問3　選挙では大勢の人が投票するのだから、自分ひとりくらい投票しなくても構わないと思いますか？

	思う	思わない
慶應	40.7	59.3
上宮	33.5	66.4

問4　参議院議員選挙で投票可能であったら投票に行きますか？

	行く	行かない
慶應	75.9	7.4
上宮	64.3	20.4

問5　自分には政府のすることに対して、それを左右する力はないと思いますか？

	ないと思う	ないとは思わない
慶應	73.5	26.4
上宮	65.8	34.2

問6　憲法改正についてあなたの考えは？

	消極的	中立	積極的
慶應	35.2	42.6	22.2
上宮	32.0	39.7	28.2

問7　あなたは安倍内閣を支持しますか？

	支持する	支持しない	わからない
慶應	40.7	20.4	38.9
上宮	36.9	21.0	38.9
ネット調査	52.1	47.9	

問8　以下の政治に関する政策や争点のうちあなたが最も気になるものを1つ選んでください。

	経済・金融・財政	安全保障・外交	雇用・就職支援
慶應	33.3	29.6	22.2

問9　普段あなたは何党を支持していますか？1つ挙げてください。

	自民党	公明党	民進党	社民党	共産党	支持政党なし	維新の党	おおさか維新
慶應	35.2	0	3.7	1.9	0	53.7		
上宮	16.6	1.3			1.9	50.3	13.4	
ネット調査	30.4	2.3	4.0	0.5	1.9	56.3		2.5

問10　人々が声を上げれば政治の決定を覆すことができると思いますか？

	できると思う	できると思わない
慶應	53.7	46.3
上宮	51.3	43.4

問11　人々が声を上げれば、今の世論を変えることができると思いますか？

	できると思う	できると思わない
慶應	66.7	33.3
上宮	59.2	35.5

問12　自分が社会に訴えかけたいことがあったとき、どのような行動をとりますか？とる可能性がある行動にすべて○をつけてください。

	署名	デモ	投書	集会	団体	議員への働きかけ
慶應	61.1	37.0	24.1	18.5	18.5	40.7

※ネット調査は共同通信社が6月2日〜6日に18、19歳のインターネットモニター1550人対象に実施した。
『東京新聞』2016年6月8日付より。

ことで直接変わると思っているわけじゃないと思うんです、他の国も。でも政治参加、例えば、私の仮説ですけど、政治参加っていうのは色々、手段があるというふうにイメージできている社会の人たちからすると、いっぱいあるんだと。だから私が、声を上げて何かアクション起こせば、簡単なアクションだけども、結局、それが政府なり政治家なりに伝わり、変える力になるんじゃないかっておそらくイメージがあると思うんです。でも日本においては、これが選挙しかないわけです。イメージとしては、選挙で私が一票入れた場合、一票で政治が変わるかっていったら、私以外で同数じゃないと私の一票では変わらないですよね。それは無理でしょうっていうたぶん答えだと思うんです。これは仮説ですが。これなんです。**政治参加イコール選挙だと思ってる、仮定が正しいとすればおそらくこういうイメージを持っちゃってるんじゃないかっていうことですね。だから日本だけ低くなるんじゃないかと思うんです。**中国は高いんです。そうするとですね、え？！っていうふうに、高校生に読ませると思うわけですよ。いや、中国は、共産党一党支配じゃないですかみたいな。いやいやだからこうですよってことですね。そういう社会だって色んな形が取れるわけですから、そういう手段をイメージしていれば変わるんですよね。そう思ってもおかしくないわけです。これ池上彰さんも、このイメージで捉えるわけですよ。日本の人はなぜ低いんだろうか。選挙の一票で物事が変わる、皆さん変わらないと思ってませんかみたいな記事を書くんですね。だからそういう、著名な色々なニュースとか色々な事を知ってる人もこれなんですね。ということが、わかるんです。根深い問題なんですね。でこれが、三つの答えを見ただけでも、なんとなく仮説としては、出てくるんじゃないかなということなんですね。**つまり質問を変えて、そういう方法をとると、変わると思いますかって聞けばたぶん変わると思うって答えるってことですね、１０番、１１番。**なので、昨日もちょっと言いましたが一番最後の問１２。あなたが、社会に訴えかけたいと、ことがあった場合、どのような行動を取りますか？

取る可能性がある行動、つまりやらなくてもいいんだけど、これぐらいだったらやるかなぁと思うものに〇をつけてくださいって言ったらですね、これぐらいかなーとかってつけるんですね。「署名」だったら61%、やるかもって答えます。「デモ」で37%、「投書」24%、「集会」18.5%。団体に入る18.5%。ま、実際にはそんなに多くの人はやらないと思いますけどね。ただ、やってもいいかなぐらいには思ってるのでマルつけると思うんです。で「議員への働きかけ」はちょっと、手段をわけてましたので昨日紹介したのも、参考値で、メールと手紙だったかな？それが13.3%っていう感じで、紹介しましたけども、その他の手段も全部含めて、合算すると　40.7%、です。これもこれもできるかなーとかって答えるってことですね。

政治参加傾向を他国と比べると

ということで戻ると、三枚目の右側の、「他国の政治参加傾向」表5（p126）っていうのがあるんですけど、イギリスとドイツの、労働党の話は若者に限定されていませんが、イギリスの労働党員が、何を、日ごろしてるのかなっていう、表5ですね。二枚目ですね。表5。…結構、そんなこともやるのっていうことも、やりますって答えるんです よね。でー、右側のドイツは、比較的若い、16から29歳の人に聞いて、可能性があるかどうかを聞くとですね、高いですよね数値は。「行動した」を見ると、そんなに、やるっていったけどやってないっていうことはあるわけですけど、それと比べてもですね、可能性ありっていう答えではあるんですけども、日本もそんなに引けを取るわけでもないということですよね。ちょっと低いですけどね、やっぱりね。20%、30%ぐらい低いかなぁって感じはしますが、ただそういう選択肢を日頃示されてないということなので、示されると、あぁ、そういうことできるのっていう意識になるということなんです。**したがって大人の側が、選挙しか政治参加ってないんだっていう思い込みがあるわけですが、その思い込みを払拭しないと、変わらないんじゃないかなということですね。**特に教

員が思い込んでしまうと、さぁー選挙行けって、そればっかりになっちゃうと。君たちが行かないと損するんだぞって。朝日新聞の授業実践の報告についての記事を集めたんですけど、色々な形を取ってるんですけど結局、シルバーデモクラシーなんですよ。皆さんが投票に行かないと、お年寄りの人たちが人数多いので、投票に行くので、皆さんの意見よりもこっちが優先されますよっていう話にどうしても収斂しちゃうんですね。色々な手法使って。教員の頭の中に、シルバーデモクラシー、そこを言えば、若者は投票に行くかもしれない、投票率上げましょうってそういう感じですね。なんかインプットされてる感じです。でも若者もいずれシルバーになるわけですよね。それで煽ったら、どうなるのかなと思うんです。別にどっちかじゃないわけですよね。もちろん、予算の取り合いだっていうふうに見る事できるかもしれませんけども、そこを煽っちゃいけないんじゃないかなとは思うんですけど、どうもそれがインプットされてるようです。はい。なので教員はやっぱりですね、狭ーく捉えて選挙だけっていう、この図式っていうのが、根強いということです。そういうことを私は気にしております。

まとめ

そんなわけで、色々紹介してきましたが、「終わりに」のところ見ていただければと思うんですが。いま「若年層の政治意識」という話ですね。レジュメの 8 頁の終わり（**Resume : p93**）です。これは日本政治学会で発表した、10 月の話なんですけど、そのまとめをそのまま載せております。近代の話しましたけど、そちらの方の話は、報告論文では出したんです けど、発表では、時間がなかったので省いたので、そのまとめは入っていません。やっぱり政治参加を選挙に狭く限定して考えるべきではないということと「べからず選挙」。1925 年からですので、あと 7 年で百周年を迎えると。いつまでこれをやるんでしょうかっていうことですね。特に戦後の、選挙運動の規制。**大正からの引き継ぎで、厳しく制限してますけども。**

やっぱり顕著に、他の国と比べて他にないぐらい厳しいですので、ちょっとその点では、**結果が変わるか変わらないかではなくて、そもそも権利なので、そこをちゃんと考えるべきじゃないかな**っていうような結論です。じゃあどうしたらいいのかなってなかなか難しいですけどね。いきなり政治の会話をし始めるっていうことをしたら、まぁ、シャットアウトされ、シャッター下りちゃいますよね。ですので、その辺はどうしたらいいかってのは次の問題なんですけれども。**まずは教員が、さっき言ったようにですね、幅広く、政治参加には色々あるんだってことを知った上で色々教えるということ、あるいは実践するということですね**。そこから始めた方がいいんじゃないかなぁというふうに思っております。

いまの高校では…

…ということで、昨日残したところが終わりましたが、何か質問とか感想とかございますか？…とくに現代の話をしましたので、何か、思うところが、あるいは疑問点、違うんじゃないかとか色々あるかもしれません。どうぞ。あれば…。

受M　あのー、いいですか？

末木　はい。

受M　単純に…今の、例えば、さっきから　末木さんが、実際にやられてる方々、その教師の立場をおっしゃってますけど、単純に、今高校で、どれぐらいそういう、普通、そういう授業とか先生がいてやってるものなんですか？そういう、こういう…。

末木　そういうってのも、模擬投票…。

受M　つまりその、色んなー、何ですかね模擬選挙だとかどうとか。

末木　はいはい。

受M　実際にあってー、その結果が、蓄積されてとかあるわけですよね？

末木　そうですね。

受M　それっていうのは、どの高校でもやってるんですか。それって、どれぐらい、そういう先生がいて、

末木　えーっとー…その調査自体はちょっと、数量的にはわからないですけど、18歳選挙権って話の前に、シティズンシップ教育の話が教育界では出ていまして、そこから始まってますので、そこから始めてる先生は、少数なんですけど、そこで18歳選挙権になって、意図したわけじゃないですけど、じゃあ、やろうかっていう話になり、っていう感じなので、結構な範囲でやってるとは思います。

受M　あぁー。

末木　はい。18歳選挙権で高校3年生が選挙に行くのに、何もしないのかって話には当然なる ので、そしたら3年生じゃなくても、1、2年生の段階でも、とくに現代社会とか、政治・経済を使ってやるということはですね。

受M　そのあとの先生が何がしかやってる…。

末木　そう、そうですね。はい…。時間数も限られてますので、模擬選挙っていったらおそらく準備・投票・まとめみたいになると3時間とか使っちゃうので、それをやるかどうかってのはあると思うんですけど、簡単な形で、1時間で終わるような形でやるとか、そういうことはおそらくやるんじゃないかなと。選挙制度を紹介する意味でも、同じ形でじゃあ、書いてみてとかっていって。とくに参議院の非拘束名簿式とかわかりにくいので、私も昔なんかそれやりましたけど、制度の理解として、色んなものを端折って、ぜんぶでなくて、制度を理解させるために、架空のモノでもいいから理解させようっていってやると。一回投票するとわかるので、割り切って使うってことでね。そういう人はいっぱいいるんじゃないかなと思います、はい。

問いの仕方ー政治的有効性感覚

受M　いいっすか？

末木　どうぞどうぞ。

受M　この政治的有効性感覚。

末木　はい。

２．近代と現代のはざまで

受M　多分一般的な、何て言うのかな、世界中で行われている、問い、であるわけですよね…？

末木　そうですね、はい、そうです。

受M　この、質問の仕方の〝それを左右する力はないと思いますか？〟って聞き方はこれが普通なの…若干ね…（笑）

末木　（笑）あぁー、なるほど。

受M　「ありますか」とか「ないと思いますか」っていうこの問いの聞き方ってのは何なんですかこれ（笑）？

末木　これ、私がつくったのか、上宮の先生がつくったのか憶えてはいないんですけど、多分、向こうの先生がつくられたんじゃないかな…。向こうの先生は、関西大学と連携とってるので、そこのアドバイス受けながら、たぶん他の、色々なところで行われてるものの文言をつかってるんじゃないかなって気がします。確かに「ないと思いますか？」って聞き方は、

受M　やっぱり日本って元々そうですよねっていう、前提が…（笑）

末木　（笑）そうですね。そこで変わっちゃうかもしれないですね。基本的には、それ以外は、否定形では聞いてないわけですよね、そうなんです。「できると思いますか？」っていうことなんで、同じように聞いた方がいいかもしれません…。

受M　ありますかっていう。

末木　そうですね。ただ色々な調査を見ても、低いです。ここは。

受M　まぁ、この質問をすること自体がやっぱり、多少前提があるわけですよね。やっぱりその…。

末木　はい。

受M　どれぐらい、政治、自分の政治行為等が、効力があるかどうか、

末木　はい。

受M　多分、ある程度、疑問があるだろうと思うからこんな問いが出てくるわけで …。

末木　そうですね。

受M　当然だったらこんな問いをしないわけですよね。

末木　はい、そうですね…。

受M　すいません。あともう一つ（笑）。

末木　はい。

受M　その、何だっけ…さっきの、質問を変えたら、できると思うが増える、っていうのがありましたけどー、

末木　人々の、ですね、はい。

受M　それが、問5だと、何て言うんですかね、問いの仕方もそうなんですけど、問5って「政府」って書いてあるじゃないですか？

末木　そうですね、はい。

受M　つまり政治って地方政治とか、もっとすごーい、身近なところの政治ってのあるわけですよね。だからこれがいきなり「政府」ってなっちゃうとやっぱりなんかこう遠くなるし、

末木　うん。

受M　そういうあたりとかどうなん…政治ってだって、中央、いわゆる、国政だけじゃないわけですし、

末木　そうですね。

受M　うーん…あと普通に、何だっけ、地元の議員のとこに電話するとか（笑）それだけでも政治行動なわけですよね？

末木　そうですね、働きかけの、やり方ですね。

受M　何かそんなこと思いました。

末木　はい。**ただ同じ問いの仕方をして国際比較でやっぱり低いっていうのあります。**ちょっとこの問いかけ方をしてるかどうかわかんないですけど、うーん…はい。一番、縁遠いところ聞いてみてどうかで、有効性感覚をはかってるってことかもしれないですね、はい。

現代の幅はどの時点から？

司会N　質問していいですか？

末木　どうぞ。

司会N　「現代日本の政治参加」っていう、あのタイトルなんですけどー、3番、現代の話。近代と現代の話、なんだと思うんですけどー。

2．近代と現代のはざまで

末木　　はい。

司会N　現代の幅はどっからどこまでとってるかっていうことを、今まで、
　　　　お話を聞いてると、明治の方の、その昨日の話でも、政治参加の形
　　　　態の、請願その図でもありますけど、こういったものが現代まで続
　　　　いてるとかいう側面があるってお話もされてましたし、そうすると
　　　　現在までの連続性の話を、まぁ、根底にありながらも、近代と現代
　　　　違うっていうお話を多分されてると思うんでー。

末木　　そうですね。

司会N　その現代の幅で言うと、例えば戦後のところで憲法切り替わってる
　　　　ところと、あと、例えば60年代とか70年代とか政治参加けっこう
　　　　学生とかがやろうとしてたとか、政治運動、そこらへんの話との、
　　　　例えば公職選挙法との絡みで、その「べからず」の部分との関係性、
　　　　が、その、そこの請願の、近代の、明治期のところと、現在2018
　　　　年時点の間を、どういうふうな感じで切って、現代と近代を比較さ
　　　　れてるのかについてちょっと教えていただきたいんですけど。

末木　　基本的に、間はまだ研究してないので、それで近代と現代っていう
　　　　ふうに、とくに現代はほんとに今、みたいな感じでやっているので、
　　　　全部見通して云々の話はできていないんですけど、ただ60年代と
　　　　かの学生運動とかに関して別に公職選挙法で切り替えてどうのこう
　　　　のではないので、**選挙自体の制度はやっぱり、1925年からの連続**
　　　　性があって、憲法は変わるんですけどそこは変えずに、結局、温存
　　　　されちゃったんですね。その、弊害みたいなものが、未だにあるっ
　　　　ていうところは、一続きなんですよ。

司会N　意識の話として、例えば選挙行く側、有権者、とか、その人たちの
　　　　意識としては多分その60年代、70年代の頃の、たぶん意識って、
　　　　高かった人たちが多かった部分はあると思うんですね。その政治的
　　　　な事柄に対する意識。そのなんすか、戦後直後とかそれから、まぁ
　　　　70年代の色んなものが終わり、80年代の手前とか、そこらへんの
　　　　話までがあったと思うんですけど、そこの部分があって現代の部分
　　　　の意識、政治意識みたいなものに、その影響を与えられてるとかい

う部分は、あるのかないのかとかいうところは、ここに挟まってるのか

末木　ただ学生運動とかの話っていうのは、むしろ、選挙では何も変わらないから直接行動だーですよね多分ね。デモだっていうことで、それがある種、失敗というか挫折だって言う人もいるわけですけれども、政権は変わってないわけで、自民党…そこに幻滅したからこうだっていうこともあるかもしれないですね、大人の人の意識の中では。ああいうふうにやったけど結局ダメだったじゃないかと。で教育現場も、その学生運動警戒して中立性みたいなこと強くいって、なるべく、学外で色々やるなみたいな話になるので、それを最近ようやく解禁するって感じなってるわけなので、大人の方が警戒してるっていうところはあると思います。だからそれが結局、させないっていう方で、ずーっと連続性があるんで、でその人たちもだんだん大きくなっていって、しないで当たり前だよねみたいな、話につながってってると。で、ようやくここで変わってるんで、この後どうなるのかって話の方が重要だと思ってるんで、あんまり、その前の大人の意識、さすがに百年ですよみたいな話で考えてもらいたいのはあるんですけどー。なかなかだから大人の人が変わるっていう、全体が変わるってのは難しいかもしれない。ですけど教員はやっぱり、これからの話を考えなきゃいけないわけで、これがダメだったからこうな、かもしれないけれども、そもそも元々こうなんだっていうことを、やっぱり元に戻さなきゃいけない　と思うんですよね。っていうことですね。

権利の制限は政治参加意識に影響を与えたか

司会Ｎ　もう一ついいですか。

末木　どうぞ。

司会Ｎ　でー、その近代の方の、明治憲法下の、その、政治参加意識みたいなものとー

末木　はい。

２．近代と現代のはざまで

司会Ｎ　日本国憲法下の政治参加意識みたいのあると思うんですけど、明治憲法下の方がたぶん、権利としては、その、辛かったというか、あの制限されてる部分が多かったと思うんすね。女子が参加できなかった時期が多かったとか

末木　そうですね。

司会Ｎ　現在の方は、一応全員選挙には行けると。

末木　はい。

司会Ｎ　何歳以上であれば。

末木　はい。

司会Ｎ　でその場合にー、その政治参加意識としてこの近代日本政治学者としての、末木さんが知ってらっしゃることで、教えていただきたいんですけど、その明治期の方が、多分制約があったから、盛り上がった部分があるのかとか、もしくはフリーになったので、逆に、下がった部分があったと捉える部分もあるのかという、そこら辺の視点みたいのは何かあるか教えていただきたいんですけど…

末木　あのー、排除されてる人たち、とくに最初、女性は排除されてますし、あと北海道・沖縄とか紹介しましたよね？当然そこは、いや我々にもって話になってくるので、盛り上がってるっていうことはあると思うんですね。制限されている方が、あるいは弾圧されてる方が強く反発するっていう、構図はあるとは思うんです。で満たされたからどうかって話ですが、ただ難しいのは公職選挙法は結局、普通選挙に切りかえる男子普通選挙に切りかえる時に、偶々って当事者は言ってますけど、まぁ、どう考えても警戒してたってことだと思うんですけど、そこでべからず選挙に変えちゃってるわけですよ。そうするとですね、まぁわかんないですよ。**べからず選挙になったから、こうなのかー、その権利が色々満たされたから、こうなのかっていうのは、そこは何とも言えないと思うん…**。

司会Ｎ　日本国憲法に変わった時に、そこを変えることもできたわけですよね、やろうと思えば？

末木　そうですね。で変える話も出てたけどもＧＨＱとの交渉で、結局そ

こは変えなかったっていう。

司会N　これは利用されて、利用した部分も、ＧＨＱとかが…。

末木　…うん。あの、警戒してたって話もあります。盛り上がってしまっ
　　　たら、色々困るんでっていう…。

司会N　なるほど。

末木　ですね。とくに革新政党の飛躍ってのは困るということですね。ほ
　　　かでも出てますけど、そういうところ、選挙でまさに、飛躍された
　　　ら困るってことはあると思います。という研究が出てますね、はい。

司会N　なるほど。

末木　なのでその制度でそうなってるのか、我々が色々な経過でなってる
　　　のかってなかなかそこは、難しいと思うんですけど。

司会N　**でぁこれで憲法との齟齬が生じた状態を、その 1947 年とかそこら
　　　辺のとこで、手を入れられなかったってことですよね。**

末木　うん、そうです。

司会N　日本側としては、

末木　そういうこと、そういうことです。

司会N　なるほど。はい、わかりました。

末木　そういうこと…はい。

司会N　ありがとうございます。

末木　でズルズルきてしまっているというね、はい。

高校生全体のデータもみたい

受Y　ご質問いいですか。

末木　っあ、どうぞ。はい。

受Y　この表８なんですけど、この、80％実際投票に行ったってのは慶応
　　　の学生で全体で見たらもっと全然低くてっていう話だと思うんです
　　　けど、この４から７までの質問っていうのはこれは慶応の中でやっ
　　　たものなんで

末木　そうです。

受Y　結構、コレなんだろう？っと思ったのがー、７番のー「参院選で投

票しなかった理由」の「コ」の「自分みたいな」って何ですか？

末木　あぁー、ごめんなさい。そうですね、省略してるので。「自分みたいなものには選べない」、だったかな？

受Y　あぁーそういう意味。

末木　自分みたいなものは、うん…。

受Y　あ、自分なんて、みたいな…

末木　選挙して、投票に行くべきではないみたいな。

受Y　ふぅーん、ふーん。

受M　自分なんかそんなこと言えない。

末木　そうです。

一同　（笑）

末木　それが、ある程度、あるんじゃないかっていう、仮説というか、他の、研究発表とかでもあります。今の高校生は、とんでもない、みたいな（笑）、政治感覚を持ってるんじゃないかっていう…で、それで聞いてみたんですよ。そうしたら一人いたってことなんです。

受Y　へぇー。

末木　いやそんなに卑下しなくてもって、なんか謙遜というか、たぶん選挙とか投票に対する、すごく大きなものみたいな捉え方ですよね。それに対して自分はそんなに知らないのに、行っていんだろうかっていう…、何ですかね…うん、新しいですよね何かね…。っていうことです、はい。

受Y　ありがとうございます。

末木　なので18歳の投票率が50％とかですけど、高校生は、ですので高くて、18歳の中の大学生が、どうしても低くなっちゃうっていう。

受Y　あぁそっかそっか、それが混ざる。

末木　はい、そうなんです。

受Y　これ、高校生だけの全体でみた数字ってのはないんですか。

末木　えーと総務省は、何かやろうとしてたんですけど、それは、やっぱ低かったかな？ 80とかではなかったです。

受Y　こんなにはないんですよね…。

末木	はい。60だったか50だったか、ちょっと覚えてないですけど、そんなに高くなかったなっていうんですね。
受Y	そうだ、あと先生がさっきおっしゃった、親についてったんじゃないかっていう、その仮説も結局、親が、選挙に行くような人たちであるかどうかで、かなり違う。
末木	そうです、そうなんですよ。
受Y	慶応に行くような子の親は、まぁ行く人多いでしょうね、って思う。
末木	そうなんです、そこが大きいとすると、何かその格差拡大みたいなところの話にもつながって きちゃうんですよねー。
受K	多分表5の、あのー…ドイツ、ドイツの「16〜29歳」とー、慶応ってたぶん比較できない、かなって、思いました。あぁー（笑）今の話。慶応ってたぶん、えーと、うーん…。
末木	あ、一般化できないっていう意味ね。
受K	例えば…そうそうそう。比較、まぁ。
末木	日本の高校生っていうつもりじゃなくて、
受K	そうですね。
末木	そうなんです、その選択肢をー
受K	あくまで出てきた
末木	示したっていう
受K	えぇ
末木	そうなんです。
受K	そっからのっていうことで
末木	そうですね。
受K	その前提の上で見ないとー、同じ、
末木	確かにそうですね。
受K	80%って、たぶん、
末木	うん。
受K	えーと、ね、
受Y	うん。
末木	うん、そうです、そうです。

168

２．近代と現代のはざまで

受Ｋ　多分そうですね。そのなんか前のやつは 50％ぐらいとかでしたっけ？だそれとの、差分でー、

末木　うん、そうですね　そっちを見た方がいいってことですね。それはあると思います。

受Ｋ　何かそういう意味で、

末木　［同時に話し始めて］あごめんなさい

受Ｋ　さっきあったあの慶応と、え、オオミヤ、どこでしたっけ？

末木　上宮。

受Ｋ　あ、上宮？

末木　うん、大阪。

受Ｋ　以外のもっともっと全国の、高校生の、こういうデータってのはまだないってこと なんですか？同じようなメッシュで、

末木　えーっと、全国ではないんですけど、大規模な調査を呼びかけてやったっていうのが、総務省が旗振ってやったのはあります。

受Ｋ　ある、あぁー。

末木　そこを私はちゃんと押さえてなかったんで、数値はパッと見たんですけど、って…うん。

受Ｋ　ネット調査ってのもその、ある意味、共同通信

末木　共同通信がですね、やって

受Ｋ　まぁ一つの、

末木　そうです高校生っていうと学校単位でやらないと、

受Ｋ　うん、あぁやりにくいんですね。

末木　はい。そうなんです。だから、やりましょうって話してたんですね…はい。…ということ、そうなんです。…よろしいですか、じゃ先の話に進んだ方がいいかな？あと 30 分ぐらいですか？…そうか、やっぱり、ここから近代に戻すってのはなかなかちょっと(笑)、まぁいいや。皆さんが、どう受け止めるかなんで。…三枚一応。

ＤＹ　三枚。

末木　そう、これやらないとね、昨日から今日にかけて。

受Ｋ　昨日近代やったんですか？

末木　昨日現代の途中までやって。

受K　昨日現代の、最初から途中までやって…。

末木　そうそうそう。

受K　で現代今終わってー、で近代っていう…

末木　（笑）っあ、別のテーマでね。

受K　っあ別のテーマで…。

末木　話を（笑）、しようという…ページ数が入ってると思うんで1、2、3でございます。

今やってる研究について

末木　［レジュメ配布］…はい。えっとー…昨日、今やってる研究はーとか聞かれて、第一回選挙って答えたのに、全然違うことを紹介してますけど（笑）。ちょっと関係はするんですけど、自分の頭の中では。とりあえず政治参加とか選挙とか議会っていうことで、第二回選挙とか、第一回。ここの問題関心を持ってます。それで現代の国会の在り方とかに対しての、もちろん教員としてか研究者としてかはまぁそんなに気にしてないですけど自分の興味あるというところで、近代と現代が重なるんですけど、そこからだんだんですね、国会って何だろうかっていう話ですね。あるいは議会って何だろうかでもいいんですが。立法府に対する位置付けの話。ここに、問題関心が広がったというのか移ったっていうのか、わからないですが、いってます。なので**三権分立の中で国会や議会はどう扱われてきたのかっていうことですね。**大きくテーマがですね、なりかかってるってことなんです。ただ全然、まだ中身はスカスカなので、今やってる、やりつつあることの紹介をしたいなぁと思います。だから、一本線でずーっと、今日の新しいやつは話ができていないので、二つ、関係ない話が載ってるように見えると思うんですね。でー、1番のところの、「議院の自律性」（**Resume : p94**）って話は、第二回の選挙干渉を調べていて、当選訴訟で、当選者がひっくり返るってことが起きましたので、じゃ第一回は？っていうふうに、素朴な疑問で

170

調べてました。でー、第一回でもうすでに、何件も出てるんですね。私の方が、当選してるはずだみたいな話が。それは、元々知ってて調べてたんですけども、それを追いかけながら、調べていくと、三権分立の中で帝国議会がどう扱われたかっていう大きなテーマに繋がってるってことがわかって、ほんとうは二つの要素なんで、切り離して二つの論文にすれば良かったんですが、それを一緒にしてですね、一つの論文で書きました。それをちょっと紹介しようかなと思ってます。つまり三権分立の中で現在の議院の自律性がさまざま認められてることがあります。議員特権は有名だと思うんですけども、不逮捕特権とか免責特権とか。書いてませんが歳費特権とかですね。でーそれを侵害したらマズイんだということです。それにプラスして、議員資格審査を付け加えてますけども、行政権や司法権から色々口出しされないで自分たちで決めるというところのものを、議院の自律性というそうです。でー、その当選訴訟とか訴訟・逮捕って色々な事件が起きるんですけれども、これ自体も面白いんですが、もう残りの時間があまりないので、その30歳っていう生年月日が詐称されているとかですね、つまり戸籍とかもあやふやで、二通りあったりとかして、いや私はほんとうは30歳以上なんですって言って、でも調べてみたら、どうも信用に足るものは、30に満たないという話で、当選者が交代したりしてます。とか、あるいはあとから調べてみたら、無資格のものが投票してるじゃないかと、それを無効にしたらあなたじゃなくてこの人とかですね、そういうことが何件も起きているんですね。

当選訴訟ナシで当選者交代？！

で当選訴訟、訴訟で交代してるのは、これは文句ナシなんです。もう交代なんです。**問題は、最初のケースで、当選訴訟を起こさないとほんとうは当選者が交代しないはずなんですが、その手前の、当選訴訟という形で出してない投票無効なんじゃないですかっていう訴えですね。普通の民事裁判で訴えているものについて無効だっ**

て判断が出た段階で、**行政の人間が変えちゃうんですね**。当選証書を新たに出したけど取り消ししてこの人に出しますっていうふうに、処分を変えちゃうってことですね。行政措置で変えちゃっていると。そうすると当然、変えられちゃった人は怒るわけですよ。何で変えるんですか、当選訴訟起こされてないじゃないかと。ま、その人が真っ当なんですけども、それは通らずに、茨城のケースはですね、赤松という人と、森[隆介]って人がですね、二人とも、国会に行っちゃうんですよ。開会の時に。私の方が正しい、議員だって言って。で森さんは止められるんです。いやあなたは、当選証書取り消されてるでしょって。いやいやおかしいですと。当選訴訟起こされてないのに私奪われちゃったんだって。でそういう文句は後で言ってくれみたいな感じでですね、行ったのに門前払いされるんですね。で新聞もそれを書き立てたわけですよ。当時は森っていうのは、結局資格もないのに、議会に現れたぞとかっていって有名なったんですが、今から考えると、そっちの方が正しいんですね。混乱してるわけですよ、結局。**裁判所も、行政もね、混乱してる状態でそういうことやってしまった**。秋田の1区もそうです。投票が同数だったんで、当時のルールは、年長者の方が当選するという年功序列なんですよ。で大久保鉄作という人が当選するんですけど、無効判定で、訴訟が起き、二田[是儀]という人に変わるんですね。**当選者交代**。このケースがですね、議会で問われるんですね。**議員資格審査という形で**。ほんとは別の人が当選者だったのに、あの二人はおかしいじゃないかと。議員の方から異議申し立てがあるので、じゃ委員会でやりましょうという話になるんですね。(3)番の、①(**Resume : p94**)のとこです。そうするとですね、司法で、投票の有効無効を判断しているわけですよね?裁判所は。じゃあ議会でもそれを判断できるんでしょうか。という問いかけになったんです。それが論点。**つまり、赤松と二田の二人の中身の話に入る前に、我々はそういう権限を持ってるんでしょうかっていうそもそもの話が始まり、結局ですね、ないでしょっていう話になるんです。権限なし。**

ただ中身の話は、結局されず、そういうことはできないので、この審査に関しては、権限がないので終わりっていう結論を出すんですね。**つまり三権分立の他の二権に対して配慮する、それが強く出たということなんです。**

不逮捕特権

もう一件は不逮捕特権なんです。銀行頭取の森さんっていうちょっと紛らわしいんですが、森時之助って人がですね、委託金（銀行に預けたお金）を勝手に使ったっていう罪で、逮捕されるんですね。投票日前日に告訴され７月３日に当選者、自分だって決まるんですが、翌日に踏み込まれ逮捕されちゃうんです。劇的な感じですけども。で裁判になるわけですね。で最終的に有罪になるんですが、本人としてはいや違うんだとかですね、色々戦うわけです。で、議会が始まった当日に議員の人たちがこれを発言しようと思って、問題がありますって言うんです。ただ仮議長は、最初は議長選ばれてないんで仮議長をやってる曾祢 [荒助] って人がですね、そんなの聞いてられんって言って、発言させないんですね。でちょっとあとからですね、この問題は重要な問題だと。国会議員で拘束されてるから出られない人がいるじゃないかと。そんなことでいいのかって言って文句言うんですね。そういう話は早く言えっていうわけですよ。いやいや最初に言ったんだっていう、そういうまぁちょっと不毛な、取り上げてくれなかったじゃないかみたいな話をするわけですけどー。じゃあ取り上げようかって話になるんですね。で、当時の憲法の、大日本帝国憲法ですね、ごめんなさい。「帝」が抜けてます。１頁のその、②番（**Resume：p94**）ですね。５３条に、「両議院の議員は現行犯罪又は内乱外患に関る罪を除く外会期中其の院の許諾なくして逮捕せらるることなし」っていう、不逮捕特権が決められているんですが、問題はですね、会期中に逮捕されたわけじゃないんですね。当選が決まった後に逮捕されているんです。**つまり選挙の後、開会の前、という空白のところで逮捕されてる人をどう**

するんだってのは、コレ議論の余地があるわけですよ。でー、選挙の前に逮捕されてる場合は、被選挙権を奪われるんですね。昨日ちょっと、資格の時に選挙権なしにしちゃってましたけど、あれ別の条文で、被選挙権はなしになってますので、レジュメで、昨日示したものはちょっと訂正ですけれども、拘束されてると被選挙権ないんですよ。だけど、この人は、選挙の後逮捕されてますからそこにも該当しないんですね。だから明文化されてないところで逮捕された森さん、どうすればいんでしょうかという話になったんですね。で、1頁から2頁にかけて（Resume：p94）あの甲・乙・丙といろんな議論が当時なされて、どれを取るんでしょうかみたいな議論してます。諸外国も、ドイツ・プロイセン・オーストリアは、乙説を取っている。二番目の説ですね。「政府は議院の要求なしに司法処分を中止する義務はない。」っていうことなんですね。でこれが正しいと思うんだけれども、なぜかというと、その三つの国は、憲法にそれを明記してるじゃないかと。**でも日本の大日本帝国憲法にはそれが明記されてないので、これは、結局憲法問題ではなくて、政略上の問題だって法制局は解釈するんですね。どれを取るかは、政治判断だってことです。なので、どっちを取ってもいいんですが、衆議院側の意見を通すのか、それとも行政府の意見を通すのかというところで、議論の余地があるんですね。**つまり衆議院は、釈放するかどうかは別にして我々が許諾しないと、逮捕できない、拘留できないんじゃないのっていうことを言いたかったわけですね。でー、どうですかって聞かれたら逮捕していいですよっていう答えるつもりだったっていう話もあるんです。それはちょっと、議決で削除されてるんで、そういうつもりだってことは、決定はされていませんけども、どうも衆議院の多くの議員はそう思ってると。とりあえず権限の問題だっと捉えているんですね、ちゃんと。でー、色んな事を言う人がいたので、じゃあやりましょうよと、委員会設置して、それで司法大臣にそういう権限が我々にはあるんだってことを突きつけようじゃないかって言ってですね、盛り上がるんですね。2頁

の、真ん中辺のとこですね。第一議会で冒頭から発言を求める議員、云々ありますね。で、決議を取って、みんなが賛成したんで、我々の許可なく拘束はできないぞっていう決議文を、司法大臣に通知するんですね。で司法大臣はその返事をですね、司法権のものなんで、勝手に釈放できないんですっていって突っぱねるんです。じゃあどうするかと。衆議院側は上奏して天皇に申し出ようかということも言うわけですが、賛成が得られず結局うやむやになって終わっちゃうんですね。**しかし、結局、司法大臣が断ったってことは慣例になっちゃうので、この時の不逮捕特権には、選挙後から召集日の前までに逮捕された人の拘留を、衆議院が許諾する権限 はナシというふうに判断されたと。**つまり、議会の権利、権限が、狭く判断されたっていうことなんですね。**で問題は、何かというと、行政権、行政府が、その権力を濫用すると、じゃあ、逮捕しちゃえと。**当選しててもあの人を逮捕、開会の前にさえ逮捕すれば、結局ですね、ずーっと捕まえてられるわけですね。で議会に出られないわけですよ。悪用ができるじゃないかと。ですので、第一議会での議論もそれを心配して、議員は発言してるわけですね。そんなことされたらとんでもないじゃないかと。で政府は、結局それできないですよって言ったわけです。そしたら何が起きたかというと、第二回の選挙干渉の時に、２人、有力議員を付け狙うんですね。高知と佐賀。つまりこれをわかってるんで、とりあえず、当選するかどうかわからないけど、警察が投票日の後すぐ捕まえちゃえって、あいつどこ行ったんだっていって、で候補者は逃げるんです、東京まで、延々。で危うく逃れるということがあるんです。つまりわかっててやったってことなんですね。選挙干渉にもちょっと関係するんですけど、おっ凄いなという、権力の濫用。この人たち２人に関しては有力議員なんで、その２人だけでも議会に出られなければ、我が方有利っていう、そういうところまでやったってことなんで、**選挙干渉が、今まで言われてきたことより徹底してるなと思うんですけどね。**ということで、それができてしまうような仕組みになってしまったということ

です。で戦後の憲法は、「会期前に逮捕された議員は、その議院の要求があれば、会期中これを釈放しなければならない」と、いう内容に変わりました。ですので、一番最初に衆議院が、こうだよって言ったことが戦後ようやく実現したということなんです。この辺もですねやっぱり、力関係はあると思うんですけども、衆議院の側がそういう権限を、勝ち取るということがもしあればですね、まぁ、「もし」はないですけど歴史に。でも展開が違ってる可能性はありますよね。三権分立という中の力関係というのは、そうやって決まっていくんじゃないかと、いうところですね。はい。そこを、調べたんです。そのあとどうだったかって話はまだ全然調べてないんで、とりあえず最初のところでもうそういう鍔迫り合いみたいなことしていて、決まってないわけですよね。決まったものだというふうに勝手に思い込んじゃうわけですが、憲法上明文化されてないものについては、こうやって議論して決めていったんだということなんです。今後、もうちょっと調べなきゃいけないなと思ってますけれども。つまり多くの研究は、憲法で決まってる仕組みはこうだよ、で終わりなんですよね。でそれに基づいてやったんですって話になっちゃうわけですけど、細かい解釈はやっぱり、適宜やってるということですよね。それがなかなか、調べられてないんじゃないのっていうことです。はい。

望月小太郎

望月小太郎

で二番目の話はー、もう 全然、時代も違って大正期の話で、これはですね、『三田評論』って雑誌に、望月小太郎という慶應出身の人のことを〝福澤をめぐる人々〟っていう連載で書いたので、そこでその人を調べたんですね。その人自身に興味もあったんですけども、これもですね、さっきと同じ展開で、調べた結果、「外交の民主的統

176

制」っていうつまり、行政府が行う外交に議会は口を挟めるのかどうかという話に関わるってことに気づき、まだ論文書いていませんが、調べた途中段階のことを載せてます。で疑問に思ったのはですね、最後のレジュメ３頁目の真ん中（Resume：p95-96）のところに載せたんですが、**望月批判がすごい**んですよ。大正期の政治を研究し

原敬

てる人はみんな、原敬の日記を読むんですね。で「原敬日記史観」とかいう言葉もあるんです。それぐらい影響力強いんですね。原はものすごい細かく書く。後から読まれることわかってて、清書してるんですよ。だとするとちょっと信用性が欠けるんですけど実は。わかってて書いてるところがあるわけで、後で読まれるぞってね。いうことなんですが、何ていうのかな、丸々信用しちゃいけないよと言いつつもみんなやっぱりそれに影響されちゃうんです。でそこに望月小太郎は、散々な書き方をされてるんですね。抜粋してますけれども、望月はもともと政友会にいて離党して別の政党に行ってる人間なんで半ば裏切り者みたいな扱いを受けてるんですが、政友会の原からするとですね、アイツは信用できないという形で見てるんですね。で―大隈からお金をもらってるのに井上馨についてるじゃないかという話を聞いて、いやそんなことはないだろうと思ったけども望月の人格だったら何とも保証し難いなと。彼だったらやりかねないというですね、人柄を信用してないんですね。で―、どうも望月はお金がありそうだよって生活に余裕があるぞって話を聞いてですね、これは、そういうふうに政治家から、大物政治家からお金をもらって、私腹を肥やしてるんじゃないかっていう、これはあの推測ですよ。何の根拠もないわけですけど、そういうやつなんだっていう…。決めつけがすごい。嫌いだって簡単に言うとね。あ

加藤高明

るいは、その一コ上は加藤高明という首相になりましたけど、原も首相になりましたけど加藤も後に首相なる人なんですね。ただこの人は憲政会ですから、望月と同じ政党の人なんです。でー、若かりし頃ですね。明治29年の段階で、駐英大使なんですね。イギリスに赴任してるんです。その段階で望月について、「愚物ノ飛上リ者」、あいつは愚かだと。「飛上リ者」の解釈がちょっと、成り上がりと捉えていいのかわかんないですけど、まあ、いい意味じゃないですね、とにかく。思いあがってるって感じです。有名人に面会してるっていうことを得意がる癖があると。で名前も羅列してます。誰々誰々に会ったってことを吹聴してるぞとかって言っているんですよ。でー、稲垣満次郎という人物がいるんですけど、それに「劣ルコト数等其言行窃ニ在欧日本人中ノ笑者」っていうですね、イヤーな人ですねこの人ね、やっぱり評判が悪い。人物像に関しては、若い頃、非常に人を馬鹿にしてたので、元老から嫌われるんですね。でも大人になって、ていうか、老成して、出世していくわけですけど、そうすると人物としては、ようやく何か、練れてきたなぁみたいな山県有朋の評価とね、そんな感じなんですけど。ま、非常に手厳しいことを、陸奥宗光に報告してます。原と加藤は、陸奥宗光に見いだされて出世していったんですね。陸奥人脈ってことなん です。でこの人たちは揃って、望月に対して貶すんです。最後は外交官の松井慶四郎、のちに外務大臣になります。この人も回想録に、望月に対してやっぱり悪口だろうなって、褒め殺しみたいな感じなんです。井上馨の私設秘書みたいになって働いてたんですけど、大隈内閣を成立させようっていって尽力するんですね。望月はいつの間にか井上のところに取り入って、家令のようになって働いてるぞと。うっかり機密書類を送ると、望月はこれを見て何を言いふらすかわからない。だから、元老のとこ

2．近代と現代のはざまで

ろに色々、情報をやらないんだと。
これ外交文書の公開っていうのが、
当時論点になってるので、外交文
書を何故公開しないんだっていう
要求が出てるんですね。いやそう
いうやつがいるから、やらないん
だって言い訳に使うんです。で「望
月という男はエライ者で、井上候
に取入って加藤さんから敬遠され
ていたが、後には加藤さんが」、こ

陸奥宗光

れまぁ後に民政党になるんですけど、この段階では憲政会だと思い
ますけども、その「総裁になるとまたうまく摺込んで―スッカリ同
邸に出入りするようになった」。そういうですね、ゴマ擂り野郎だ
みたいなね、とんでもない人間ですよね、3人の評価を合わせると。
望月って何なんだ？！みたいな、感じなんです。それで研究者も加
藤高明を研究して、この人京大の先生ですけど奈良岡さんですね。
望月の雅号「鶯渓」っていうんですね。ウグイスの渓。「鶯渓」で
すね。「世に出ず不遇の地位にいる」例えだと。これ全然違うんで
す。望月の生まれ故郷の身延山の久遠寺に鶯谷というところがある
んですね。オウケイというとこが。それを、故郷を大事にするとい
う意味でつけた名前なんです。何をもって「世に出ず不遇」なのか
が全く分からないんですね。印象操作みたいな感じなんです。で―、
その本文でも、「何ら官職を得られず、党運営に不満だった」。だか
ら、色々加藤に対して足を引っ張ったりしたみたいなことを書いて
るんですね。描き方もやっぱり望月に対して冷たいんです。雅号を
持ち出してきてこういうことを言うのもどうかとは思うんですけ
ど、まぁ全く根拠がないんですけど。**研究者も原たちに引っぱられ
て、酷評しちゃうんですね。**何なのかなっていってですね、最初の
2頁のとこに戻っていただければと思うんですが、ようやくわかっ
たんです。

なぜ嫌われた、望月？

わかったっていうかまぁ、コレかなってヒントが出てきた。それは
ですね、日本の外交史じゃなくて、イギリスの外交史の本をです
ね、今日持ってきた、図書館で借りた本です。『トラブルメーカー
ズ』[12]って本があるんですよ。テイラーって有名な歴史家ですね。
あの、『第二次世界大戦の起源』[13]とかって、原因を調べてる人な
んですけど、この人の本が、論文を色々みたら出てたんです。つま
りイギリスの歴史、外交史の中にも、そういう酷評される人たちが
いるんですよ。トラブルメーカーズ。そもそもその言い方がね、既に、
お荷物という　かね、酷い人間だっていう感じなんですが。その人
たちは、ＵＤＣっていう組織をつくっていって、「民主的統制連合」
とか民主管理連盟とか、訳は固まってないんですけど、っていうの
組織して、政府の外交、とくに自由党の人達の外交を批判してい
る。労働党に後に、自由党から動いたりするんですね。つまり、当
時の時代は、新外交だと、秘密外交やめましょうっていうウィルソ
ンの時代なんです。だから外交が秘密にはできなくなった時代。そ
ういう時代に、**議会が外交をコントロールできるようにしようじゃ
ないかという流れが起きるんですね。その流れに乗ったのがＵＤＣ
の人たちなんです。**ただこの人たちは異端者だっていう扱いを受け
て、酷評されたりするわけですね。何言ってんだアイツらはみたい
な。平和、平和って言うけどそんなの実現できるかみたいな、そう
いう扱いを当時受けてます。それと同じ扱いなんですよ、どうも。
**つまり外務省にいて外交してる人たちからすると、望月の行動って
いうのは気に入らないわけですね。**こういう感じなんで。つまり外
交の情報を明らかにせよとかですね、そういうことを提言して、議
会でも、外務大臣を突き上げたりするわけです。で我々の方に情報
くれればもっと、民間での友好も強まるし、それが回りまわって日
本の地位向上になるんだっていうことを言うんですね。だからうる
さいわけですよ、当然外務大臣からすると。イヤなこと言うなぁと
いう立場なんです。だから外務省の人や、陸奥の人脈にいる人たち

は、厳しく言っているという観点も成り立ち得るんじゃないかなぁ
ということですね。つまり根拠がないわけですから、その3人の悪
口もですね。推測ばっかりなんですよ。もとに何か、相容れない要
素がないと、こういうふうにならないと思うんです。**おそらく、外
務省は外交を一元化したいので、変な人たちが変なとこ行って交渉
されると困るんです。これは伝統的にあるんですね。外交一元化。
それに対して、いやいや、外交は勝手に少人数でやられたら、秘密
を持って交渉しちゃうじゃないかと。ちゃんと議会で、報告できる
ような形で民主的統制を受けてくれって人たちがもう一方でいるわ
けですね。その対立ってことなんですよ。**でー、色んなことを要求
して議会が外交をコントロール できるようにしましょうと。後に
外務省も動くんです。最初の方に書きましたけど、つまりヴェルサ
イユ条約の時に、日本代表団は「サイレントパートナー」って言っ
て低く見られちゃうんです。つまり何にも発言しない人たち。日本
に関係ないことは、国際的な重要な価値観を示して論議をしている
のに、何故か日本代表団は無関心だというふうに言われちゃうんで
すね。ここに不満や反発をおぼえた若手外交官たちは、自分達で外
務省を変えようじゃないかっていって外交革新同志会をつくるんで
すよ。で血判状までつくっちゃいます。絶対これダメだと。つまり
屈辱だってことです。国際社会における日本のスタートだったのに、
見事につまずいたと。このままじゃマズいって言って、立ち上がる
んですね。それが外務省革新派と呼ばれる人たち。でその人たちが
言ってることっていうのを遡るとですね、遡るというか望月の話を、
持ち込むとですね、同じようなことを言ってんですよ。だからこの
時点でようやく外務省の若手の人達は、それに気づいて、ワーって
なるわけですが、その話をもっと前にやっているんですね。それは
気に入らないなっていう、そこの話に繋がってくるということなん
です。残念ながら望月が言ってることは全部実現したわけではない
んですけれども、直接、若手の外交官が、望月の言ってることを取
り入れたっていうと面白いんですが、そこの話はわからないので、

ただ、同じようなこと言ってますので、**早すぎた望月という側面が
あるんじゃないかなということですね**。つまり、言ってることの中
身は、実は重要な事を言ってたんじゃないのかなっていうことです
ね。これは、これから調べていこうかなというふうに思っています。
ということで、国会、議会っていうものが、長ーい歴史の中で、ど
ういうふうに扱われてきたんだろうかということをですね、まぁ、
かなり飛び飛びですけど、明治 23 年の話と、大正 5 年とか 7 年とか、
そういう話しか見ていませんけれども、もっと増やしていって、何
か描けたら面白いなぁというふうに思ってます。…はい。これに関
しては何か質問(笑)や意見などありましたらお願いします。ちょっ
と直接繋がらないなっっていうのはわかりつつ、無理矢理、繋げて
おります。

質問、三権分立…

受M　あのー、

末木　はい。

受M　三権分立、っていうのはとっても大事なこと、なわけですよね？

末木　はい、そうですね。

受M　えー、最初の例だと、行政側が、議員にまぁ介入して、まさに三権
　　　分立を、脅かしている、ということ…

末木　脅かしている…

受M　つまり議員を…

末木　あぁ、そうですね、そうですね、うーん。

受M　議員をまぁ恣意的に、

末木　はい。

受M　議員にさせなかったりできるっていうこと、です

末木　そう、そうですねその余地を残してるってこと…

受M　それは、つまりマイナスのこと、なわけですが今の話はー、

末木　はい。

受M　これは逆に議員が、行政に、議会が行政に介入する話ですよね？

2．近代と現代のはざまで

末木　そうですね、そう、そう。

受M　これだけど今の話だと、マイナスには思われてない感じがするんですけど…（笑）どうなんすか

末木　（笑）えーっと、そうですね…。まぁ、中心軸が議会にあって、そこの、三権分立の中での位置づけってのは、結局やっぱり低いんじゃないかっていうことですね。つまり外交も、結局今でも、あまり、オープンかっていったらオープンじゃない、外務省の姿勢みたいのやっぱりあるわけで、そこで何かなっていうと、昔からそういう部分がある、っていう話ですね。自分たちで少人数で交渉事を決めていく進めていくと、まぁ今官邸 外交かもしれませんけれども、でも相当昔にそういうことはやめましょうって話は出てると、いうことですね…。ただですので、口を挟む、っていうとこは確かにそうですね、バッティングする危険性あるので、どこまでかなんですけど、基本的に主張してるのは情報を議会にちゃんと報告してくれと。まぁ望月も実際に色んなとこ行ったりして外交みたいなことはしてますけれども、とりあえず外務省が中心だってことはわかってて、それはいいんだけれども何故そんなに秘密にやるんだということですね。で情報もちゃんと得てないかもしれないじゃないかということ、色んな提言もするんですね。国際通信局をつくろうじゃないかみたいなことを言って、情報をちゃんと集めないと、正しい判断できないじゃないかみたいなこと、つまり独自の情報網をもってるので、この人は。情報早いんですね、外務省よりおそらく。そうするともどかしいわけですよ。何でその情報しかないんだっていうことですよね。で後に、外務省は情報部っていうのをつくります。なので、何というのかな、ま、決して対立関係で介入してというだけではなくて、提言して、行政側も変わるっていうとこですね。そこのところの相乗効果みたいなものがあるとすると、何故こんなに酷評なんだみたいな話にもなってくると思うんですけど、うーん…。念頭にあるのは、ですので行政国家としての日本ていう、認識が強いのかもしれないですね、はい。そうですね…。はいはい、どうぞ 。

司会N　今の話と絡むんですけどー、

末木　　はい。

司会N　三権分立の中のっていう、テーマで括ってると思うんですけどー、

末木　　一応ね、そうです。

司会N　これ自体が、明治23年当時と、大正期だと、おそらく中身としての議論の質が全然、変わってると思うんですけどもー、おそらく当時として

末木　　そうですね、うん、そうですね。

司会N　そこの部分はー

末木　　はい。

司会N　変化としてはどういうふうな見通しを立てられてるのかがあれば…

末木　　まぁ、括れるかどうかもわからないです。ただ何か二つについてタイトル付けないとー…（笑）

司会N　なるほど。

末木　　っていうことでー、なん、何かって言われたらーじゃあ、三権分立っていうとこですよね。

司会N　憲法ができたって、まもなくですよね、明治23年って。

末木　　そうです。

司会N　そうすると、その頃だと多分、学者の議論とかもそこまでないと思うんで

末木　　ないです、うん。

司会N　で、導入されている概念自体も三権分立という形の、明確な、今のイメージの形なのかどうかっていうのが、まぁ僕もちょっとわかってないんですけど、そこら辺…

末木　　そこはそんなに、変わらないです。諸外国のものを見て研究して、あの研究者が云々ってより も政府の当局者とか井上毅とかそういう人たち、調べてーってやってる…

司会N　その、実務的というか制度設計者としての観点からのー、分立っていう観点から話が、あるかなと思うんですけどもー、

末木　　うん、はいはい

司会N　今の末木さんのお話の部分のー、

２．近代と現代のはざまで

末木　　はい。

司会Ｎ　三権分立だとー、結構、理念的というか概念というか、どういうふうなことがモデルとしては、さっきのマイナスプラスの話じゃないですけど、ま　理想的な部分なのかっていう部分もー、あの軸に据えられながら話がないと、望月さんとかがやったことが良かったかどうかという話、とも絡んできちゃうのかなって気がしたんですけど、そこら辺は、その、実際の制度設計者とか、

末木　　はい。

司会Ｎ　の連続性のー、その権力と分ける、どうするかという話とー、あとその元々の三権分立、まぁ、三権分立だけじゃないと思うんですけどー、ま四権、でも五権でもいんですけどー、

末木　　うーん

司会Ｎ　そこら辺との、

末木　　はい。

司会Ｎ　整合性とか、議論通しての何か…

末木　　えー…今のところは、ないです。基本的にそのー、この話が間埋められるかどうかもちょっわかんないですね。っていうことですので、おそらく、その議会の中の議論をちゃんと拾っていくと、抵触はしますよね常に。何かの事例で。それをどう処理したかの蓄積でもいいかなという気もします。大きなことはなくても。バッティングした時にやっぱり譲りましょうよってなってるのか、いやここは譲れないから議論はしましょうとかって言ってやってるのかですね。

司会Ｎ　所与のものとしてー、ひょっとしたら動いてたかもしれないところの分析をー、積み上げていくかもしれないっていう…

末木　　そうです、そうですね。

司会Ｎ　なるほど、はい。

末木　　うん…はい。というつもりでおります、はい。

受Ｍ　　っていうかやっぱり、制度、具体的な制度設計とか言ったって、そもそも三権分立というのはとっても理想的な理念的なものなわけですよね、まさに…

末木　そうですね、うん。

受M　それをちゃんと設定しとかないとって大前提としてってい…

末木　はい、…そうですね。ともすると憲法論で憲法でこうなってるからっていうところで固定化されて捉えられちゃうんで、それを、当然綱引きしながらやってるというところ、戦後もそうですよね。色々な事件おきて、その度に浦和事件とかああいうので、国政調査権どうすんだみたいなことやってるので、それを少し、時間軸を遡っていってですね。法律関係の人はやるんですよ。憲法学者の人もやるんです。政治学者の人はやらないんですね。そこのところが、政治学としての切り口もあるんじゃないかなぁということ。だから議院の自律性とかも、憲法学の人がやっているんです。法制史とか。政治史ではほとんど、もう大昔に、当時の明治大正ぐらいの人が記録してますよぐらいな感じですね。なので観点としてなかったっていうことだと思うんですね。そこが成り立つかなぁというふうに、成り立つといいなぁって感じですね、正確に言うと 。…はい、ちょうど時間で…。

司会N　じゃあとは、あの、忘年会の時…

末木　はい。

司会Y　講義はこれで…

末木　ありがとうございました。

司会Y　昨日今日で末木孝典さんに講師をしていただきました。ありがとうございました。

末木　ありがとうございました。

（　拍　手　）

司会Y　来年もあの、お願いしようと思いますので、また来年も…

末木　テーマが、

司会Y　はい、よろしくお願いします。

末木　見つかるんでしょうか…？

司会Y　（笑）よろしくお願いします。

2．近代と現代のはざまで

(1) 「高校の政治教育における政治性の視点―「忖度」と「政治化された社会」の構造―」『慶應義塾高等学校紀要』第 48 号、2017 年 12 月、13 ～ 26 頁。

(2) カレル・ヴァン・ウォルフレン『日本／権力構造の謎』上・下、早川書房、1990 年

(3) 「望月小太郎」『三田評論』2018 年 3 月号、慶應義塾大学出版会

(4) 「日原昌造」『三田評論』2018 年 8・9 月号合併号、慶應義塾大学出版会

(5) 稲田雅洋『総選挙はこのようにして始まった ―第一回衆議院議員選挙の真実―』有志舎、2018 年

(6) 最初の議事堂は火事で失われているため、焼失した資料が多い。

(7) 庶務は発行した枚数、守衛は実際に入場した人数を示している。

(8) 最初の議事堂は壁で傍聴席を仕切っていた。

(9) 坪郷實編著『比較・政治参加』ミネルヴァ書房、2009 年。

(10) 最近では、麻生太郎財務大臣が「政治に無関心な若い人が多いのは悪いことではない」という趣旨の発言をしており、これが政治家の本音であることがわかる。

(11) 片山さつき氏が自らの著書を宣伝する大看板を選挙目的で出しているのではないかという疑惑。

(12) A.J.P. テイラー著、真壁広道訳『トラブルメーカーズ―イギリスの外交政策に反対した人々―』法政大学出版局、2002 年

(13) A.J.P. テイラー著、吉田輝夫訳『第二次世界大戦の起源』講談社、2010 年

2．近代と現代のはざまで

大日本帝国憲法

　第二章　臣民権利義務

　　第三十条 日本臣民ハ相当ノ敬礼ヲ守リ別ニ定ムル所ノ規程ニ従ヒ請願ヲ為スコトヲ得

　第三章　帝国議会

　　第五十条 両議院ハ臣民ヨリ呈出スル請願書ヲ受クルコトヲ得

3. 近現代日本の政治参加
―日本の有権者は 100 年の眠りから目覚めるか―

プロセス解明講座第 4 期

日時　　2019 年 12 月 7 日 (金) 14:30 ～

　　　　　　　　　　　　16:15 ～

会場　　品川プリンス N タワー MeetingRoomN1

３．近現代日本の政治参加
―日本の有権者は１００年の眠りから目覚めるか―
Resume

はじめに

　日本における政治参加の動きは、明治10年代の自由民権運動から盛り上がりをみせ、国会開設に向けた20年代の大同団結運動は条約改正への要求と相まって政府を脅かすまでの広がりをみせた。23年に第1回衆議院議員選挙を経て帝国議会が開設されると、貴族院と衆議院は立法府として国民の意見をくみ上げる機関となった。政治参加の観点からは、選挙の重要性が強調され、これまでの日本政治史の研究は選挙と議会に集中してきた。しかし、選挙権をもたない人々も選挙以外の手段で政治への参加を果たした。前回の講座では、政治参加のうち、請願と傍聴について、第1回総選挙と初期議会の様子と合わせて紹介したが、今回の講座は、より近代と現代の関連を掘り下げ、その連続性と課題を浮き彫りにしたい。特に傍聴制度の実態と課題、選挙運動規制の起源に注目したい。

1　傍聴の近現代

（1）近代
＜傍聴制度＞
・根拠：大日本帝国憲法第48条「両議院の会議は公開す」、議院法、貴衆議院規則
・傍聴席
　　衆議院本会議場：皇族席、外国交際官席、貴族院議員席、官吏席、公衆席、新聞記者席
　　貴族院本会議場：皇族席、外国外交官席、高等官席、衆議院議員席、公衆席、新聞記者席
・紹介　公衆は衆議院議員の紹介必要
・服装　羽織・袴・洋服、帽子・外套は着用できず、傘・杖は携帯できず
・禁止事項　議員の言論に可否を表すること、議事を妨害すること、戎器・兇器の所持、酩酊、飲食・喫煙

＜議院規則成立過程＞
・根拠：大日本帝国憲法第51条「両議院は此の憲法及議院法に掲くるものの外内部の整理に必要なる諸規則を定むることを得」
・制定方法　臨時帝国議会事務局は、勅令で政府が制定する方式（勅令方式）と仮規則を政府が草案として作成し議員が提出する方式（仮規則方式）が対立→議院の自律性を重視するかどうか
・勅令方式　金子堅太郎は海外調査で不在、帰国後、議院秩序を重視して勅令方式を主張
　　議員の中に「兵児帯着流し等にて出席し」、「異様の服装を着けて演説する者」や「議院内外に於て種々喧擾の挙動を為す」者が現れ、「内に在ては全国人民の信用を失し、外に在ては外国人民の哄笑を招き、以て一大汚点」に陥ると警戒した。
・仮規則方式　林田亀太郎の意見書、外国人顧問の回答は議院の自律性を重視
　　→井上毅総裁は仮規則方式を採用
・草案の変遷
　　国内組起草→外国人顧問に諮問→国内組草案改正→海外調査組起草→金子、曾祢修正→井上修正
　　→成案

・女性の傍聴禁止規定　ロエスレルが禁止するかどうかを明記するよう提案→禁止規定追加→二転三転

→規定残す→報道され、女性団体が声を上げる→衆議院各会派は削除で一致、貴族院は委員が対立し結局削除
・座席分類規定　海外組が欧州各国に倣って提案し、井上は分類が厳格すぎると認識
・服装規定　板垣退助は「八ヶ間敷」規定と認識

（2）現代
＜傍聴制度＞
・根拠：日本国憲法第57条「両議院の会議は、公開とする」、国会法、衆参議院規則、衆参傍聴規則
・傍聴手段　直接、ネット中継（衆参HP）、テレビ・ラジオ中継（与野党合意）
・傍聴席
　衆議院本会議場：貴賓席、外交官席、参議院議員席、公務員席、公衆席、新聞記者席
　参議院本会議場：皇族席、貴賓席、外交官席、衆議院議員席、公務員席、公衆席、新聞記者席
・公衆席　議員紹介と先着順
・服装　衆「異様な服装をしないこと」、参「見苦しくない服装をすること」

＜課題＞
・千葉景子議員（社会党、のちに民主党、法務大臣となる）
服装に関する規制、筆記用具や資料の持ち込み禁止、傍聴席の少なさの3点を指摘（「開かれた国会へ―傍聴制度の実態と問題点―」『月刊社会党』第387号、1988年4月。

・「開かれた国会へ―傍聴規則を追う」（1）～（13）『社会新報』1987年12月8日～1988年2月5日
（1）英字新聞記者
　　入口で衛視に「あなたはだれか議員の紹介を受けているのか」→議員に電話、傍聴券手配
　　荷物確認で持参したテープ、ノート、ペンをロッカーに預けさせられ、紙一枚と鉛筆貸与
　　なぜこんな規制をするんだろう。情報を自由に流させないような考えが入っているのでは？
　　横浜のNさん
　　　ボディ・チェックが厳しい。席も狭くて結局立ち見。面白いやり取りに笑ったら衛視が「笑わらわないでください」ちょっとナンセンス。
（2）千葉景子参議院議員と記者
・衆院規則第231条「議事を妨害した傍聴人を退場させるときは、議長は衛視をしてその命令を執行させる」→大声を出すとすぐに衛視が退場させ、議長や委員長が命令している形跡はない→個々の衛視の判断で濫用される恐れはないか。議長から衛視への委任関係はどうなっているのか。
・衆院傍聴規則第10条1項「異様な服装をしないこと」→「異様」かどうかはどこで線を引くのか、仕事の合間に作業着で行ったり、パンクファッションの若者が行って入れるのか。
（3）（4）（5）衆院事務局を直撃取材
　　有山茂夫警務部長「国民に開き、かつ静ひつな審議を確保するという二律背反した目的を実現するため、最小限の規制をしている。決して国会を国民から隔離しようなんて思っていません。いったい、なんでこんな…」憮然たる表情。服装は「その時代の社会通念上考えられる普通の服装は許してます。Tシャツなんて昭和30年代は下着でしょ。それがいまはOKなんだから。もちろん、スローガン入りのものやゼッケンはダメ。それに個々の衛視の判断がマチマチにならないように、こういう内部の基準も作っているんです（これはダメ、あれはOKと書かれたリストを見せながら）」
　　――それ、コピーしてくれませんか？ダメ？それなら、たとえばTシャツに反核のシンボル・マークが入ってたりするのはどうなんですか？
　　「反核？うーん、核廃絶は自民党も言ってるし、国民的合意が得られているし、いいんじゃないか。しかし、そんなマークは知らなかった。一人で来たら見逃します」（注＝党婦人局書記の話によれば、

かつて「男女平等」というごく当然のスローガン入りTシャツもダメだったそうだ)

――なぜ、カバンや法案に関する資料、万年筆やノートまで持ち込み禁止なんですか?

「万年筆がダメなのは71年の「沖縄国会」当時、海外でペンシル爆弾が開発されたのに対応した未然防止策。当時までは、女性のハンドバッグもOKだったんだが、それを利用して爆竹とビラを持ち込まれた事件があって、それ以来、厳しくしています」

――なるほど、そんな事件があったんですか。でも、ノートや資料ぐらいいいでしょう?あんなピラピラのメモ用紙、ヒザや手の上で書けますか?

「小型の手帳を許可してます。資料は、独断的なビラなどとの区別をつけるのが難しい。

――国会法52条によると委員会は原則非公開になっている(委員長が許可した者は除く)。しかし、実際には申請した者は全部許可されているんだから、法改正して原則公開にできないんですか?

「それは警務部にいわれても困る。新聞記者もテレビも入ってるのになぜ非公開なのか議論の分かれるところだが…。

――議長から現場の衛視への執行権の委任関係はどうなっているのか。

「警察でもそうですが、明白な違反があれば現場で臨機の措置はとれます。それを会期の初めごとに議長から口頭で通常の警備について委任されるし、帝国議会の「守衛長委任事項」を読み替えて執行しています」

(6) 傍聴体験ツアー

　6人の若者が傍聴に挑戦。I君(早大2年):コートの下のバッジ10個をはずされる。「必要ない」との理由。飾りのネクタイ・ピン、システム・ノート、ペンもロッカーへ。K君(早大3年):マフラー、手袋はダメ。マスクもいわれたがカゼを引いていたのでOKとなった。ポケットに入っていたタバコ、ライター、ディスコのメンバーズ・カード、ノド飴などもロッカーへ。Uさん:スカーフ、スケッチ・ブック、ハンドバッグがダメ。小さな手帳はOK。M君(青学大2年):バンダナ、ポケット・ベル、リップクリームがダメ。ジーンズの裾は「折らないでください」。「規則づくめで官僚的。手続きの面倒さはモスクワ空港なみ」(Uさん)、「二度と来たくない」(K君)、「社会常識とズレてるわねえ」(千葉議員)。後日、記者は事務局に「人を試すようなことをするとは紳士的ではない」と怒られた。

(7) (8) 議院運営委員会の折衝

　衆院事務局「改善回答」①傍聴人の携帯許可品目に大学ノート(B5)を追加、②傍聴人休憩ロビーおよび休憩室に有線放送設備が設置可能か検討、③傍聴の際の資料は、とくに申し出た場合において、そのものが資料として明らかであれば携帯を認める

(9) 「国会傍聴の改善を求める女性の会」

　Oさん:冷やさないよう長そでのTシャツの上に薄くてちょっと丈が長いカーディガンをはおったら、衛視が「その上着はコートだから脱ぎなさい」ととがめてきた。Oさんは「これはカーディガンよ」と反論すると、「丈が長い。尻が隠れている」、一時間半押し問答の結果、衛視は上司と相談し、「カーディガンの裾をたくし上げて結べば入れる」との妥協案。Oさん「そんなみっともない格好、できるものですか」と妥協しなかった。ついに警務課は特例として認めたのだったが、目当ての審議は十分には聞けなかった。別のトラブルでは、衛視に「これ以上ごねると紹介議員に連絡します。その議員は懲罰委員会にかけられますよ」と不当に脅されたこともある。

(11) 衛視のコメント

「修学旅行で参観に来る中高生のガラが悪くて、平気でガムを絨毯の上に吐き出したりする。注意すると『オレだって好きでこんなとこ来てんじゃねえよ』とか…大変ですよ」

「『開放』と『秩序維持』の両立ってなかなか難しい。ただ、個人的には、服装の規則、なくてもいいかなあ。肌もあらわなのは困るが…」

「私たちも不合理なチェックで無用のトラブルを起こすのはいい気持ちがしない」

(12) 傍聴ツアー再び

　市民35人。詰めかける報道各社。着流し、穴あきジーンズは以外にもフリーパス。前回ダメだったフー

195

ドつきジャケットも、ジーンズの裾の折り返しも OK。若者のコートは規制通り×で、中年女性の
それは○。「持ち込み OK」の回答が出たノートを拒否された人も。ポケットに入っていた手袋は、
衛視に「手袋がなんで必要なんだ」と聞いてきたが、はめれば入れた。

(13) 地方へ波及

　　衆院の改善回答に対して全国都道府県議会議長会には地方からの問い合わせの電話が殺到した。自
治体議会は国会の傍聴規則を準用して定めているからだ。

　・国会図書館政治議会課「国会の傍聴制度——日本と諸外国」『調査と情報』第 53 号、1988 年 1 月。
　　諸外国の傍聴に関する規制が緩和される傾向にあること、服装について規則を設けている国はほ
　　とんどないこと、一方で所持品に関する規制を設けている国が多いことを指摘。

（3）まとめ

・傍聴に関しては、戦前と戦後に連続性がある。憲法が変わっても座席分類や厳しい服装規定など
　が依然として残っている。
・座席分類の上限数が実態に合っていない。他議院議員席と公務員席は割り当てが過大。一般の希
　望者が他分類席が空いていても入れないのならば、公衆席に割り当てるべき。
・衆議院は一般よりも議員紹介を優先しているため、一般を優先する都議会の傍聴者が衆議院より
　多い年すらある。
・国民（主権者・有権者）に議事を公開して情報を提供することよりも秩序維持が優先されている。
・「異様な」服装を禁止するが、判断基準が非公開であり、衛視の「常識」によって決まる。恣意的
　な判断が可能になっている。
・傍聴制度の変更は議院規則、傍聴規則レベルならば衆参議長、国会法レベルならば衆参両院議員
　の仕事である。事務局はその運用を担っているだけであるから、議長、議員が議院の自律性のも
　つ意義を再認識して制度の改善を図るべきである。

2　日本の有権者は 100 年の眠りから目覚めるか（NPJ 掲載記事より）

（1）「べからず選挙」の起源

　　現在の選挙運動規制のルーツをたどると、戦後ではなく、大正時代の 1925 年までさかのぼる。実に
94 年前である。当時の内閣は護憲三派による加藤高明内閣であった。
　　男子普通選挙を認めたことで知られる 1925（大正 14）年の衆議院議員選挙法（以下、1925 年選挙
法と呼ぶ）は、同時に立候補や選挙運動などに関する規制を初めて導入した選挙法でもあった。この
とき導入された供託金制度（当時 2000 円）、戸別訪問禁止、文書図画枚数規制は現在まで続いている。
これに加えて、個々面接と電話が禁止された（戦後になって解禁）。なお、個々面接とは街中などで偶
然会った人に対して選挙運動を行うことである。
　　さらに、選挙運動を行える人自体を限定していた。行えるのは候補者、選挙事務長に加え、50 人以
内に制限された選挙委員、事務員だけ、つまり選挙陣営の人々だけだった。それ以外の者は演説と推薦
状による運動だけが認められた。つまり、戦後に解禁されるまで一般の有権者は基本的に選挙運動によ
る働きかけを受け、そして投票するという「お客さん」的な立場に置かれ、運動するのは限られた少数
者のみという位置づけが社会的に定まったのである。このこと（第三者運動規制という）はあまり知ら
れていないが、重要な意味をもっている。今でも政治や選挙は私以外の誰かがやるもの、あるいはプロ
がやるもので素人である私は関わらない方がよいという意識は日本社会に広くみられるが、1925 年選
挙法はその意識を形作る要因になったのではないだろうか。
　　さて、男子普通選挙の導入と同時に選挙運動規制が導入されたのは、もちろん無関係ではない。普選

の導入は当時の世論の盛り上がりによって反対派もやむを得ないことと認めるところまで至ったが、庶民が選挙に公式に参加することに対して不安視する声があがった。その対応策としての供託金制度であり、戸別訪問禁止であった。供託金が納税資格に代わる実質的な被選挙権制限であったことは明らかであり、戸別訪問禁止もすでに支持基盤を構築している既存政党を脅かすような新政党の出現や勢力拡大を防止する効果をもったことは言うまでもない。

その普通選挙法案の準備段階では様々な草案が作られている。それをみると、初期の内務大臣を委員長とする調査会案では、制限選挙を継続しつつ、立候補に推薦人50人以上、保証金1000円を必要とし、選挙運動員を登録制で要件をつける一方、選挙運動には規制がなかった。その後設置された臨時法制審議会の答申では、納税資格を撤廃し、推薦人、供託金を残しつつ、候補者と選挙運動者の戸別訪問を禁止している。やはり、納税資格撤廃と戸別訪問禁止はセットであった。そして、実は審議会答申よりも前の諮問委員会段階では候補者の戸別訪問のみ禁止し、選挙運動者は禁止されていなかった。したがって、議論が進むにつれて徐々に規制を強化、拡大していったことがわかる。その結果、最終的な法律の条文では、戸別訪問は「何人といえども」と完全禁止になり、しかも、草案段階にはなかった個々面接・電話の禁止まで盛り込まれるに至ったのである。

1925年選挙法から禁止されることになった戸別訪問については、戦後幾度となく違憲訴訟が提起されているが、最高裁は合憲と判断している。その理由の一つは買収防止である。しかし、もし戸別訪問が買収の温床であるならば、世界中で戸別訪問が行われているのだから、買収が横行して大変な事態になっていないと整合性がとれないが、そのようなニュースは聞こえてこない。であるならば、世界中で日本人だけが戸別訪問で買収されてしまう情けない有権者ということになるが、果たしてそうだろうか。買収というのは密室で行われるから、路上ではない家庭・事務所では買収が行われやすいという想定を置いているようだが、実際には、全陣営が戸別訪問するのであるから、1陣営が買収すればそれは他の陣営に伝わってしまう。買収防止という理由はナンセンスという他ない。

むしろ、禁止することによって、日頃政治から距離を置いている有権者に接触できる重要な機会を失っていることのデメリットは計り知れない。選挙陣営からアプローチされることで、有権者の政党や政策に対する姿勢は形成され、また、変化していく。その数少ないチャンスである選挙で、いまだに有権者に接触させまいとする現行選挙法は弊害である。

ただし、最大の問題は、日本社会の中でその弊害が弊害として認識されていないことにある。94年間続いた制度は所与のルールとなって定着してしまい、それを害と認識することすら難しくなる。本来は政治学者が国会議員を巻き込んで改善を求める努力をすべきであるが、はなはだ心もとないのが実態である。

日頃から多くの人が政治のことを語らず、選挙でも半数の有権者が棄権する現状は、意識だけでは説明がつかない。もっと根源的で構造的なものが背景にある。特に、誰でも18歳になれば参加できる選挙が「べからず選挙」になっていることは、専門家が認識しているよりもはるかに深く本質的な弊害である。

＜参考文献＞
阪上順夫「選挙運動としての戸別訪問」『レファレンス』第12号、1962年。
三枝昌幸「選挙法における戸別訪問禁止規定の成立」『法学研究論集』第36号、2012年2月。

（2）冷め切った政治を解凍せよ

94年前の議論では、戸別訪問が禁止されたことで、これからは文書による選挙だと言われ、第1回普選から選挙ポスターが町中に貼られ、景観を乱すと批判を浴びるほどであった（玉井清『第一回普選

と選挙ポスター』慶應義塾大学出版会）。そのため、文書図画を規制する動きが強まっていく。現在では、ハガキ、ビラ、ポスター、マニフェストの頒布に制限をかけている。衆議院小選挙区の個人を例にとると、ハガキは3万5千枚、ビラは2種類以内で7万枚、ポスターは政党が1千枚×当該都道府県届出候補者数、マニフェストは2種類で部数制限はなし、ただし頒布場所を選挙事務所、演説会場、街頭演説場所に限っている。ビラの頒布場所も新聞折込が加わる以外は同じである。つまり、ビラやマニフェストだけを頒布して歩くことは許されていないのである。配りたければ、候補者にくっついて「標旗」と呼ばれる候補者名が入った旗をスタッフが持ち歩き、街頭演説場所であることを示さなければならず、複数個所で同時に配ることができない。

　では、これほどの制限を課している文書図画を若者はどの程度認知しているのだろうか。
　総務省調査（2016年）によれば、ポスター36.6％、選挙公報18.3％以外のハガキ、ビラ、マニフェストは10％未満で項目すら記載されていない。つまり、有権者にまったく届いていないのが実態である。規制する意味がなくなっている。枚数制限を課すことで、候補陣営は、ビラに証紙と呼ばれる小さな切手ほどの大きさのシールを一枚一枚に貼らないと配れないことになり、その負担は大きい。先ほどの例ならば7万枚分のシールを貼る作業を終えないとスタートすることすらできないのだ。紙自体がぜいたく品で印刷のコストも高かった時代の制限を、今や何でもネット中心で紙媒体が危機に瀕している21世紀にも残しているのは、あまりにナンセンスといえる。そもそも戸別訪問禁止など運動方法を厳しく限定することで、文書図画に頼らざるを得ないしくみにしているわけであり、その文書図画の効果があまりない状況では、規制緩和したところで、選挙費用の高騰もビラの濫造もあり得ない。

　結局、不評にもかかわらず、選挙カーが町中で「若さあふれる○○でございます」と連呼したり、誰も聞いていないのに駅前で街頭演説をしたり、車が走り去る大通りで手を振ったり、商店街で握手しながら駆け抜けていく（個々面接）風景ばかりになるのは、公職選挙法が戸別訪問禁止などがんじがらめに運動方法に制限をかけているために一つでも行わないと不利になるからだ。映画『選挙2』（想田和弘監督、2013年）には、候補者が「本当はやりたくない」という本音を漏らす場面がある。それなのに止めることができないのは、誰にとっての得なのだろうか？
　――現行ルールで勝っている現職議員たちによる新規参入防止としか思えない。そして、法律を変えることができるのはその現職議員だけなのだ。今や政治が「熱かった」時代は終わり、半数以上が選挙に行かない「冷め切った」状態まで来た。大正期に選挙に「新規参入」してきた財産をもたない大衆による政治熱を警戒して候補と有権者を引き離したルールを、政治が「冷め切った」時代に使い続けるのはナンセンスである。政治熱を煽る必要はないが、冷め切ったものをさらに凍結させてどうするのだろうか。日本の有権者が100年の眠りから目覚めるには、まず他国と同じレベルにまで選挙を自由にして冷え切った選挙を「解凍」すべきではないか。

おわりに
　戦前と戦後の傍聴制度が連続性をもっていることが分かった。傍聴に関して服装規定や座席分類規定など臣民時代と主権者時代で同じ扱いというのはナンセンスではないか。これは議長や議員の仕事であり責任であるが、国民から声があがらなければ変えるつもりはないだろう。
同様に、マス・メディアや世論が声をあげ盛り上がらなければ、このまま「べからず選挙」100周年を迎えることは火を見るよりも明らかである。主権者が眠り続けてくれた方がよいと考える議員にお任せで日本社会の未来はあるのだろうか。

３．近現代日本の政治参加
―日本の有権者は１００年の眠りから目覚めるか―

講座１日目

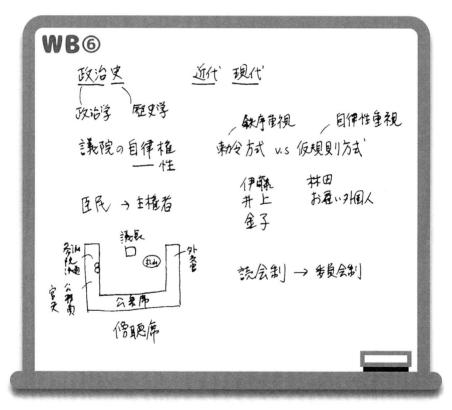

第２期・３期でやったことは

末木　レジュメと、あと、パワーポイントのＡ４のパラパラの紙を、ま
とめてあると思うんですけど、それと、明治期の総選挙という記
事と、望月小太郎の論文をお手元にお配りしてるかと思います。

もしなかったら言ってくださーい。…では、始めたいと思います。とりあえずまた、何か書くことがあったらホワイトボードに書いていこうと思います。今年(2019年)は、「近現代日本の政治参加」っていうことで、いつも、近代とか現代とか、言葉を入れてますけれども、少し振り返りながら、始めたいと思います。最初の回の時に、2年前ですね。政治史っていう話をちょっとしたと思うんですね。政治史（**WB⑥：p199**）。何かこういうの書いた覚えがありますけど、政治学と、歴史学。その合わさった形なんだけれどもー、史料に基づいて発掘していって、事実を明らかにしようっていう側面が強い歴史学と、さまざまな政治的な事象を分析する政治学は、やっぱり、少し違うので、そこが合わさった時に、政治史をやっている人の中にも、どっち寄りなのか人によって違うという話をしたかと思うんですね。でー、やっぱり事実を発掘するのは大事なんですけど、そこに対して政治学の、様々な蓄積もありますので、それを使って、分析していくっていう手法が、もちろんとられてきたわけですけど、事実を発掘して、手紙を読み解きながらとかが多かったわけです。ただ、例えば政治参加という視点で、歴史を眺めるとまた違ったものが見えてくるんじゃないかと。あまり、視点を入れすぎると、資料を最初から選んでしまうことになるので、そこは、よろしくないわけですけど、歴史学の手法で、史料を発掘していきながら、ただ分析するときにはじゃあこういうのどうなのという観点がないと、ただ、史料集つくって終わりってことになるので、そういう話をしたかなぁと思います。去年は、政治参加に関して近代と現代、どう違うかみたいな話をしました（**WB⑥**）。タイトルも「近代と現代のはざまで」という、今度はその近代と現代っていうところで現代的な現象。そしてそれを近代に遡ってみるとどう見えるかっていう、政治と歴史、近代と現代、そこのところですね。2回にわたってみてきたかなというふうには思うんですけど、最近の選挙の規制の話も、前回したかと思います。

今期は…

今回は、タイトルを「近現代の日本の政治参加」としてますけども、基本的には、今回もその近代と現代のはざまでというところをもう少し掘り下げて、見ていきたいなぁと思います。副題は「日本の有権者は１００年の眠りから目覚めるか」という、えー…ちょっと挑発したような感じのタイトルになっていますが、あとで紹介しますけれども、ＮＰＪというネット上のニュースサイトで、記事を頼まれて、それに対して、論文とは違うので、現状のままでいいのかっていう、少し問題意識と意図を込めて、書いた記事があるので、それをレジュメの後半に載せてます [1] [2]。すべてではないですけど。その辺を、問題関心として持っているというところを今回は、前に出しております…はい。でですね、**特に傍聴のことを今回、お話ししようと思っております**。ただその傍聴の話になぜ至るのかっていうところは、皆さんにお配りした「明治期の総選挙」 [3] という記事があるかと思うんです。…慶應の通信教育部が出してる冊子『三色旗』というのがあるのですが、そこに、何か記事を書かないか、特に選挙の特集を参院選が７月にある今年やりたいので、ということで頼まれたものです。で明治期の選挙を担当してくれと言われたので、今まで、調べてきたこととかーあと、このプロセス解明講座で喋ってきたことなんかを、特に去年話したことを、結構盛り込んだんですね。なので、喋ったことが次の仕事につながるというところで、関連があっていいんですけどー。前半は、去年喋ったこと、どういう人が選挙権あって、どういう人が選挙権なかったかみたいなことを書いて、第一回の選挙がこういうふうに行われましたよーと。これも去年、傍聴でだいぶ、色んな人が詰めかけて、守衛の人が大変な思いをした話をしたかと思うんですけどー。で請願も、様々なところから、集まってきた人が、請願したと。傍聴と請願が組み合わされていたなんて話をしましたよね。第二回の、選挙干渉の話なんかも、盛り込んで、ということなんでー、ちょうど、この二年分の講座のまとめみたいになっています。さっき言った、傍聴にい

たる経緯なんですけど、特に最初のところですね。選挙権・被選挙権の対象者。もちろん歴史の人はみんな知ってるわけですよね。一般にもよく知られているもの、特に、納税資格が15円というところと、男子限定だったというところはよく語られるわけです。ただ羅列していくと、それだけでもないですよね。納税資格と性別だけだったかというと、去年紹介したように、職業でも、持てる人と持てない人がいるわけですよね。つまり納税資格をちゃんとクリアしていても、あなたの仕事からすると、選挙権はないですよということになるわけです。となると、この選挙権・被選挙権っていうのは、何なのかですね。素朴な疑問がわいてきて、例えば去年紹介しましたけど、「瘋癲白痴（ふうてんはくち）」とか書いてあるわけですよ。差別的な用語ですけど、要するに選挙を行える人というのは能力を見られているってことですね。能力がある、なし。あなただったら能力がないから無理なんだという人には、与えなかったということだと思うんですね。仕事はちょっとまた別の要因があると思うんですけど、特に「瘋癲白痴」のような言い方っていうのは、そこですよね。あるいは犯罪を犯した人には与えないってのも、やっぱり、名誉あるものだというところの側面が出てきますよね。**つまり、政府の側が、あなただったら認めてあげてもいいけど、あなただったら認めないっていうことを、決めてるわけですよね。なので、天賦人権とか、自然権の発想は全くなかったということですね。**そこが、当たり前の話なんですけど、何か、意外に新鮮に感じられたということです。そこから、ちょっと、調べてみようかなということですね。当たり前だと思っていたけれども、ではなぜ女性は外されているのか、とかですね。根本的なところの疑問が湧いてきたわけです。はい。で、後で紹介しますけども、女性の話も傍聴との絡みっていうか関係があって、今ちょうど調べているところなんですけども、そういう問題関心としては羅列している中で、アレっ？という気づきがあったということですかね。その話なんかもしていきたいと思います。

近代の傍聴

さて、まず近代の傍聴の話ですけれども、去年も、ちょっとお話したかと思うんですね。特に、色々な人が詰めかけて、守衛の人が、大変な件数を扱っていたというところは強調しました。そこを、近代と現代、見比べてみようというのと、もう一つ、先ほど言った女性を排除するっていう、選挙権から排除してるだけじゃなくって、じゃあ傍聴はどうしたのかとか、そういったところですね。つまり能力がないとみなされてるから外されてる面が女性に関しても実はあるわけですよ。となるとその能力のない、とみなしている女性を、傍聴させていいのかいけないのかというところも、議論になってくるわけですね。**なので、傍聴規定の話も実は女性の政治参加をどこまで認めるかっていうところに、実は関わっているということなんです。**そこをまとめて見ていきたいと思います。レジュメの３ページ（**Resume：p193**）ですね。まず、傍聴制度。去年ちょっとやりましたけど、近代の傍聴制度に関しては去年のレジュメとほとんど変わってないです。３ページの「近代」ですね。根拠となってるのは憲法４８条です。公開するって書いてありますから、これを公開しなきゃいけないんだと。特に当時はテレビもネットもありませんから直接来てもらわないと、傍聴できない。新聞報道はありますけどね。ただ新聞報道も逐一、議事録通りに報道するわけじゃないので、実際に行かないと見られない。**そして、法律としては議院法という法律があって、現代は国会法という法律がありますけど、憲法、議会や国会に関する法律、そしてその下に、議院規則という形です**ね。それを決めて、規定しているということです。特に細かいことは、議院規則に書くということになってます。それでですね、服装と禁止事項。昨年も紹介したかと思います。かなり細かい規定を入れてるわけですね。羽織・袴・洋服じゃないとダメだとかですね、そうすると何着てきたんだろうかって、まぁ普通疑問に思いますよね。帽子・外套は着用できないとか、傘・杖は 持って入れないというなところとか、あと、野次飛ばすと退場させられますので、そ

れ昔からそうなんですね。議員の言論に可否を表明すること。「あー」とか「うー」とか言ってもダメなんですね。議事を妨害すること、酔っぱらったり、飲み食いしたり、煙草吸ったりすることもダメと。かなり厳しい規定を置いてます。**そもそも、なぜ細かく規定したのかっていうところですね。**そこをちょっと調べました。議院規則制定過程っていうところを見てください。今度はそのルールをどうつくったかというところですね。ちょっと細かい話なんですけど。先ほどの、衆議院規則とか貴族院規則とかをつくるタイミングというのは、いつなのかと考えると、いつなんでしょう？憲法は明治22年にできてるわけですね。選挙やって議会開かれるのは翌年ですよね。では議院規則は？、そこの５１条に書いてありますけども、自分たちで決めるって書いてあるわけですよ。今もそうですけど。内部規則なので、外部で決めちゃいけないわけですよ。つまり、前回言った、議院の自律権ということですね（**WB⑥**）、議院の自律権とか自律性と言われる…昨年、不逮捕特権の話をしました。選挙が終わってから、議会が開かれるまでの間に逮捕された人の不逮捕特権は認められないと。議会としては、いやおかしいじゃないか。政府としては、いやいやダメなんだっていうところの確執があり、そこで紹介しましたけども、**今回の議院規則をつくる、これも、自律性の一環なんです。**内部規則は自分たちでつくる。最近も参議院かな衆議院かな、予算委員会を開けという要求を、四分の一あれば、要求できるので、それを要求したけど開かないという話で、与野党が対立してますけど、それは議院規則に書いてあるから、開かなきゃいけないっていうことなわけですね。それを破ること自体が大きなことになっていますから、当然自分たちでつくったルールなので自分たちで守るということですね。何か解釈が必要な場合は、全て前例集というのをつくってますから、前例に基づいて判断をしていくと。それぐらいかっちりしたものです。だからそれを破るっていうのは、議会政治でいうと、ご法度ですね。そんなことしたら、逆に、野党になった場合に不利になるわけですね。あの時開かなかったんだか

ら今回、我々だって開かないよって言われたら、悪循環になるわけです。それを破ろうとしてるということがありましたけど。それぐらい重要な規則なわけです。

議院規則をどうつくるか

ただ、憲法ができて、議院法もできて、じゃあ議院規則をどうするかですよね。まだ、議会ができていないわけですよ。つまり議員が選ばれてない状態で、政府が草案をつくらないと、さぁ、議会が開かれました、議員が選ばれました、つくってねって言ったら、間に合わないかもしれないですね。選挙が 7 月で、国会が 11 月なので、国会じゃない、帝国議会ですね。この間に、決めなきゃいけないわけですよ。当然政府は、議会がない段階で明治 18 年に内閣ができてますから、政府としては、こんな時に、任せるわけにはいかないと。どういうルールつくるかわからないですよね。ですから前年から、準備し始めるわけですよ。**その原案をつくるか、勅令で全部決めちゃうかっていう、プリントにありますが「勅令方式ＶＳ仮規則方式」**（Resume : p193）。**作り方が、意外に重要だったってことです**（**WB⑥**）。最終的にはどちらも当然、帝国議会で承認を得るってことには当然なりますけど、どこまで決めちゃうのかですね。勅令方式で決めてしまえば、これもう決まっちゃいますから、最後は追認するだけで議会で形だけ通すっていうことになりますよね。でも右側の仮規則方式だと、仮につくっておいて、議会に、選挙で選ばれた人たちに対して投げて、どうですかと。いやここはこう変えたいって言ったら、自分たちで決めてもらって、それを、初回の議会で自分たちで通す。その余地が残るわけですよ。**ということなので、文章を変えられるか変えられないかが大きく違うということですね。ここをめぐって争いが起きるわけです。**で、その議院規則の担当は臨時帝国議会事務局という組織ですね。伊藤博文が井上毅につくらせたんですね。なので、井上毅が主導するんですが、どっちを取るかということですね。まぁ井上はトップなので、部下に検討させる

わけですけど。最初は、伊藤博文も井上毅も（**WB⑥**）、政府がつくっちゃえというふうにクルメッキにアドバイスされてて、そうですねって言って聞いてるんですね。そういうものなんだと思っているんですよ。ヨーロッパではそうだったみたいなこと言われて、それぐらいの気持ちでいるわけです。それに対して、内部で異論が出ます。林田亀太郎って人がいて、この人はかなりざっくばらんな人で、色々なことを書いてますね。官僚なんですけど、政府に対して思ったことは全部書くっていう、そういう人なんですね。その人が、いやいやそれは良くないんじゃないですかと。彼は身分としては低いですよ。内部のスタッフの中でも、一番下ぐらいです。その人が、井上毅に対して意見書を出すわけです。いや憲法に自律性と書いてあるじゃないかと。内部規則は自分たちでつくると書いてあるのに、それを最初から崩して政府がつくっちゃうと、政府と議会が対立した状態で始まりますよね。そんなことしていいんでしょうかっていう反論ですね。もっともなわけですよ。お雇い外国人も、軒並み右側を推すんですね（**WB⑥**）。憲法上とれるのはこっちだろうと。外国人顧問。いわゆるお雇い外国人ですね。（**WB⑥**）で、井上も、そんなに強く勅令方式で絶対行こうと思っているわけじゃないわけですよ。前に、言われたからそう思ってるぐらいですから、そう言われて、じゃ、そっちにしようか。つまり、勅令方式は、議会に対して（**WB⑥**）、強すぎると。仮規則方式でつくっておいて、で、最後検討してもらって、議会に議員の方で出してもらうと。それでやった方がいいんじゃないかと考えるわけです。ただ、前倒ししなきゃいけないものに関しては成立規則っていうことで別に分離させて、前もって勅令でつくっておいて、その後の内部のことは、議院規則で決めてもらうと、そういう妥協案ですね。それで通すんです。…でですね、これにかみついたのが金子堅太郎という人で、そんなに伊藤と井上は強く思ってないわけですけど、金子はですね、ちょうど海外調査に行くんですね。議院規則などを決める前にヨーロッパのやり方を学んでくるということで、じゃあ行ってきなさいっ

金子堅太郎

て伊藤に言われて、部下を引き連れて行くんです。なので、揉めてる時にちょうど不在なんです。で、不在の間に林田と、外国人顧問の話が出て固まっちゃったんですね。戻ってきたら、もうそういう話になってると。ギリギリで戻ってきているので、それに対して、いやちょっとそれはおかしいんじゃないかっていう異論を最後、意見書で出して、異議を唱えるということが一幕あります。ここで重要なのは、何故金子は、勅令方式に拘ったかってことなんですね。

秩序維持か自律性重視か

で、そこは史料を抜粋してます。**簡単にいうと議院秩序ですね。**院内の秩序が重要だと。秩序優先の発想がここで出てくるんですよ（**WB⑥**）。**これは後の話と関係しますので、秩序重視（WB⑥）。こちら側は、自律性重視ですね（WB⑥）。このせめぎ合いなんですね。**史料ではですね、議員の中には、「兵児（へこ）帯着流し等にて出席し」。ですから羽織・袴・洋服って書いてあって、違うのは兵児帯・着流しのようですね（次頁イラスト）。普通だったら着流しで出歩いて正式の場に来ないだろうと。でもそういう者が、現れるんじゃないかという心配ですね。そして「異様の服装を着けて演説する者」。**この「異様」っていうのは覚えておいてください。「異様の服装」です。**それから「議院内外に於て種々喧擾の挙動を為す」者が現れると。秩序を乱す輩が現れるんじゃないかと。そうすると、「内に在ては全国人民の信用を失し、外に在ては外国人民の哄笑を招き、以て一大汚点」に陥ると。皆が注目しているのに、そのだらしないような、混乱した議会の、状況を見せると、国内外の人に失望されるわけですね。そうすると、汚点になるんじゃないかと。これを心配するわけです。なので、選ばれてくる人を、信用してな

いってことです。とんでもない奴もいるだろうと。そういう連中に好き勝手やらせたらマズイんじゃないかと。だから事前に自分たちで勅令方式でコレはダメだと。服装はコレだぞとか。勝手なことを騒ぐんじゃないぞとか。コレ議員に対して言ってますけど、結局は傍聴者に対してはもっと低く見ているんですね。普通

［右上］兵児帯・着流し ［左上］羽織・袴 ［下］洋服

の人が来るわけですから。とんでもない奴が来る可能性が更に上がりますよね。**みんなから選ばれてる議員よりも、もっとよくわからない有象無象がみたいな発想を持っているわけです。ということで、傍聴に関しても、この発想で考えているということが見て取れるわけですね。**とりあえず議院規則に関して、もちろん、先ほど言ったように何人いたら何ができるとか、議員がこういうふうに行動するとかって決めてますから、そういう重要なルールだということを認識して、反対するわけです。ただ、海外調査に行って、学んだことを、結構仮規則の中には色々盛り込ませるんですね、金子堅太郎が。そこは、井上毅もやっぱり聞くわけですよ。外国はこうだった、イギリスではこうでしたとか言われますから、なるほどと。井上毅たちの国内組は、まぁ、基本的には学んでいるのは本とか資料ですから、それではわからないことを実地に直接見てきた人たちが言ってくると。そうすると、あぁなるほどそうですかと。取り入れましょ

うかって話になりますよ。そういうことなので盛り込まれていくん
です。この段階ですね。どっちの方式？って時にはもう間に合わな
かったと、いうことですね。**ここで議院の自律性が一つ確保された
ということが重要なわけです**…はい。

仮規則方式で

で、右側ですね。草案、ちょっと細かい話なので一、ここはもう端折っ
てますが、あの井上毅の文書に、草案がいっぱい残っているんです
ね。史料の番号振られてるんですけど、その順番につくってるわけ
でもないので、内容を見ながら、前後を変えないと、順番がわから
ないのです。その確定をやりました。どう変遷していったかを分析
すると、何かわかってくるんじゃないかなということですね。基本
的には、大きく言うと国内組の人が書いて、まぁ海外調査組はいな
いですからね。で、その後外国人顧問３人に聞いて、いやいやこう
だよ、ああだよって言われたんで、国内組が「わかりました」って
直しますよね。そこにちょうど海外調査組が帰って来て、イギリス
ではこうだった、プロイセンではこうだったとかって言うので、「わ
かりました」って言ってまた変えますよね。で、まとまったところで、
金子と曾祢って書いてありますけど、金子堅太郎は、この後貴族院
の書記官長になります。事務方のトップなんですね。で曾祢は衆議
院の事務方のトップなんです。なので、貴族院と衆議院の事務方の
トップになる二人に修正させて、その上で井上毅が、でもちょっと
それは一とか言ってですね、最後、トップですから 、総裁の修正
が入って出来上がるということです。**でも、成案と言っても先ほど
言ったように仮規則ですから、その後、選ばれてきた、衆議院と貴
族院の議員たちに、帝国議会が始まる前に、投げるんですね。**どう
ですかと。こういう案で行きますと。ま、皆さんに、審議してもらっ
て、その上で第一議会で出してくださいということにするわけです
ね。内容はパワーポイントの、Ａ４の一枚目のところですね。衆議
院規則（**資料：p293**）。先ほどちょっと出てきましたが「羽織袴又は

洋服を著すへし」、帽子・外套、この辺はさっき紹介した通りです
ね。こういうのをつくっていくことになるわけです。…それぐらい
か。あまり細かく、紹介してないですね…はい。すいません。まぁ
随時、パワーポイントの方の資料は見たいと思います。はい。

女性の傍聴を認めるか

で、かなり細かくそういうことで決めていくわけですが、**論点の一
つは、先ほど言った女性ですね。女性の傍聴禁止は途中から出てく
るんです**。最初に国内組がつくった時には入ってないんですが、外
国人顧問に聞いた時に、ロエスレルという、すごく影響力の強い、
特に伊藤博文あたりはロエスレルの意見をよく聞くんですね。お雇
い外国人の中でも発言力の強い人が、ヨーロッパでは女性に傍聴を
認めてるけれども日本が禁止するかどうかはちゃんと書いた方がい
いんじゃないかという提案をします。つまりどっちにしろとは言っ
てないんですよ。で、言われた方の国内組は、わかりました、検討
しますって言って、検討した結果、禁止すると。女性は傍聴できな
いという規定を入れるんですね、途中。その後、金子・曾禰修正の
段階で、先ほど言った、残ってる史料を見ると、一回消してまた残
したりとかしているんですね。つまり、トップや幹部が話し合って
る時に、揉めてるってことですね。二転三転してるんですよ。で、
ココは推測ですけれども、井上毅は、明文禁止する必要ないだろう
と思ってたようです。要するに書かないけれども、運用で何とかな
るだろうと。わざわざ書く必要ないんだと。来たら、あーすいませ
んが、内部規則によって運営上ダメなんだと、そういうふうに言え
ばいいんだと判断していたようです。欄外に、そういう書き込みが
あるんですね。ぁビックリした（笑）。小さい受講者が…［子供が
講義室を覗き込んだ？］

受　　（笑）

末木　現れたなと思ったら、違ってた…（笑）。金子ですね。金子はこの
時どういう態度を取ったかっていうのはわからないんですけれど

3. 近現代日本の政治参加　―日本の有権者は100年の眠りから目覚めるか―

も、後で貴族院の書記官長になるのですが、同時に本人が貴族院議員なんですよ。で貴族院になげられた時に、その議論をリードしてるのは令子なんですね。説明してるんですよ。で、貴族院も、少数の委員を選んで、その人たちに検討させてその後みんなで話し合おうという、委員会方式みたいな形を取るんですよ。その中に金子が入るんですね。じゃあ、明文禁止しますか、しませんかって時に、禁止賛成側に回るんですよ、金子は。で一当日休んだ鍋島［直彬］という佐賀の人はいなかったんですが、それ以外の人は真っ二つに割れるんです、同数で。明文禁止、いやいやそんなのする必要ないと。最後どうなるかっていう時に、欠席した鍋島に、明文禁止派は手紙を出すんですね。でも手紙はすぐには届かないわけですよ、当時はもっていかせたりするんですけど、時間かかりますよね。一方、明文禁止する必要ないんだっていう人は直接会って、色々説得するわけですよ。次の日早めに行ったりして。で、それを、先に聞いてるんで、鍋島はまぁそうかと、明文禁止する必要なしという方に回ります。なので、最後、欠席していた人の票で決まったということですね。村田［保］という人が、そこで説得するんですね。鍋島を。じゃあ村田って人はすごく女性に対して配慮がある人なのかというと、大正期に、それまで女性は政治集会に参加できなかったんです。それを何とかして認めるべきだって話になるんですね。それもまだ議論になるんですけど、その時に反対論を言うんですよ。いやいや娘さんが集会に来て、ワーワーやるのはどうかみたいなことを言ってね。なので、村田は別に女性に対する意識が高かったわけではないようです。別の理由で、つまり、そこまでやらなくていいだろうっていうところだと思うんですよね。そんなわけで、金子は、明文禁止だっただろうなって普通思いますよね。ただ、後の行動でもって、前を推測してますから、憶測に過ぎないんですけどね。なので二転三転して削ったり残したりとか、そういうことになっていたんじゃないかなと思ってます。**ただ、結局、最終段階ではそうやって、貴衆両院で削除しますが、とりあえず成案は規定が残った**

**んです。女性は傍聴禁止するってどうですかって投げられたわけで
す。**当然、新聞は報道しますし、それを読んだ女性団体は、なんだと。
集会に出ちゃダメだって、禁止され、そして選挙にも出られないと
いうふうになって、更に傍聴までできないのかと。これはやっぱり
怒りますよね。でー、ボールは、選ばれた議員側に投げられてます
から、議員に対して、それはないでしょうっていう説得ですね。そ
れをするわけですよ。でー、特にですね、清水［豊子］さんという
方が、板垣退助に直談判に行くんですよ。その記事が、雑誌に載っ
ているんですけど。板垣も、ちょっと昨日東京に帰ってきたばかり
でよくわかってないんだかとか言って、その時に読まされるわけで
すよ。こーれは、ちょっとキツイなと、厳しいなと。で、あなたの
言ってることはわかったと。特に、服装を色々、羽織・袴・洋服と
か書いてあるのは喧しいと。喧しき規定だと。何だこれはというわ
けですよ。板垣流の感じですね。板垣は議院の自律権をわかってい
るんですよ。そもそも、政府があれこれ決めてるのはおかしいじゃ
ないかと。まぁ結局、議院にボールは投げていますけどね、そんな
喧しい規定を入れてくるのはとんでもないっていうことを言ってい
るんですね。なので、基本的にこのことについてはよくわかってい
たということですね、板垣は。そうですよねっていうことで、よろ
しくお願いしますっていわれて、もちろん、わかったと。自由党系
の人に対しては板垣が言うわけですよね。もちろん議員の方も、反
対論ですから、そんなのダメだと、いうことになって、衆議院の方
は全会派が禁止条項削除ということで一致します。貴族院は先ほど
言った通り、委員会までつくられて色々やるわけですが、こちらも
最終的には結局削除ということになるわけです…はい。**これで女性
の傍聴は、可能になったわけです。**従来の研究だと、先ほどちょっ
と言った清水さんみたいな女性の団体の人や、意識の高い人が、そ
うやって動いたから、ギリギリで良かったねと。傍聴が認められたっ
ていわれてきました。それもそうなんですけど、先ほど言ったよう
に、勅令方式でもし決めてたら、その余地が無かったわけですよ。

議院の自律権を認識していた林田とか外国人顧問の、その反発ですよね。それがなければ、おそらく女性があれこれ言っても無理だったっていうことです。そこもあるので、**議院の自律権をちゃんと認識して、それを、議会がつくられる前に保障しなきゃいけないんじゃないかっていう、憲法５１条の趣旨ですね。これを尊重してたってことが重要だったんじゃないかなというふうに、私は思っております**。ですので女性が立ち上がらなかったらもちろん議院の方も、動きが低調だったかもしれませんから、そこは重要なんですけども。憲法に沿って動いてるというところですね。原則を重視したことが重要だったんだろうなぁと思います。

近代の傍聴ー規則の厳しいところは残る

ただですね、冒頭からどうも、秩序を重視するという発想が強く出ていると。それを学んで金子は帰ってきているということです。そこのところがですね、**議院規則の厳しいところ、女性の傍聴に関しては削除されます** がその他は残りますから、**洋服はコレだとか、帽子はダメだとか、色々言うわけです。それでもって秩序を保とうとしたということですね**。もう一つは、座席分類規定ってレジュメに書きましたけども（**Resume：p194**）、最初の国内組は、座席をそうやって分けるつもりがないんですよ。みんなが来たらそこで並んでもらって傍聴券出して、傍聴してもらったらいいだろうって発想ですね。ただ、欧州各国は、特にイギリスは席を分けているということがあって、海外調査組は帰ってきてから、原案を出すわけですが、そこに細かい、成案に盛り込まれるこの皇族席、ナントカ席とかっていう区分を提案するわけですよ。それで、成案になるんですけど、井上毅はこれは厳しすぎると認識してます。ここまで細かくしなくていいんじゃないかと。なので井上は例えば、時間経った後、来た人が席が空いてるんだったら入れてあげればいいじゃないかと。分類が細かくなれば席数が減りますよね。特に公衆席の割り当てが減っちゃうわけですから、そこのところで、厳格すぎる規定がある

んだったら、緩和すべきじゃないかというふうに言ってます。ここ
も、憶えておいてください。この後の話、現代に関してどうなのかっ
て話に関わってきます。そんなわけで、**秩序重視**と、**座席分類**、**そ
れから服装規定。今どうなのかっていうとこは、たぶん、興味が湧
くかと思うんです。湧かなくても是非、興味を持っていただきたい
ですけどー（笑）**。…はい。で、どうなったかというと、先ほどの
パワーポイントの資料の２ページ目（図１・図２・表１）ですね。
これは、去年、紹介しましたんで重なってますけど。帝国議会が開
かれて、傍聴できますよとなった時に、多くの人が詰めかけたわけ
ですね。衆議院の平均傍聴人数の推移のグラフがありますが、300
から 500 ぐらいのところに平均値が、400 人ぐらいですかね平均し
て。最初から 19 回までですけども、最初のを見てもですね、定員
が、18 回 700 人超えてますよね。だから詰めかけて、立ち見とか
を入れてだと思うんですが、600 から 700 ぐらいの収容人数しかな
いと思うので、だいぶ多くの人が詰めかけたということがわかる
かと思います。はい。で、その下ですね。第二議会、第三議会は、
議席分、議席？…議席っておかしいですね。自分でつくっていま
今気づきました。「座席」ですね、「座席分類別傍聴人割合」です。
別に何に使うってわけじゃないですが、学校でも使ったかな？…は
い。先ほど言った、分類ごとにどのぐらいの人が実際に来たのかと
いう、その割合です。見ていただくとですね、皇族はほとんど来
ないんです。外交官の人が、第二議会見てもらうと 4%。貴族院議
員は 0。官吏は公務員で 9%。新聞記者 7%、残り全部公衆、80%
ですね。一般の人々。去年言ったように女性が 66 人いたとかです

図1 衆議院の１日平均傍聴人数の推移

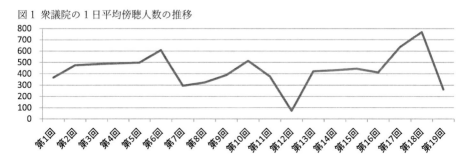

図2　座席分類別傍聴人割合

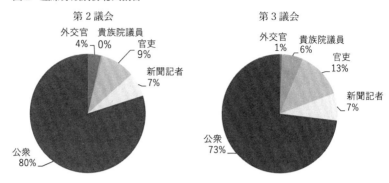

第２議会

外交官
4%

貴族院議員
0%

官吏
9%

新聞記者
7%

公衆
80%

第３議会

外交官
1%

貴族院議員
6%

官吏
13%

新聞記者
7%

公衆
73%

ね、最初の議会から登場し、第二議会も来てます。第三議会も同様
の数字です。**つまり圧倒的に多くは公衆であり、貴族院議員や官吏
はそんなに来ないということがわかると思うんですね。**この辺も後
で現代のところで、どうなったかというのを見たいと思います。は
い。でーその、金子が心配した秩序。どうだったかというと、服装
の規定、去年もちょっと言いましたけど、４人とか２人とか出てま
すよね。ただ圧倒的に多くは多くの人が詰めかけたので、うるさかっ
たと。或いは座席を間違えたりするというところの混乱ぶりですよ
ね。ですので服装ではないところで、大きく盛り上がっていると
いうところですね。その問題が実はあって、何千件もの件数で守衛さ
んが仕事をしているという状況なわけです。なので、おそらく予測
してなかったと思うんですよね。こんなにいっぱい人が来ると。**政
治熱ですね。それがあっ
たんじゃないかなぁと思
います。**必死に対応して
る感じですよね。

表1　衆議院守衛報告

種　類	第二議会	第三議会
退席	10	7
保護	4	98
制止	2,887	4,155
注意	4,508	5,915
議員退場	0	5
合計	7,409	10,180

主な内容	第二議会	第三議会	種類
議員言論に可否表明	3	4	退席
指定以外の席に入る	1,289	2,136	制止
廊下などで通行妨害	1,543	1,819	制止
互いに争論	0	8	制止
服装規則違反	4	2	制止
直立し傍聴妨害	3,297	3,827	注意
高声に談話	169	239	注意
変造傍聴券の露見	0	48	注意

現代の傍聴

さて、それでは、現代どうなったのかですね。今の話は明治23年、1890年でございます。何年前ですか？…130年前ですか？来年（2020年）で130年、ですからー、129年前の話ですね。規定だったら前年ですからね。ちょうど130年前の話、です。今の、前振りでおわかりだと思うんですが、130年前と何が違うのか。それはガラッと変わっててほしいですよね。だってこの時代は臣民ですからね。諸君は臣民だと（**WB⑥**）。主権者ではないんだと。天皇の赤子だみたいな、そういう時代ですよ。だから強く出られるわけですね、エリート達も。とんでもない奴が来るだろうみたいな、そういうので、事前に規定しとかないと、とんでもないことなるぞと。まっでもいっぱい来たわけですけどね。さて、戦後の新しい国会ではどうなったのか。傍聴制度のところは、憲法５７条。ちゃんと根拠があって、でー国会法に変わってますが、やっぱり法律があって、その下に内部規

官吏

貴族院議員

皇族

新聞記者

公衆

外交官

216

則があるという構図は変わってないです。更に、**現在は、傍聴規則っ て形で傍聴に関しては議院規則のさらに下部規則があるので、議長 が責任持ってるんですけど、傍聴規則に沿って傍聴させてます。**そ して現在はもちろん、ネット中継、衆参ともにありますし、テレビ やラジオで、与野党が合意すれば中継されるという時代ですよね。 衆議院本会議場の傍聴席は、貴賓席、外交官席、参議院議員席、公 務員席、公衆席、新聞記者席。参議院の本会議場は、皇族席が入っ ていること以外はほとんど同じです。井上毅が厳しすぎるんじゃな いかと言ったほどの座席分類を、何故かですね、今もずーっと使い 続けているんですね。変わってないです。連続性なんですコレね。 憲法は変わり、時代も変わりましたが、明治から令和にかけて何も 変わってないんです。それから服装規定。衆議院は異様な服装をし ないこと。参議院は、見苦しくない服装をすること。これは先ほど のパワーポイントの資料の３ページです（**資料：p293**）。そこを見て いただくと、出ています。１ページ目と比較してもらうと、わかる と思うんですが、要は大きく変えていないんですよ。ちょっと時代 に合わないなっていうところを手直ししてるだけなんです。なので 憲法は改正されても、その下にあるルールというのは、戦争で負け たという話とは関係なくですね、連続性があるってことです。つま り議会は、閉鎖していませんので、ずーっと続いてますので。特に 衆議院は、130 年の歴史があるわけですね。**ですから、戦前のもの を受け継いで戦後も、スタートしてるということです。**多少変えて ますけれど。伝統を重んじているというのは言い方としてはいいで すけれども。何か言われたら変えるけれども、ダイナミックに変え ようという必要もないし、そういうに思ってないということなんで す。ということで、第１０条のところは異様な服装の話と、それか らその下も、帽子・外とう拘ってますね。かさ・つえ・かばん。包 物ってのは風呂敷のことだと思いますけど。今、風呂敷あまり使わ ないですよね。実はさっき言った井上毅の書き込みのある原案を見 てるとですね、「包物を禁止すべき」って書いてあるんですよ。大

正８年に禁止項目に追加で包物が入ってます、拘ってますね、何か嫌なんでしょうね、きっと。何が入ってるかわからないから。確かにいるわけですよ。第一回帝国議会で馬糞 を投げ込んだ人がいるわけですよ。そういうところもあるので、何持って来られるかわからないというので警戒したのかなぁと思います。井上毅の心配は、だから的中しているんですね。原案のところで規制すべきだと考えているんですから。それから飲食・喫煙ダメだよー。議員の言論に対して賛否を表明しちゃいけない。拍手しちゃいけない。静粛を旨とし、議事の妨害になるような行為をしない。そしてですよ、付け加わってるんです。「他人に迷惑をかけ又は不体裁な行為をしないこと。」戦前にはなかったことが入るわけですよ。迷惑かけるんじゃないぞーっていう。まぁ、第二回、第三回の、暴れぶりを見るとですね、まぁ迷惑かけまくってるわけですので、ちょっとマズいんですけど、まぁでも、今そんな人あまりいないですよね。厳しくなっているんですね、どちらかというと。もちろん銃器や兇器も規則のところで禁止してますから、そんなに変わってないです。なので、ほとんど変えずに、現在も続いている。異様な服装っていうのは、さっき紹介した金子堅太郎の異様の服装を着けて演説するとか、その発想ですよね。でー、マズイのはですね、戦前は「羽織袴又は洋服」って書いてありますよね。**でも異様な服装だと、どれが異様ですか？どれが異様じゃないですかっていう、主観が入りますよね。つまり 規制する人が、面倒くさいわけですよ。**これは異様かなぁ？いやいや異様じゃないかなぁってってやるわけですよ。入口ですよ。時代によっても変わりますよね。だから、今衛視さんって言うんですけど、守衛さんから衛視さんに変わってますけど、困るわけです、多分ね。ただこれ、衛視さんの問題じゃなくて、この規則は、議院の問題ですからね。国会議員がこのままで行きましょうでやってるから、こうなので、衛視さんは、まぁちょっと可哀そうだなと思いますね。で、不思議な滑稽な話が出てくるわけですよ。

衛視さんと傍聴したい人①

レジュメの課題のところですね（**Resume：p194**）。これですね、面白いので書き過ぎかなと思うぐらい紹介しましたけど、もうこれ読むだけで笑っちゃいますよ。1980年代の『社会新報』という社会党の新聞です。今もあるみたいですけど。それから千葉景子さんって当時社会党の参議院議員で、のちに民主党政権で法務大臣になった方ですけれども。その方も、論文を書いているんですね。傍聴の話の先行研究は千葉さんのこの論文と、もう１コ、千葉さんたちが、国会図書館に調査をお願いしてつくられた調査書しかないんですよ。みんな興味ないんです、傍聴に関しては。そのマイナーなところを、そんな弄る人はいないので、私が、じゃあやりましょうかという話になるんですけど。まぁ、でも面白いです、コレ。実際のもの持ってきましたので、お回ししますけど、じゃココを回していただいて…。『社会新報』ですね。〈回覧〉ちょっと順を追って見ていきましょうかね。「開かれた国会へ—傍聴規則を追う」は『社会新報』で第１回から第13回まで、1987年から88年にかけて連載されていて[4]、国会図書館でみてきました。初回はですね、外国人記者の疑問ですよ。入口で、「あなたはだれか議員の紹介を受けているのか」。エッ！？誰でも聴けるんじゃないの？？って思って焦って知り合いの議員に電話して、かろうじて傍聴券が手配された。それから、荷物検査で、テープって何だろうなって、録音テープですかね。当時ですから、テープ、ノート、ペンをロッカーに預けさせられた。そして紙一枚と、鉛筆を貸してもらった。この紙が不評なんです。これ記事に細かーく書いてあるんですけど。この紙を、あなた方は膝の上で書けるかとか言われて、事務職のスタッフが「あっ確かに書けませんねー」みたいな。まぁよく考えたらそうですよね。紙と、鉛筆を持たされて、議場の椅子は、普通の長椅子ですからね。テーブルとか何もない。確かに手でこうやってやるか、膝の上でこうやってやりますよね。そんな感じなんですよ。だから、とりあえず、貸せばいいだろうっていうだけ。でー、衛視さんが、「いやー

この鉛筆は返ってこないんですよー」、可哀そうですけどね。貸すのはいいんだけど返ってこないから、もうやめたいと。本人が持ってきてるものにしてくれたら、そんなことしなくていいのに、返してくれないかとかってやらなきゃいけないと。可哀そうですね。そんな感じなんです。はい。で、**何故こんな規制をするんだろうという疑問**。横浜のＭさん。ボディチェックが厳しい。席も狭くて結局立ち見だった。面白いやり取りがあったから笑ったら衛視さんが「笑わないでください」と。これ、でも規定からしたら外れてますよね。笑っていけないとは書いてないから（笑）、笑いながら拍手したらアウトですけれども。拍手はダメなんです。滑稽ですよね。そりゃ議員が変なことやったら笑いますよね。何なんですかねっていう感じなんですけど、かなり過剰に静粛を旨としてますから、禁止しているんですよ。ナンセンスですねコレねーほんとに。

講師、傍聴初体験

座席もですねー傍聴行ったことありますかー？私も今年の８月５日に初めて行きましたけど。パワポの方の四枚目の写真に私の傍聴券が右上に載ってます。令和元年８月５日。衆議院に行ってきました。３０分前ぐらいに行ったんですね、始まる３０分前。早すぎるかなぁと思ったらですね、３０分前集合なんです一応（笑）。誰がそんな早く行くのかと思いますけども。三人です三人。私と、どういう人かわからないですが男の人二人いてー、三人で一緒にエレベーターとか一緒に移動させられて入口…あっどうぞ、どうもどうもと。でー、行きはいいんですよ。スタッフの人がついてきてくれるんですね。ココです、ココ行って上がって、じゃ次、あのエレベーター上がったら係がいますからとかって案内してくれるんですけど、最後終わったら野放しなんですよ(笑)。はいサヨナラって。エッ⁉と思って…。迷いますよね？で一応書いてあるんですよ、確かに経路がね。だけど違う方向に行く人がいるんですよ。つまり団体で来る人がいるので、団体の人は別扱いで「ハイハイーコッチですよ」ってやる

じゃないですか。個別の人はね、三人は、もう全然ケアされないわけですよ。私は一応聞いちゃって、「こっちでいいですか」と。「ソッチですよ」とかって言われて（笑）。危ないですよね、変なところに入り込まれてもいけないと思うん ですけど。行きだけは丁寧に、帰りはサヨナラっていう…。まあ、何とか帰り着きましたけどね。私も方向音痴なのでちょっと危なかったですけど…。…で何だっ

傍聴券（写真）

け、そう傍聴券（**写真**）。ですので最初三人しかいなくて入ったんですけど、後から議員紹介を受けている人たちが、外国人も含めて小学生とかボーイスカウトとかいましたけど、すごい人数いましたよ。たぶん、数十人、百人まではいかないかなーぐらいな感じで、バーッといました。ただ、五分で終わりました。最初から「五分で終わりますよ」って言われてたんですけど、参議院選挙あったので、一週間ぐらい開いていましたけど、その日が最終日だったんですよ。継続審議にするものを可決して終わりという、そういう日でした。「これにて散会」って大島［理森］議長が言って終わり。でワーッていって、議員が帰っていくと。話題はですね、あの丸山［穂高］さんがいてですね、今Ｎ国の当時は維新でしたけど。北方領土に関する発言でみんなに批判されてましたよね。でー出席してて一番前の席なんですよ。最初私は気づかなかったんですけど、カメラマンが二人だけいたんですよ。で、コの字型に傍聴席があるので、議長席ここにあるんですけど（**WB⑥**）、ここにテーブルがあって、記者席はカメラがセッティングできる台があるんですよ。ここだけいるんですよ、二人。何で隣に座っているのかなぁって見たら、パシャパシャパシャとか撮るわけですよ。そのカメラの先見たらここに、丸山さんがいて、で、撮っているのを見ながら、ハッハッハッハッハー

みたいな、感じですよ。隣の議員もハッハッハ、俺らを映してやがるぜみたいな扇子パタパタ。そしたら、やっぱり今使われてますね、扇子持ってこうやってる写真が（笑）。そのための写真撮ってたんですよ。Yahooニュースとか載る時に、丸山議員っていう時の写真はそれですね。ちょっと小バカにした感じですよ。反省なんかしてないですよ。議長が喋る時に、後ろ向いてコッチ見るわけですよ。傍聴席ここですけど。ナニ見てんだ？！みたいな。ちょっとおかしいですよね、だって前を見なきゃいけないのに、こうやって後ろを見てるわけです。大丈夫かなと思いましたけど…はい。そんな様子も見られますからね。挙動不審な議員がいると、あの人挙動不審っていうこともわかるわけですから。**…つまりテレビやネットで中継されてるとはいえ、固定カメラですから、全ての議員の動きはわからないですよね。あの人ちゃんとやってるかなーってね、地元の議員を監視するって意味だと、直接傍聴に行った方がいいかなぁと。**終わった後、小学生に手を振ってる議員もいましたから、あの人が紹介したんだなってわかるわけですけど。地元の小学生を招待してるとか。私も初めて行ったわけです。荷物チェックもされたかな、一応。開けてくださいと。あとロッカーに預けてくださいって言われました。座席は長椅子なんですね（イラスト）。長椅子。横から見ると、こーんな感じの、角度の急な板ですね。座りづらーい椅子ですね、こう、だんだん増えるじゃないですか。「寄ってください」みたいな感じで、「わかりました」みたいな感じで詰めていくわけですよ。ですので人数を一応何人ってやってますけど、まぁ、何ていうのかな、椅子が別に一人用の椅子があるわけじゃないので、席数があとで出てきますけども。何人座れる想定で何席っていう

傍聴席の長椅子

感じです。だから、行ってみて良かったなって思うのはそこですね。何席って聞くと、一人一人でちゃんとあるのかなと思うじゃないですか。そんな感じじゃないですね。長椅子です。

傍聴の服装規定

さて、戻ると、どこまでいったかな。第一回のところですね。第二回、専門的な話になってますけども、委任関係はどうなってるかっていう、鋭いというかですね、衛視さんが傍聴者を退場させる場合がありますけれども、規定上は、議長が衛視に命令して退場させると書いてあると。でも、「ワーッ」て大声出すとすぐバーッて飛んできて、ガーッと、連れ去られるわけですよね。議長はどうしてんだろうかっていう、もっともな疑問を、記者が思っているんですね。後で質問をぶつけるわけですよ、スタッフに。委任関係の疑問、あるいは次のページ、５ページ目ですね（Resume : p194）。異様な服装、さっき言った通りですよ。**異様って、誰がどう線引いてるんだろうか。**作業着で行ってもいいんだろうか。パンクファッションの若者が行っても入れるのかみたいな。そういう疑問は当然ありますよね。そこをですね、疑問があるんじゃないかと。(3)、(4)、(5)ですよ。事務局直撃取材。『社会新報』の記者が、行くわけです。これがなかなふるってるんですね。有山さん、警務部長。「二律背反した目的を実現する」。これ大変ですよね。公開しつつ、しかし秩序は守るという、公開と秩序が対立するときはどうするかっていうことですね。そういう時にやっぱり金子堅太郎が言ってた秩序重視なのかどうかが出てくるわけですよ。で、**どうも、秩序を重視して設計されているんじゃないかということですね、連続性の話は。**あと現場の人は「決して国会を国民から隔離しようとなんて思っていません」よと。「いったい、なんでこんな…」みたいな。「憮然たる表情」。つまり何で直撃取材されるんだと。色々言ってくるんですかみたいな感じですね。で、服装については「その時代の社会通念上考えられる普通の、服装は許してます。」この「許してます」の発想がね、もう既に上から目

線なので、許してやってんだろみたいな感じですね。後で細かい規定を紹介しますけど、全部、つくってるわけですよ。これはいい、これはダメっていうの。「Ｔシャツなんて昭和30年代下着でしょ。それが今ＯＫなんだから。」いいですね、この感じ。昭和な感じ（笑）。ダメだったんですね、昭和30年代。ただ、スローガン入りダメだよとかゼッケンダメだとか、何ていうのかな、デモ行進した人がそのまま来るみたいなのを嫌がってるんです、すごく。集団で来られて、「ウォーッ」みたいな、シュプレヒコール あげろーとかっていうじゃないですか。ああいうのをやられたら困るというので、そこを厳しくみてるっていうのがあるんですね。ま、そこはいいかと思うんですね。秩序維持というところ。そこを、パンクファッションだからダメなのかって言ったら、そこは違うような気がするんですね。で、内部規則をつくってるんですって言って、ただ記者が、あのー…コピーしてくれませんか？って言ったら、要はダメだって答えたんですね。それなら、個別に聞くけどってことで「Ｔシャツに反核のシンボル・マークが入ってた」らどうすんですか。「反核？うーん、核廃絶は自民党も言ってるし、国民的合意が得られているし、いいんじゃないか」なと。「しかし、そんなマークは知らなかった。一人で来たら見逃します」。こんな感じなわけで。**つまり、規定しちゃうので、細かく１コ１コ、判断しなきゃいけなくなっちゃう**。ただ自民党が言っていればいいのかとか、よくわかりませんけども、そこのところ。国民的合意が得られているシンボル・マークかどうかね、どこまで許容されるかですね。今の話に関わるのは、先ほどの写真に戻っていただいて、「９」というＴシャツを制限したんですね、最近。2018年。No.9というプリントのあるＴシャツを着た女性が参議院の委員会を傍聴しようと思って行った。ＴシャツはＯＫですよね。その、スローガンを掲げているＴシャツを気にするわけですね。No.9はどうなのか。衛視は、敏感に反応してダメだって言ったんです。ちょっと、字が小さくて申し訳ないんですけど。「９を付けているね。そのようなものを付けて入ることはで

きません」「どうしてですか」「ＮＯ　ＷＡＲとも書いているだろう」
「どうして駄目なんですか」「意思表示をしているものは駄目です」。
９は意思表示、つまり９条を守れという意思表示だと、勝手に判断
するわけですね。これ、あなたの判断がどうなんですかって話になっ
ちゃうと思うんですけどね。「ＮＯ　ＷＡＲ」とも書いてある。ただ
国民的合意で或いは憲法で戦争放棄って書いてあるけど「ＮＯ　Ｗ
ＡＲ」はダメなのかって言われたら、ちょっとどうかなあと思うん
ですね。意思表示しちゃダメなんだということなんですけど、ただ
反核のマークを知らなかったから、一人で来たら見逃しますよぐら
いの緩い時代じゃなくなっちゃっているっていうことですね、現代
は。で、押し問答。「１だったらいいですか」「１だったら大丈夫」「５
だったらどうですか」「５でも大丈夫」「ではなぜ９は駄目なんです
か」「意思表示をしているからです」。これですよ。９条を変えろと
か守れとかいうのは意思表示であるという、過剰な警護、警備をし
てるということですね。で、カーディガンを着て、Ｔシャツを隠せ
ばいいよって言われて、入ったと。そしたら、暑いからって脱ごう
としたら、着てくださいと迫られたと。つまり「９」を議員に見せ
てアピールするのやめてくれということですね。で、参議院の警務
部は、聞かれてですね、取材でしょうね。「職員のやり取りの中で
女性から「九条」という言葉もあったため、示威宣伝にあたると判
断した」。「九条」って言ったらその対象になるっていう。その会話
を聞いてたってことですね。Ｔシャツ関係ないと思うんですけどね。
会話じゃないですかね。だから意味を付与してる言葉がないと、わ
からないわけですけどね。「一条擁護の示威宣伝」はいいっていう、
ちょっとよくわからないということで、これ新聞記事になってるぐ
らいですから、どうなのかということですね。**過剰に読み込んでく
るということですね。その問題があるんじゃないかなってことです
ね。**はい、戻るとですね、持ち物の話も細かく決まってるんで、何
で持ち物ダメなんですかと。馬糞の話もありましたけど、**やっぱり
ですね、時代によってペンシル爆弾とか爆竹とビラを持ち込んだ事**

件があったから厳しくしている、そういうことやられるとやっぱり、規制しなきゃいけないということですね。先ほど言ったように、あんなピラピラのメモ用紙、膝や手の上で書けますか。そんなこと言われて、どうしようかという話になるわけです。

委員会は原則傍聴禁止

それから問題としてはですね、委員会は原則傍聴禁止なんです。法律上は。ただ、実際には今は議員紹介があれば傍聴できるとなってるので、申請するとできるんですね。じゃあ、法律で原則禁止してる意味はどこにあるのかという点。これはまだ残ってる問題ですね。**何故、委員会は原則傍聴禁止にしてるんでしょう？**…っと突然、問題を投げかける…どうでしょう？

受Y　つっこんで話するためじゃないですか？

末木　内容でってことですか？

受Y　そうそうそう。

末木　場合によっては秘密会もできるんですよ。

受Y　あっそうですね。

末木　秘密会にしますって言って、傍聴禁止できるんですね。なのでー、連続性で考えるとどうですか？…これ、帝国議会と今の国会は何が違うかってことなんです。何か違ってるのに、ルールがそのままになってるんですね。……そうするとですね、意外に知られていないというか、帝国議会は、読会方式というのをとってるんですね。読会制（**WB⑥**）。イギリス型なんですよ。日本の議場は今のような形で扇形なんですけど、英国とは違って向かい合ってないんですけど。本会議場で基本的に、第一読会から第三読会をやるという方式をとってました。つまり委員会は、特別な時に設置するだけなんですね。だから原則禁止にしていいわけですよ。**通常の審議は本会議場で行うの で、その傍聴は許すけど、委員会は別個に何か必要な時にやるだけなので、ダメなんです。**でも、今は違いますよね。**委員会制に変わっているわけです（WB⑥）。**委員会がメインで、本

会議は基本的には形式的な採決とか、賛否の討論はしますけど、そこで物事が変わるってことは基本的にないわけです。なのに委員会の傍聴を原則禁止としちゃってるわけですよ。そこはちょっとおかしいわけですね。つまり、過去のものを連続して使っているということの弊害ですね。結局、実態と合わないので運用上ＯＫにしてるわけですよ。ですけど、この先ずーっと、原則禁止、例外としてＯＫって続けるかどうかなんですよね。なのでこの委員会非公開っていうのが、象徴的なのかなぁって気がしますけど。**先ほど言った連続性ですね。それが、むしろ弊害になっているということの象徴的なところです。**ほんとうは変えるべきなんじゃないかなということですね。国会法変えればいいわけですから、国会法を変えるのは誰の仕事かというと議員ですよね。自分たちが、提案して変えちゃえばいいわけですよ。それすらやらないということなわけです。なので警務部は、それは警務部に言われても困るっていうわけです。当然そうですよね。今だと、国会中継やってるからいいじゃないかっていう、ネット中継とかテレビ中継とか持ち出されちゃうと、まぁちょっとありますけどねそれは。ただ、法律上本会議がＯＫで、委員会がダメだっていう理由はもうないんじゃないかなぁと思います。**それから委任関係を質問してます。**警務部長さんは、結局、口頭で、議長から委任されている。**ルールはといったら「帝国議会の「守衛長委任事項」を読み替えて執行して」いる。出ましたね、また連続性**ですよ。調べたら確かにあるんです、「守衛長委任事項」。戦前の『守衛必携』という職員が持つ手帳があるわけですよ。それが国会図書館にあるわけです。ネット上で見られるんです。それを見ると載ってるんですね。委任事項があるので、委任されてますよということなんです。この辺も誰もそういうふうにしてるとは思っていないと思うんですよね。

衛視さんと傍聴したい人②

で、社会党の議員さんたちは、傍聴体験ツアーを組んで、若い人に

協力してもらって、この格好だったら大丈夫かどうかっていうのをやってみようじゃないかと、くるわけですよ。６人の若者が挑戦。「コートの下のバッジを１０個はずされる。『必要ない』との理由。」すごいですね。必要ないもの外せっていう発想ですよ。確かに何でバッジつけているのかよくわからないけど、ただそれ自由ですよね。必要なものだけ持ち込めって、すごいですよ。逆転現象ですね。マフラー、手袋ダメ。マスクはカゼ引いてたからＯＫになったと。「タバコ、ライター、ディスコのメンバーズ・カード」（イラスト）。80年代バブルですね、これまさに。ディスコのメンバーズ・カードですね。はい。その他、右側にいってバンダナとかポケット・ベル。ポケベルですよ。80年代ポケベル？既にあったんですね。リップクリームダメ。「ジーンズの裾は『折らないでください』」。何か隠し持ってるんじゃないかってことですね。「規則づくめで官僚的」だと。「手続きの面倒さはモスクワ空港なみ」（笑）。この人モスクワ空港に行ったことあるわけですよ。すごいですね。「二度と来たくない」。「社会常識とズレてる」。これは千葉議員。そしたらですね、後日記者が怒られた、「人を試すようなことをするとは紳士的ではない」じゃないかと。試すんじゃないって怒られるんですね。今どうですかね、怒られるのかな。ちょっとわかりませんけど。ただこういうことしないと変わらないわけですよ。これで変わるんですよ、実際。(7)(8)（**Resume：p195**）は、申し入れで議員が議院運営委員会を通じて正式に要請したら、大学ノートはいいかなというように変わります。資料は申し出たら良しとすると。資料見ながら聴きたい審議もあると思うんですよね。それダメだったわけですよ。ビラと判別つかない

たばこ、ライター、ディスコのメンバーズカード

からとかって。それは、許可を求められたらいいよということですね…はい。で(9)番（**Resume : p195**）は、それとは別の動きがあって、一般市民が、「国会傍聴の改善を求める女性の会」っていうのつくっていて、その人たちの話が載っています。これもすごいですよ。長いカーディガンをはおったら、それはコートだから脱ぎなさいと咎めてきたと。ファッションを知らない衛視ですよね。「『これはカーディガンよ』と反論すると、『丈が長い。尻が隠れている』」。「『カーディガンの裾をたくし上げて結べば入れる』との妥協案」ですよ。ファッションセンスゼロですね。「そんなみっともない恰好、できるものですか」と、Ｏさんいいですね。こういう感じで言わないとやっぱりね。わかりましたっキュッ、なんてやったら、やったぞと。次もいくぞとなるので。結局押し問答したあげく、認めるんですね。特例として。結局「外套」って書いてあるから、そういうことするわけですよ。先ほどの規制、規定で。外套って書いてなかったらこんなことしないですよね。でも長いカーディガンを外套っていう解釈自体が、もうダメですよね。つまり外套着たまま室内に入ること自体がマナー違反じゃないですか。そこをもって書いてるはずなのに、何がコートかみたいなね、そこで躍起になっちゃってるわけですよ。なのでやっぱり、こういう規定を置いちゃうと、衛視の人は国民に対して、みっともないカッコでもしないと入場させないっていうことになっちゃうわけです。それから、これも問題だと思うんですけど、別のトラブルでは「これ以上ごねると紹介議員に連絡します」よ。「その議員は懲罰委員会にかけられますよ」って脅されたっていうんですね。だから先着順の傍聴に来る人を、少なくしておいて、議員に紹介させることを多くしているっていうふうにしてるとすると、実際してるんですけど、こういうことができるってことなんですよ。**あなた、紹介してくれた人に迷惑かけるぞって脅しをかけられるってことですから、責任 を負わせるって話ですね。**実は、さっき紹介した最初の段階のときに、その案が出てるんです。海外調査の結果、議員紹介の話で、そっちをメインにしようと。何

故ならば、これができるからですね。責任を取らせることができるから、コレをやるべきだっていう話が出てるんですね。**それを130年も経ってますけど、脅すわけですよ、そうやって使って。変わってないってことですね。その伝統も引き継いじゃっているということなんです。**これは酷いなぁと思います。なので、議員紹介を基本にしてるっていうのは、そういう理由があるんだろうなぁということですね。で(11)番が衛視のコメント。修学旅行生が酷いと。「オレだって好きでこんなとこ来てんじゃねえよ」、とかね。ガム、ベッみたいなね。そういう80年代の荒れる高校生ですかね。で、「個人的には服装の規則はいらないかな」と、やっぱり本音はそこですよね。規定があるからやってるけど、やっぱり普通の市民である側面を考えると、そこまでやらなくてもいいかなということなわけです。誰が悪いかっていうと議員が悪いですね。或いは議長が悪いんですよ。**内部規則を変えればいいのに、いまだに変えないから、衛視と国民が、困ると。現場が困ってますよね。**議場にいて審議している人たちは、そんなのはいいと。重要法案いっぱいあるんだってやってるわけですね。はい。傍聴ツアー再び。市民35人が押しかけたわけです。で一盛り上がってきて報道各社が詰めかけてきた。どうなったかというと、着流し、穴あきジーンズ以外はフリーパス。変わっちゃうんです。やっぱり。紳士的じゃないとか怒っているんですけど、**結局、皆の目に晒されると、ちょっとマズイかなぁってなるんですね。**ジーンズの裾の折り返しも何故かＯＫ。規則変わってないのに。運用が変わっちゃうわけですよ。折らないでくださいってってたのに。コートは何故か若者はダメで、中年女性はいいとかね、そういうふうなことも出てきちゃう。何故かＯＫになったはずの大学ノートを持っていったらダメと言われたりとか、そこは徹底してないんだと思うんですけど。相変わらずの手袋ね、「何で必要なんだ」と聞いてきたんでハメたら、「どうぞ」と。何なんでしょうねこのね…（笑）。「何で必要なんだ」と。今時高校でもやらないですよ、こんなの。ね、高校生、上着着てこいよみたいな、そうい

う指導はしますけど。何で必要なんだそれみたいなね、一度言って
みたいですけど、そんなことしないですよ。で、最後ですね。地方
への波及の話を何故書いてるかというと、やっぱり国政の場が変わ
ると、地方も変わるんですよ。**つまり、地方の傍聴規則は、国政の
ものを準用しているんですね**。だからやっぱり、衆参が変わらない
と、全国にバーッと変わらないですよ。そういう点でいうと、**やっ
ぱり衆参が変わる・変えるってことは重要なんだろうなと思うんで
すね**。…はい。ということで最後ですね、国会図書館の調査は、諸
外国で調べてるんですけど、やっぱり基本的には規則を緩和してる
と。服装規定を設けている所は殆どない。但し、テロとかあります
から、所持品に関する規制は各国でなされているという調査報告が
あがってくるわけです。そんなところで、やっぱり時代遅れの規制
をかけているという話ですね。紹介してきました 。

議会傍聴は熱い

さて、パワポの方の写真ですね。まだ紹介していないものが二つあ
りますが、そこを見てください。「日本の議会傍聴」の写真ですね
コレ。カラーにしていただいたのはこういう写真をと思ったからで
す。真ん中のですね白黒なので、わかりますか、真ん中。特定秘密
保護法案の可決に対して抗議の声をあげた人が「衛視に制される傍
聴人」って書いてある。制される、制止されたってことですね。ど
うみても制止じゃなくて退場させてますけど、わかります？一番下
の人は、顎を押さえているんですよ手で、右手で。大声「ワー」っ
て上げてるから。ガッと押さえてね。で両脇に二人いて、その二人
が身柄をそのまま、連れ去ろうとしていると。どこに連れていくの
だろうか。これちょっとまずいですね。これがもとの記事です。凄
いですよね。大声あげてその口を押さえられるって、大人になって
からそんなことされるっていうのは。最近、首相の街頭演説の時に
野次飛ばした人が、ガーッとね、警察に排除されて、過剰警護じゃ
ないかって言われて批判されてますね。その人は「首相辞めろ」っ

て言ってましたけど、「増税反対」って言った人も、ちょっと来て
くださいとかってひっぱられていって、大学生かな？で、戻るつも
りはなくて、店に入ったら、まだ入ってくると。ついてくるわけで
すよ。戻るんじゃないかっていって。それで店出たら、別の警官が
そこにいて、「まだいたのか」って言ってきたって。それは、こっ
ちのセリフだよ、なのにね。まだいたのかって言われるわけですよ。
凄いねっていうのに近いですね。これが現代の話でございます。声
をあげただけで、つまみ出されるっていうことですね。右下は、同
じ特定秘密保護法の時、2013 年。これはビラを掲げてしまったと。
ビラはダメだってことで資料でもダメだって言ってきたわけですか
ら、確信持ってやったってことですね。いいですね、周りの人の表
情もね、止めようっていう、やめてくださいっていうところと、後
ろの人が、ワーッてなってる写真ですね。先にビラを取り上げた方
がいいと思うんですが、身柄を確保しますね、衛視さん。ガッと手
を、掴んで…はい。そんな写真がありますので、今でもそうやって
ヒートアップして、傍聴人がそれはひどいじゃないかって言ったら
ね、三、四人で抱えて、連れ去っていくということになるわけです。
周りの人もね、あまり反応してないですよね。その記事みてもらう
と、周りの人はボーっとしてますから。ちょっと、シュールですよね。
大の大人が口を閉ざされて、連れていかれてるんですけどー（笑）、

周りが無関心。あーあ
の人、大声あげたから
しょうがないよねって
いう感じですかね。

受S　　はり手みたい。

末木　　どうなんですかね。

司会N　相撲だね。

末木　　コレなかなかいい報道
　　　　写真ですよね。

受　　　（笑）

末木　　傍聴に行くとこうなるっていう…。

受Ｓ　　吊り上げですよね、相撲の。

末木　　これね、ちょっと、暴力に近いんじゃないかと思うんですけど…
　　　　（笑）。

司会Ｎ　千代大海。

受　　　（笑）

末木　　凄いですよね。あと靴、投げ込んだ人いましたけど、有罪ですよね、
　　　　何だっけな、業務妨害…？

司会Ｎ　威力業務妨害。

末木　　あ、威力業務妨害。でも、この靴投げた人は、終わった後ですよ。
　　　　終わった後、こんな議会は―っていってやったのに、妨害っていう
　　　　わけですよね。終わっているのにって弁護団の人がネット上に記事
　　　　書いてましたけどね。不当じゃないかって。荷物制限したって最後
　　　　靴は、「脱げ」って言えませんからね。靴投げられるって、ブッシュ
　　　　大統領にイラクの人が投げたみたいなのは、ありますけど。どこま
　　　　で規制するのかなっていうことですよね…。

じゃあ何を着て許されるのか

一枚飛ばしていただいて、先ほどの、内部規則がある、コピーさ
せてくれませんかって言って、いやダメだって記者の人が断られ
ちゃったのがありましたが、えー…先日ですね、参議院に内部基準
を情報公開請求したんですね。傍聴人数を聞きたかったんですけど、
付随してどうかなと思って。衆議院は何も出してくれなかったです
けど、参議院はこれを出してくれました。なるほど出してくれるん
だと思ってちょっとビックリしましたけど。元は縦書きです。私が
横書きにしただけです（**資料：p294**）。どうですか？…80年代と、多
少違ってるわけですけど。…なかなか面白いですよ。よくよく読ん
でみると。ホットパンツとかね。

受　　　（笑）

末木　　ジーパン、モンペ。まずモンペが良くて割烹着がダメっていうのは

…。

受　　（笑）

末木　（笑）聞いてみたいですね、
　　　何で割烹着ダメなんです
　　　かって…。何でですかねコ
　　　レ。あれですか、小保方さ
　　　んのアレですか？

受　　あぁー。

末木　何かああいうイメージで、出てきちゃうと困るってことですか？あ
　　　のデモ行進みたいな、主婦が怒ってるぞみたいな（イラスト）。

受　　（笑）

末木　もしかしたらシンボルマークだからかもしれませんけどね。モンペ、
　　　穿く人いないと思うんですけどね。或いはセーターって当たり前の
　　　ような気もしますけどね。一応許可っていう。アロハシャツ、開襟
　　　シャツ、ノースリーブＯＫ。そうそうそう。まぁ、下着のみとかね、
　　　ダメなのね。下着同様の競技服とか。要するにあの皇居ランナー…。

受　　あー。

末木　皇居ランでそのまま来られちゃうと（笑）。

受　　なるほど…。

末木　ランニングシャツ等って書いてありますから。やっぱりその表示が
　　　ね、色々書かれてるのはちょっと困るということなんでー、まぁ、
　　　程々のところに落ち着いてるかなって感じしますけどね。依然とし
　　　て割烹着はちょっと光っちゃうかなと。

受　　（笑）

司会Ｎ　足袋ＯＫなんだ。

末木　足袋ね。あの、職業差別できないからね。

司会Ｎ　なるほどね。

末木　だから宗教とか、作業着とか、規制できなくなっちゃって。

受Ｙ　看護師服とか、ほんとに看護師じゃない人着てきちゃってコスプレ
　　　みたい…。

末木　　いいってことですよ（笑）。いいってこと、そうそう、白衣着て、コスプレして、医者と、看護師みたいなのでも。

受　　　（笑）

司会N　下駄はダメで、草履がＯＫなんだ。あれっ、幕内力士って…。

末木　　あぁー。

司会N　で下の人が。

受Y　　下が草履じゃない？

司会N　下がせった、雪駄だっけ何だっけ？

末木　　うーん？

司会N　その場合逆転すんの？

末木　　ですよね。入れないってこと…（笑）。

受Y　　ほんとだ。

末木　　多分うるさいんじゃないですかね。

受Y　　カランコロンいうし。

末木　　下駄は。静粛がやっぱり…。

受Y　　固いから危ないみたいな。

末木　　（笑）そうそうそう、アレ投げられちゃったらね…。

一同　　（笑）

末木　　さすがにマズイから。

司会N　そうなんだ。

末木　　そうなんです。帽子は結局規制に入っちゃってるんで、だめだって言わざるを得ないんですけど、ただ、脱ぐことができない宗教上の理由とか、あと、時々いますよね、ちょこっとこう乗っけてる帽子とかね、婦人帽子…。

司会N　JUJU でしょ、ジュジュ…。

受　　　（笑）

末木　　これもう無理ですよね。程度の問題になってくるから、小型がよくて大型がダメっていうのもね、ダメなんて言えないですもんね。襟巻はダメとかね、これ参議院は襟巻をダメにしているんですよ。衆議院は書いてないんですけど。そのために襟巻はダメなんです、た

だスカーフ、とかね、結局ダメなの？って言われちゃうんで、いいですよとせざるを得ないですね。サングラスとかね…ということで禁止のものを、まだ手袋は禁止しているわけですね。手袋ダメだと。ワッペン、バッジ。バッジを取り外すのはこれですかね。何かデモンストレーションしようとしてるんじゃないかっていう疑いがあるということなんだと思うんですね。携帯品も種々書いてあります。眼鏡がいいとかね、当たり前っていうか、どうしろっていうのかわかりませんけどね…。

司会N　コンタクトつけて。

末木　コンタクトしてこいみたいな…。ティッシュペーパーとかね、試験の時のカンニングみたいな感じで疑ってるわけです、色々（笑）…はい。ただ、依然として資料類が持ち込めないんですね。だから何か読みながら、あの議論どうだったかなぁとかって、普通、委員会でも本会議でも、専門的なことやってますからね、それ確認したくても、許可を求めればいいんでしょうけどね。先ほどの話がありましたからいちいち許可を求めなきゃいけないのかな、というところはどうかなっていう気はしますけどね。絵の具、塗料、薬品、刃物とか、規制にその辺は残るかなぁって気がします。印刷物を、どこまで禁止するのかですね。もちろん携帯電話ダメなんで、スマホ見ながら聴くこともできないわけですけどね。新聞雑誌は、議員もダメだってなってますので、議場で読むなって書いてありますから、それに準じてだと思うんですけどね。ただやっぱり新聞見ながら、あの議員はどういう発言するのかとか、知りたいところですけどね。その辺どうするのかなというところはありますがー…はい。**そんなわけで、今やその基準を、ちゃんと開示してくるということなので、一歩前進という気がします。ちょっと面白いですけどね。**ということで16時になりましたので、ここで休憩を入れた方がよろしいですかね…。

司会N　何分、にします？

末木　どうしますか？…15分ぐらい取りますか？

司会Ｙ　　じゃあ 15 分取りますか？

末木　　　はい。

司令Ｙ　　16:15 開始で、お願いしまーす。

末木　　　はい。お願いしまーす。

・・・ 休憩 ・・・

司会Ｎ　　なんでこう靴べらクツべらって書いてあるのＯＫなん、靴べら？ク
　　　　　ツベラ何に使うの、むしろ？

受Ｙ　　　（笑）たしかに、脱ぐのか靴をっていう…。

受　　　　（笑）

末木　　　あっそうですよね、脱ぐこと前提ですよね。

司会Ｎ　　これいらなくね？、まいいんだけどさ。あと常時使用する薬って何？
　　　　　発作とか起きる人？

末木　　　あ、そういうことでしょ、たぶん…。

司会Ｎ　　じゃ発作とかじゃない人、風邪薬とかはダメだってこと？

末木　　　…あぁそうか薬品ダメってしてますからね、そうそうそう…うん。

司会Ｎ　　そういうことか。

末木　　　まぁ理由聞くってことですね。何故持ってんですか？って…うん。っ
　　　　　ていうことですよ。懐炉、使用中のものとかね。懐炉っていうんで
　　　　　すね。まぁ昔からあるからねカイロ。

受Ｋ　　　カイロ、漢字でこうやって書くんだ…

末木　　　そう漢字で書いてある…使用中のものってだから…。

司会Ｎ　　開けてなきゃダメってこと。

一同　　　（笑）

司会Ｎ　　なるほどね（笑）。

末木　　　（笑）何なの、何なの。

受Ｙ　　　使い始めましたー今！って（笑）。

司会Ｎ　　そっか。

末木　　　そうそう。

受K　積み上げ、積み上げなんですよね、多分。過去の積み上げで…。

末木　あそうそうそう、そういうことですよ。文句言われたんで、それじゃ切符はいいですよとかね。

司会N　現金いらねぇだろ。現金いらねぇよな。

末木　（笑）取り上げたらマズイでしょ。

司会N　あぁそういうことか。

受Y　なくなったりしたら揉めちゃう。

末木　揉めちゃう。

受Y　っつうか証券持ってこないでほしい…。

司会N　っあ取り上げるかどうかってことか。

末木　そうそう。

受Y　ロッカー？

末木　ロッカーに基本的には預けろって言われるんです、荷物は。

司会N　あそっかそっか。

末木　ただコレは大事なものなんでとか言われた時に、やっぱりいいですよって言うってことですね。

司会N　望遠鏡類に双眼鏡は入るの？

末木　えっとオペラグラスは、別個にカウントしてるんですよ、だから、やっぱり見たいので、持ち込みたいんですけどって言ってきたら、随時許すみたいな…。

司会N　あ、そうなんだ。

末木　うーん、そうなんですよ。オペラグラス急に出てくる。

司会N　望遠鏡ダメなのに。

受Y　へぇー…「類」、「類」の中にじゃあオペラグラスは入んない。

司会N　なるほどね。

末木　オペラグラス…平成31年にオペラグラス1とか、ね。資料なんです。これを請求したんです。これ衆議院かな？杖二人とか…。

受Y　へぇー…やっぱ今は補助犬もいいんですね。

末木　そうそう。車いすとかー。

受Y　うんうんうんうん。

3. 近現代日本の政治参加　―日本の有権者は１００年の眠りから目覚めるか―

司会Ｎ	何で望遠鏡ダメなの？デカ過ぎるってことかな。
受Ｋ	兇器になり得るってこと。
司会Ｎ	あぁー。
末木	投げ込まれたらやだ。
司会Ｎ	でもオペラグラスだって同じだよな。
受Ｙ	そうそうそうそう、狙い定めて投げれる、消防団服の人行ってほしいですね、座っててほしいな。
司会Ｎ	（笑）
受Ｋ	これも変だよね、実はね。
受Ｙ	変。いやいいでしょそれ着なくてっていう…今なの？っていう…（笑）。
末木	これでもね、皆知ったらこんなの要らないってなるでしょうね。
受Ｙ	ノースリーブとホットパンツ組み合わせちゃった人とか。
一同	（笑）
司会Ｎ	それってあれ。
受Ｋ	組み合わせはまたあれなんじゃない、別の議論なんじゃない、単体なんじゃない？（笑）。組み合わせは別ですっつって（笑）何万通りも…。
受Ｙ	もう下着ですみたいなっちゃう…。
受Ｋ	そうそうそうそう（笑）。
司会Ｎ	そっかアロハがいいってことは、かりゆしＯＫだよな？
受Ｙ	まぁ、そうかもしれない。かりゆしとホットパンツとか（笑）超ヤダ。
受	（笑）
司会Ｎ	でしょモンペってアレでしょ？あのファッションとして着る人がいるんでしょ？もう、今。
末木	あっそうなの？へぇー…。
司会Ｎ	たぶんそうだよね女性…いない？素敵なモンペみたいのないんだっけ？
受Ｙ	きっとそれはモンペではない。他のカタカナの名前の…。
司会Ｎ	んあぁーでも、でも一応それモンペでしょ。
受Ｙ	いやモンペではない（笑）。

司会N　あっ、ではない。っあそうなんだ。

司会Y　でもまぁフランス人が穿くとか、きく…。

受Y　でもモンペではないんじゃない（笑）。

司会N　あぁーそうなんだ。

受Y　サルエルパンツみたいなやつじゃない。

司会N　あぁー。

末木　サルエルパンツ？…ファッションセンスが。

司会N　この基準表スゲェ面白いな。

末木　ね、

司会N　なるほどね。

かりゆしとホットパンツ

…

受Y　なんかちょっとこのメンバーで、ギリギリを狙う、傍聴に…（笑）

受　（笑）

以下略

講座２日目

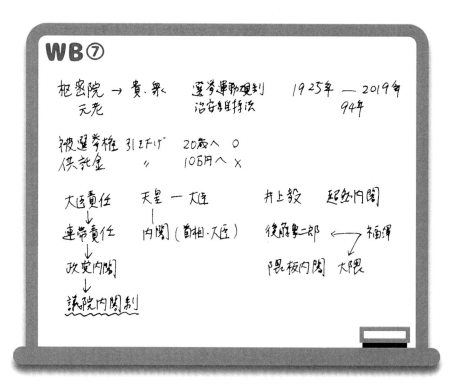

WB⑦

枢密院 → 貴・衆〈　　選挙運動規制　　1925年 ― 2019年
　元老　　　　　　治安維持法　　　　　94年

被選挙権 引下げ　　20歳へ　○
供託金　　 〃　　　10万円へ　×

大臣責任　　　天皇 ― 大臣　　　　井上毅　　超然内閣
　↓
連帯責任　　　内閣（首相・大臣）　後藤象二郎 ⟵┐福澤
　↓
政党内閣　　　　　　　　　　隈板内閣　大隈
　↓
議院内閣制

声をあげなければ変わらない

末木　では、後半を、再開というか、後半をはじめたいと思います。服
　　　装に関してはまだ、そもそも規制するかどうかも含めて、改善の
　　　余地があるかなぁという感じがしますけれども、それぐらい、規
　　　定を置いていることによって、衛視の人は大変だし、国民の方も

制限されると。たぶん多くの人は知らないと思うんですね。傍聴に行かないと思うので。そうするとまた変わらないっていう悪循環じゃないかなぁって気がしますけどね。普通どこに行ってもそんなに服装で、いいか悪いかって言われるところってあまりないと思うので、テロ対策とか、治安維持とか、それぐらいではあるとは思うんですけど、それ以上の服装規定ですので、この辺はやっぱり主権者は、臣民じゃないぞという自覚が必要ですね。臣民だったら、押し付けられてもまぁしょうがないかなぁっていうところは多少あるかもしれませんけども、その時代の感覚を、引きずっているんじゃないかなぁと、その点は問題かなと思っています。ただ、みんなが働きかけなければ議員も、そんなところに時間かけるわけにはいかないというところは言えるので、こういう市民の側がツアーをするっていうので変わるぐらいですから、**やっぱり声をあげる、或いは指摘されるとか、そういうことがない限り変わらないのかなというふうに思います。**さて、それでですね、先ほどの、パワポのところ。一枚飛ばしましたけれども、参議院の服装の前のところですね。その他色々問題があって、例えば杖がダメだっていう規定がありましたけれども、じゃあ障害を持っていたり、障害は持っていなくても、怪我して杖を使うとか、そういうこともあり得るわけです。そうなってくるとやっぱり、まだ規定に杖が入ってますから、どう規制するかですね。やっぱり、個々人の事情に配慮しなければ、不当な制限になりますので、記事の一番右のところは衆議院や愛知県議会が、傍聴時に、白杖っていうのかな、白い杖を制限してることはどうなんだろうかと。投げ込まれること警戒してるんですけども、ただその人にとっては必要不可欠というものを取り上げるっていうこと自体が、憲法上も大丈夫なのかどうかっていう懸念があります。**で基準がまちまちであると。参議院はOKだけど衆議院は×とかですね、そういうところも何故そうなるかってところですよね。問題があると。**真ん中はですね、国会の子連れ傍聴。これ、保育園の待機児童の

問題で、ブログの〝保育園落ちた日本死ね〟みたいなのありました
よね。あれがきっかけでバーッと、国会に傍聴に来る、子連れの人
が増えたようで、子供を連れて行ったらダメって言われちゃうわけ
ですね。一応児童っていうのは何歳なのかということがあるので、
従来の運用規定は10歳って規定を置いてたのかな？ 10歳未満です
ね。それがダメだって話なんですけど、10歳未満でも小学生いま
すよね。じゃあ、小学生で7、8、9歳の小１から小３の子はいけな
いのかということになって、それを見直しましょうって話になりま
した。この辺は、衆議院も参議院も、変化があるということ、つま
り今まで子どもを連れてく人がほとんどいないわけですよ。そうす
ると変わらなかったけど、こうやって興味関心があって、国会でど
ういう議論をしてるのかと。待機児童に関してどう手を打ってくれ
るのかとなるとやっぱり変わってくるということですね。地方議会
の中には、もっと小さい子連れてきても親子で傍聴できますなんて
スペースをおいてるところがあります。それは沖縄県なんですけど。
そんな配慮も、県レベルだとしてるところもありますので、まだま
だ、国政も配慮できるところはあるんじゃないかなぁということで
すね。なので先ほど言った通り、声があがると変わるっていうこと
の典型例ですね。

座席分類は必要か

左側はですね、**一般傍聴券30枚だけ**。東京新聞がこの傍聴問題は
記事をいっぱい書いているんで、東京新聞だらけですけど。これは、
秘密保護法の時の話ですけれども、そうじゃなくても、普通一般傍
聴券をほとんど出さないんですね。30枚っていう規定があるから、
30人以上来た場合はダメだと。**議員紹介優先なんだということで、
空いてても入れないという運用をしてます。この運用のやり方は、
問題なんじゃないかと思うわけですね。**つまり座席分類がまだあっ
て、「厳しい」って井上毅が言ってた座席分類がまだあり、そして
尚且つ一般の人が、詰めかけてきた時に拒む、ですね。そういう運

用をしてるということなんです。7ページですね（表2・3）。この、戦後の傍聴の座席分類というのを見てください。…先ほど第二議会・第三議会のところで、どういう割合で人が来たかって紹介しましたけども、衆議院の、座席分類上の上限席数が真ん中下にあります。外交官30、参議院議員41、公務員90、記者席111、公衆席415。これは、電話して聞きました。衆議院に、傍聴人数の座席別の日計簿を請求した時に、人数がわかるわけですけれども、ただ上限人数がわからないので、上限は何人ですかって電話で聞いた数字がこれです。そうすると割合としては右側ですね、上限席数の割合。外交官が4%ぐらい、参議院議員が6%、公務員が13%、記者が16%。公衆席が60%ぐらいですね。687という数字が出ると思うんです。でこれは、立ち見もできますので、実際にはもっと入りますといわれますけど、一応席としては、長椅子なんですけどね。一人分はこれぐらいって想定すると687人分の席があるということなわけです。で一行って確認しましたけど、さっき言ったようにですねーこの、議長席に向かってるところ、ここが公衆席です。公衆席（**WB⑥**）。最初は三人しかいませんでしたが、ここに座ってくださいとか通されるんですね。紹介の人たちは、そうじゃないところに座るんですけど、だんだん席がなくなってくると、詰めてくださいって言って座ってます。記者は、このカメラ台があるところですね。ここにこう座るわけです。左右に座席が更にあって、右側が外交官席です。先ほどの、30席の外交官。で左側に参議院議員席と、公務

表2 上限席数 　　　　　　図3 上限席数割合

	上限席数
外交官席	30
参議院議員席	41
公務員席	90
記者席	111
公衆席	415
	687

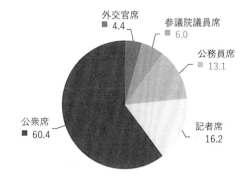

員席があるんです。ここは短時間席ってのがあって、衆議院のデータ上、短時間席を使ってる形跡はないんですけど。一応、15分単位で、切り替えると。いっぱい来ちゃったんでそこに通して、15分になったら次の人と交代してくださいみたいな席を用意しているということなんですね。公務員。 昔の官吏席ですね（**WB⑥**）。私が行った８月５日は、左側は０。右側の外交官席に、何人か座ってました。で短時間席０。ここの公衆席にさっき言ったように100人はいないぐらいかなって感じですね。それで30、41とかって、どういう数字なのか、そんなに微妙な１っていう数字がどこから出てくるのかわかりませんけど。私の目視だと、９人ぐらいしか横並び、座れないんですね。とすると、掛け算としてはあうんですけど。規定があるってことです。はい。では、実際に来てる人たちは、どのぐらいなのか、一日平均傍聴人数の割合。まず数字上は、真ん中の上のところです。外交官 8.5 人、参議院議員 0.6、公務員 11.7、記者 44.3、公衆席が 126.2。平均すると 191.3、という数字です。これは明治期の最初の頃の 400 人とか 500 人というデータからすると、やっぱり少ないですね。初期議会のころは盛り上がってたんだなってことがわかると思うんです。衆議院の席は変わっていないですから、分類がね。ですから、ずーっと連続性でみて構わないわけですけど。600、700 の上限に対してそのぐらいの人数ということですね。初期議会がいかに盛り上がってたのかというのがわかると思

表3 2014-2018 議席分類別１日平均傍聴人数

	1日平均
外交官席	8.5
参議院議員席	0.6
公務員席	11.7
記者席	44.3
公衆席	126.2
	191.3

図4 2014-2018 議席分類別１日平均傍聴人数割合

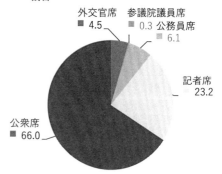

います。そしてその割合ですね。人数が、表になっていて、割合を
示したのが右側です。そうすると外交官席4.5%、上限席数とほぼ同
じぐらいですね。参議院議員席が0.3%で公務員席は6.1%なんです
よ。全然座ってないわけですよね。で多いのは記者と、公衆席。問
題は、何でこんな上限を、参議院議員と、公務員に用意するのかで
すね。私も行った時左側は空なんですよ。調べると、法案が最後通
りそうな時に、公務員が多く座っています。見届けるということで
すね多分。自分たちが関わった法案を、最後本会議場で可決って時
に見届けるっていう役割だと思うんです。人数がその日だけポッと、
常に何人もいるんじゃなくて、ポッといっぱい来るみたいな。それ
で平均が、11.7って感じですかね。10人ぐらいがいつもいるって感
じではないんです。これはですね、どうなのか。先ほどの明治のグ
ラフと合わせて見るとわかるんですよ。それが次のページです。さっ
きの1コ前のグラフが、左上（図3）と真ん中（図4）です。で、右
側が明治の第二議会と第三議会（図2（p215））ですね。上限席数の
割合が、第三議会の、傍聴人の実際の割合とほぼ同じなんですよね。
この時は貴族院ですけど、他の議院の議員と公務員。6%、13%。第
二議会はもっと少ないですけどね。その設定なんですよね。**つまり
戦前の感覚で上限を決めていて、それをずーっと変えてないってい
うことですね。今はこんなにいらないわけですよ。実際に来てるのは、
半分以下ですから。**だとすれば、いらないですよね。座席分類する
必要がないわけです。で、なぜ問題かというと、さっき言ったように、
一般公衆で、議員紹介を受けてない人は30人しか入れないんです
よ。30枚。ほんとうは、上限が415なのに。議員一人につき一枚の
議員紹介席の傍聴券を出せますので、そうすると全員が出すと、も
ちろんオーバーしますけどそんな人いないわけで。400もあって、30
ですよ。運用として。つまり左側全部空いていても入れないってこ
とです。分類してるから。ここで30人入れて後は終わり。短時間席、
ちょっと使っているのかどうかわからないです、データ上出てこな
いんです。そこに押し込めているんですね。**だから、必要であるな**

らば、左側は要求があったら使わせると。公衆席にしておいて或いは特別枠っていって参議院議員席の40ぐらいを、常時空けておくということをしておいて、後は開放すればいいですよね。外交官は外国の人なので、やっぱり、来た時に席がないのは困るので、そこは使わせていいわけですよ。だからその、左右の両奥だけ、確保しておいて、後は開放してしまえば問題ないわけですね。

30／400の何が問題か

受K　これ…

末木　つまり、警備上の理由。

受K　はい。

末木　とかって言ってる…。

受K　理解、したいんですけどー、

末木　はい。

受K　ごめんなさい、あの公衆席が、上限400席って要は、400のうちー、30だけ一般に割り当てられていてー

末木　そうですね。

受K　で、その30は常に窮屈っていうか、あのー、もう上限いっぱいってことですか…？

末木　えーっと。

受K　何かそこまで状況が理解できなくて…、

末木　…場合によってってことなのかな、

受K　あー…

末木　そんなに来ないんですけど、来たい人は基本的に議員紹介で来るんですけどー。

受K　あっ、現状は、何でしょう、例えば、私が行きたいですと。そうしたら行ける？

末木　そうです。

受K　行ける。

末木　私がそのー。

受K　行けるってこと…？

末木　8月に行った時にー、

受K　あぁ、なるほどそれは30席割り当ててっていうのがー、柔軟に運用されてるってことですか？みんなその30人もいないってことですか？行きたい人がー、

末木　いないってことです、そうそう。

受K　あぁー、なるほど。

末木　たまに秘密保護法とか安保法制とかでワーって行くじゃないですか。その時に、断られちゃうってことです。

受K　あー、みんな行きたいと思っているのに、あっそういう時が、特に問題ってこと。

末木　そうです。議員紹介を受けるってことを知らずに、そのまま行ったら、傍聴できるでしょと思ってワーッて行くじゃないですか。

受K　はいはいはい 。

末木　その時に　いや30までしか出してないからダメ、先着順で終わりっていうふうにしちゃう…。

受K　なるほどな、なるほど。**じゃ行きたい人が行けない状態っていうのはー、特定のそのテーマとかの時にー、まさに起きうる…**

末木　そうです、そう。

受K　そこは、問題だっていう…

末木　そう、そういうことです。

受K　はい了解、はいわかりました。

末木　だからまぁ、傍聴人が、公衆席はいつも、30枚を求めて、

受K　ふーん。

末木　先着順で争ってる、裁判傍聴みたいな感じではないです。

受K　ふんふん。

司会N　**原理的な問題としてはー、本来は分類がある必要はないってことだよね？憲法的に考えると。**

末木　そうです、そうです。そうそうそう。

司会N　キャパシティの問題として、上限を設けるのはしょうがないかもし

　　　　　　れないけどもー、

末木　　　はいはい。

司会Ｎ　　そもそものハコの。

受Ｋ　　　ふーん

司会Ｎ　　だけどそれ以外の、分類をそもそも設定するのが、ほんとは、日本
　　　　　国憲法上は　変じゃないかって話…？

末木　　　そういうことです。最初の議論でさえも、そんなのいらないと思っ
　　　　　てる人たちはいるわけですよ、国内組はね。

受Ｋ　　　ふーんふんふん…

末木　　　だけど海外見てきて、イギリスではこうやってるぞとかね、いうの
　　　　　で、じゃあそうしましょうかと、いうことでやってるだけなんで、
　　　　　最初 …。

司会Ｎ　　帝国議会ってことだよね、その時はね。

末木　　　そうそう帝国議会ってこと…。

司会Ｎ　　だから今とー、国会の位置づけがまぁー。

末木　　　全く違う、そう、そうです。

司会Ｎ　　そもそも違うし国民の位置づけも違うのにという—、

末木　　　そうそう、そういうことです。

受Ｋ　　　もう一つの、ポイントとして、議員紹介を設けているってことが問
　　　　　題だっていうことなの…？

末木　　　結局そのねー、

受Ｋ　　　公衆席の分類って…

末木　　　あの脅しかけられるわけですね、議員紹介でー、責任負わせるみた
　　　　　いなこと出来ちゃうのでー、

受Ｋ　　　**もし議員紹介という、運用ルールを無くせば、公衆席が、415 に対
　　　　　して、少なくとも 30 に制限されることなくー、**

末木　　　そうですね。

受Ｋ　　　**えーっとー、より、出たい人が出れるようになるっていう。**

末木　　　そういうことで。

受Ｋ　　　こともある。

末木　そこにもつながってくると思う…。

受K　ですよね。

司会N　で議員紹介って根拠は、何なの？国会法？どっかにあんの？

末木　議院規則。

司会N　議院規則の中に書いてある。

末木　運用上ってことだからね、法律上じゃないです。

司会N　だからそれも戦前からつながってる。

末木　そういうこと、そういうことです。

司会N　なるほど。

受K　なるほど。

受Y　この議員紹介はどのぐらい気軽に出してくれるもんなんですか？ある程度ほんとに知ってる、ほんとに身元知ってるよみたいな人しか出さない…。

末木　基本的に地元のー、後援会の人とかー、

受Y　後援会の人、ふーん。

末木　あとまぁ関係団体の人でー、

受Y　ふんふんふん

末木　尽力した人たちが行きたいんですけどっていう、その党として、じゃあ出します、みたいなやり方ですね 。

受Y　うーん。

受K　なるほど、はい。

末木　だからまぁ、議員としては多分、興味あるんだったら言ってきてくれみたいな感覚だと思うんですね、多分ね。いつでも出すんだから、そんな30とか並ばなくたっていいんだって思ってると思うんですけど、そういうことを知らない人からすると、行った時にダメですって言われちゃうっていうことを続けてるっていうことですね。実際にはそんなに普段、いないんですけど。私の時も3人とかそんな感じですけどね。なので連続性の問題というのは、座席分類のところですね。議員紹介と、一般の先着順というところの区切り。公衆席では一緒ですけどね。それを設けているというところ。

地方議会と比べると

じゃあ、地方の議会はどうかというと、議員紹介を設定してる県も
ありました。都道府県議会のデータは、都議会しか載ってないです
けど、４７都道府県で、議員紹介を席として分けている、この席は
何人って決めてる県はどこかなって調べたらですね、えー…東京
都。広島県。福岡県。三つ。あとは設けていないです。何か特別な
理由の時の特別席みたいなのを用意してる都道府県とかはありま
すけどね。その必要性を認めてないというところですね。ですの
で地方議会の方が進んでいる。連続性がないからだと思うんです
よね。戦前は、地方自治じゃないですから。内務省がガッと上か
ら押さえて、行政をやってましたので。それが戦後、地方自治に
なるぞ、っていうことで、自治体の議会が必要になって、もちろ
ん戦前から議会ありますけどね。位置づけは変わって。という中
で、柔軟に変わるところもある。先ほど言ったように、衆参のルー
ルを準用してる都道府県とか市町村の議会が多いので、やっぱり
最後、衆参のところで変わらないと、服装規定とかですね、変わ
らないっていうのがあると思うんですね。議員紹介は三つですけ

図５　都議会傍聴人数の推移（一日平均）

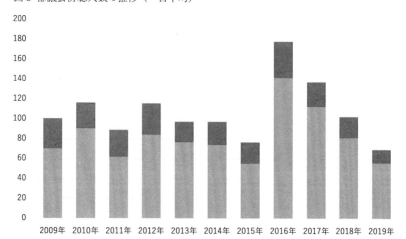

■都・一般　■都・議員紹介

ど、例えば異様な服装をしないことっていうルールを傍聴規則に入れている都道府県は、30 ぐらいなんですよ。４7 都道府県のうち。またいっぱいあるんですね。外しているところはもういらないと。つまり議論して、見直してなくしてるっていうことですね。つまり、もっと細かいのを書いてあるってことです。スローガンが入ってるのはダメだとか。そこにもう一文で異様な服装するなっていうのが入ってくるかどうかのところが違っているってことですね。**都道府県議会から、変わりつつあって、国政はまだまだ変わっていないという感じです。**さて、傍聴人数ですね。都議会と衆参と比べるとどうなのかということです。都議会もやっぱり議員紹介をやってるんで、わけてはいますけど、ただ一般の傍聴者が多いですね。多いときは 180 人近く（2016 年）、いってますけれども（図5）、それを合成したのが右側（図6）です。東京都が緑（Ⓐ）、参議院が赤（Ⓑ）、棒グラフが衆議院（Ⓒ、Ⓓ）です。衆議院は圧倒的に議員紹介が多いわけです。だから、一般の先着順のところは平均値で 10 人ぐらいですよね。普段の運用は 30 枚までで十分だっていう判断になっちゃうわけですよ。**そうすると、結局、国政なのに、東京都に抜かされちゃってる年もあるわけですよ。規模が全然違うのに。**

図 6 都議会と衆参の比較

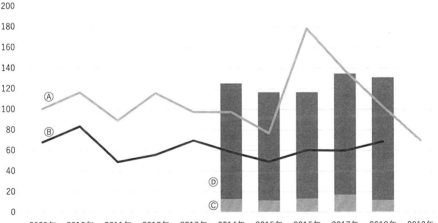

2016年と2017年。運用上もっと広く入れるようにすれば、変わってくるんじゃないかなぁということですね。さっき、東京都は、議員紹介席を設けてるって言っちゃいましたけど、議員紹介の仕組みはあるけど、席は設けていないんですね。すいません。だから比べているんです。なので、用意してる特別席があって、そこは前議員の人が座れるとか、そういうことをやってる。特別席はあるんですよ。なので、広島と福岡。っていうことなので、都議会がそれだけ注目されてるっていうことなのかもしれませんけれども、衆参ともに傍聴人数が低調かなと思います。**注目している法案をみんなが聴きたいって時は、どうぞどうぞ来てくださいと、政治参加を促すという意味でね。むしろ、歓迎すべきじゃないかなと思うんですけども、あまり近寄らないようにしてると。行ったら、服装をチェックされて、嫌な思いするとかね、そういうところは、好ましくないのではないかなぁと思っております。**

まとめ

そんなわけで、7ページですね、まとめてます。

> ## まとめ
>
> 1　傍聴に関しては、戦前と戦後に連続性がある。憲法が変わっても座席分類や厳しい服装規定などが依然として残っている。
>
> 2　座席分類の上限数が実態に合っていない。<u>他議院議員席と公務員席は割り当てが過大</u>。一般の希望者が他分類席が空いていても入れないのならば、公衆席に割り当てるべき。
>
> 3　衆議院は一般よりも議員紹介を優先しているため、一般を優先する都議会の傍聴者が衆議院より多い年すらある。
>
> 4　国民（主権者・有権者）に議事を公開して情報を提供することよりも<u>秩序維持が優先</u>されている。
>
> 5　<u>「異様な」</u>服装を禁止するが、判断基準が非公開であり、衛視の「常識」によって決まる。<u>恣意的な判断が可能</u>になっている。

さっき言った通りが多いですが。座席分類、服装規定、それから上限ですね。特に、他議院席はいらないんじゃないかなと、公務員席も。もし設定したとしても、希望者が多ければ開放するとか、そういう運用で十分、回していけるんじゃないかなぁということなんです。おそらく秩序維持だと思うんですよね。あまり何人も有象無象が来ると困るという本音があるから、30人の人数制限になるのだろうなぁと思うんですね。だから主権者扱いしていないってことですね、いまだに。臣民だろみたいな。だから服装もこっちから言うぞっていってるわけですよね。で、先ほど訂正した通り3のところですね。都議会は一般を優先してると。そうするとやっぱり、人数が多くなって、それだけの要因じゃないかもしれませんけども、そんなことも言えるんじゃないかなということ。そして最後のところです。何度か言いましたけども、やっぱり議長のレベルで変えられるものとか、或いは法律ですと、議員が変えられるわけですから、そこは、自分たちの仕事としてやるべきじゃないか。特に議院の自律性が尊重されてるからこそ、皮肉なことに変えなくて済んじゃっているわけですね。他から言われないわけですから。最初のところで話したように、**議院の自律性を重視したことが、例えば女性の傍聴を可能にしたっていう要素があるんですね。原則を重んじましょうと。その伝統は良い伝統だとは思うんですが、むしろ逆に作用することもある**と。もう変えたくないなぁと、面倒くさいなぁと、優先順位低いぞとなると、ずーっと変わらずに、憲法の趣旨からすると全然違うはずなのに、連続性を保っちゃってるということですから、これはやっぱり外からあれこれ言われたくない要素なんですけど、自律性ですから。自分たちがちゃんとやるべきことですよね？ただ現実としては世論が盛り上がらないと、或いはメディアがちょっとコレはーとか言わないと、動かないので、変えてもいいのかな。**特に130年前ですから、130年ぶりに改正が必要な分野じゃないかなぁというふうに思ってます。**

情報公開請求－これからに向けて

というわけで傍聴の話は、最近、情報公開請求をして、衆議院と参議院にありったけの傍聴人数がわかるものを請求したんですね。衆議院は、保存しているのが５年。さっきのデータありましたよね。あの年数しか出していないんですよ。保存年数が、限られているので、2014年からの５年間はあるけど今年のも出してくれましたけど、あとはない。記録がないんです。人数自体の大枠は、衆議院の歩みという冊子がありますから出てるんですけど、座席分類ごとの人数はわからないわけですよ。結局出してくれないと。だから確かめようがなくなっているというってことですね、５年分以外。それに対して参議院は、全然返事が来なくて、本当は、30日以内に返答しなければならないということで、30日で返答できないと、通知が一本来て、もう一か月延ばしますっていって延ばすんですね。そうしたら、電話がかかってきて、「調べたら、第一回からあります」って言うわけですよ。参議院の方、調べてなかったんでしょうね。最初は昭和52年ぐらいまであって、「すべてって言うんで調べましたよ」みたいな、ちょっと半ギレされて（笑）。

受　　（笑）

末木　何年あるかわからないから「すべて」って書くしかないじゃないですか。衆議院は５年って言われたから「あっ５年しかないんだな」と思ったら、参議院は返事遅くて返ってきたら、「いっぱいありますよ、どうしますか？」みたいになって、で「とりあえず一部だけでも出してくれませんか」って、要は比較したいので、５年とか10年分を出してくれればそれでいいんですけど、「そんなことはできません」って最初…そうキレられて、「あっそうですか」って言ったら、多分上司と相談したんでしょうね。結構待たされたので、三か月ぐらい。さすがにちょっとと思ったらしくて、とりあえず昭和五十何年の分までは、出しますっていって、いま手元にそれが来てます。ただ、戦後ですから、参議院は。残りの昭和20年代から50年…30年分はまだ、来てないわけですね。あまりいらないかなと

思うんですけども（笑）。ただ、保存しておく運用変えられちゃうと、5 年保存とかに変えられちゃったら参議院も捨てちゃうので、ちょっと…お金かかるんですけどね。請求しようかなと思ってます。引っぱり出してきたら保存状態が悪いので、「コピー取れません」とかって、「写真で撮りましたのでー、どうですか」って。読み取れないわけですよ。そうすると写真だとカラーにすると読み取れますけどお金かかります。そういうことやっていますけどね。…まだ、返事はもらってないですけど…。で先ほど言った 地方議会の、都議会とか、いくつかの議会には請求しました。やっぱり 5 年とか 10 年ですね。ほんとうにまちまちですけどね。10 年とってるところもありましたけど。そんなに傍聴人数の記録を残そうっていう発想はないですね…もともと多分。今迷っているのは４７都道府県全部やるかやらないかでちょっと迷っています。面倒くさいなと思っているんですけど、とりあえず、さっき言った議員紹介席を設けてる県と、そうじゃない県に何か違いがあるかなぁとか、そういうこともやってます。さて、先ほど言ったように、地方は変わっているって話しましたけども、それもちょっと調べた結果、進んでるところはもう傍聴者に、氏名とか住所とか書かせるのをやめようと。誰が来てもいいと。茨城だったかな。そういう運用をしてるところも出始めてます。あと荷物も資料が必要でしょうと。資料を持ち込んでもいいけど、ただ、パソコンどうするかとか、その辺がいま議論になっているようなのです。資料はいいけどパソコンはダメとか。あと覗き込むの禁止とか。多分上から見るんでしょうね。新たな規制を設けないといけないという動きもあるんですね。**そんなわけでまだまだ現在進行形なので、この後、もう少し調べていって、現代と近代の連続性と、それから、傍聴人数の推移ですね、そこを論文にしようかなと思ってます。**

ネットで傍聴

受K　　ちょっといいすか？

末木　　はい、どうぞ。

受Ｋ　　あの、ネット中継とか、何も知らないですけどー、

末木　　はい、

受Ｋ　　ってあるんでしたっけ今？ネット中継…

末木　　衆議院と参議院の。

受Ｋ　　これオンタイムで、オンタイムってか同時…？

末木　　同時に、あとアーカイブになります。だから次の日になると、もう、前の日のものがー。

受Ｋ　　そうすると、見たい人は、それを通じて見れるっていう、傍聴できるってことですかね？

末木　　そうですそうです。

受Ｋ　　あーん…ってことはネット中継が開始された後と前とでー

末木　　あぁー傍聴人がね。

受Ｋ　　あのー、何か変化あるのかなと思ったんだけど、ちょっとわかんないすけど、えーっと…。

末木　　参議院のデータが…。

受Ｋ　　これって革命的じゃないすかそっからしたらー。

末木　　あーあぁなるほど、そうですね。

受Ｋ　　出向かなくても傍聴できるっていうのも。

末木　　なるほど、はいはい。

受Ｋ　　って考えると、すごい、すごいなぁと思って傍聴、ネット中継で…（笑）。

末木　　（笑）そうですね。

受Ｋ　　ま、うーん、なるほどそっか…。

末木　　ただ、さっきちょっと言ったように固定カメラなのでー、

受Ｋ　　うーん。

末木　　同じアングルでしか撮れないんでー、

受Ｋ　　はいはい、ま、見たようで見てないみたいな。

末木　　そういうところテレビ中継を意識してたり、フリップとかつくるじゃないですか今。

受K　うーんうんうん。

末木　そっちに向けてフリップ出すから、こっちから撮ってるんで、見えないんですよ。

受K　うーんうん、ま臨場感とかね、全然違う…。

末木　そうですね。だからフリップとか資料見ながら聴きたいのに、ネット中継だと見られないっていうのは、改善の余地はあるのかなぁって気がするんですけどね。今だったらいくらでも、ウィンドウをもう1コ出して、資料、ページとかってできると思うんですよね。株主総会でそうやってる会社もありますけど。

受K　うーん。

末木　そういう工夫は、予算がついてないと思うんで、多分、やっていないんですけど。

受K　うーん…そっかそういう意味で秩序維持が、けっこう、連続性っていうのと秩序維持…。

末木　そうですね維持…そこはね、気にー。

受K　見せたくないというよりも、

末木　うん、そうです。そっちだと思います。

権利との関係は？

司会N　質問していいっすか？

末木　あっどうぞ。

司会N　さっき、僕の話合ってたかどうか疑問なんですけどー、僕自身のね。原理的な話って言ったんですけどー、権利じゃないんだよね？傍聴は。国民の…？どっちだっけ？裁判の場合は、権利じゃないはずなのよー。

末木　ふーん。

司会N　あのーそうだよね。Ｙさん？裁判の場合は傍聴は権利じゃなくて傍聴、することができる状態は…じゃなかったっけ？忘れちゃったんだけど、あの…

受Y　権利ではないかもしれない。

司会Ｎ　そうなんだから、国会の方も、権利では多分ないんじゃないかな、公開はしなくちゃいけないんだけどー。

末木　うーん。

司会Ｎ　権利ではないっていうかあの、基本的人権というかー、ではないんだよね、多分。どうなんだろ？

末木　明文で権利と明記されているわけではない。

司会Ｎ　ないしー、そもそも判例上、判例文が出るとは思えないけどー、

末木　うん。

司会Ｎ　権利ではないよね。だからそこの部分を考えると、主権者、確かに主権者とー、入れ替わってはいるんだけど、その権利じゃない側面で考えると、前回とか前々回、去年、一昨年、請願の話あったじゃないですかー。

末木　請願…はいはいはい。

司会Ｎ　あっちは権利じゃないすか。

末木　そうですね。そうそう。

司会Ｎ　そこの違いとは、選挙権とかもー、あっちは権利じゃないすか？

末木　うん。

司会Ｎ　っていうところの違いがー、秩序維持って話も、連続性があるっていう話のー、一つ、理由として、機能するのかなと思ったんすけど、そこら辺は、どうなんですか、と思って…権利であるかないかっていうところ、

受Ｋ　うーん。

司会Ｎ　とー、

受Ｙ　口挟むとー、知る権利との関係ではどうなの？

司会Ｎ　あー知る権利の関係ではー、

受Ｙ　うん。

司会Ｎ　あのもちろんそうだろうけどー、でも傍聴そのものが別に、公開を否定してるわけじゃないじゃないすか、あのー、議院規則も。

受Ｙ　うん。

末木　はいはい。

司会N　枚数は 30 枚しかないんだけどー、でもさ、誰が来ちゃいけないという話はないわけだからー、公開っていうことではOKなんだよね、きっと。

末木　そうそう。

司会N　知る権利って話をするとー、例えばマスメディア に座席が割り当てられているのでー、完全に、知る権利が妨害されてるわけでもないじゃない。

受Y　うん。

司会N　ってことを考えると、議員の紹介があるってことも、議員の紹介があるんだから、それで国民が入れるということになると、やっぱり、阻害してるって話にはきっとならない、制限的ではあるけれども、完全に否定されてるわけじゃないからー、

末木　うん、そこでギリギリの運用なんでしょうね。

司会N　そう、だから、権利じゃないっていうところとの、権利では、明らかにはないよね。おそらくあの…。

受Y　うーん。

司会N　遠いじゃん、知る権利から考えるとしても。…ですよね？マスメディアからも、ネット中継の話もあったしー、

末木　うーん、そうそう。

司会N　その議院、議会の運営自体を、傍聴というか見ることができる聴くことができること自体は広がっているので、結局さっきちょっと話したけどキャパシティーの問題の、裁判でもそう、キャパシティーの問題の話。でー、権利に、完全にはできないんだよね。

受Y　キャパはしようがない。

受K　物理的なね。

司会N　っていうところの話で理屈としてー、その秩序維持から、勅令方式は、明治の憲法のもとと、同じような話っていうことが、おかしいと見える側面もあるんだけど、逆にそのハコの中の運営で、まぁ議会の中での議論をちゃんとさせなければいけないっていう趣旨は、きっと変わらないだろうから、明治であろうと、

末木　　はいはいはい、そうそうそう。

司会Ｎ　日本国憲法であろうと。っていう観点からー、正当性をはかれちゃ
　　　　うところはないのかどうかってのはちょっと気になった。どうなん
　　　　だろって、今の、その話の全体でいくとー、まぁ連続性がー、どう
　　　　して憲法が変わったのに、位置づけも、国民の位置づけも変わった
　　　　のにー、いってしまうんだろうっていう話がー、確かに疑問として
　　　　は、あり得るんだけどー、一方でその議会運営とかいう話のところ
　　　　で考えるとー、必ずしも連続性の秩序維持のところがー、連続性と
　　　　してあることがー、その選挙運動ね、この後、こっちに書いてあり
　　　　ますけどー、選挙運動の規制のところとのー、並列的な読み方を、
　　　　果たしてできるかどうか、とかいうところがちょっと気になったの
　　　　が一つあるのとー、あと効果の問題としてー、そのー…あ、しゃべ
　　　　りすぎ？（笑）大丈夫？

末木　　あぁーいえいえ大丈夫。

傍聴の効果

司会Ｎ　結局傍聴のその、興味がない、改正されないって話があったんだけ
　　　　どー、その効果としてー、傍聴がいかほどの効果があるのー。

受Ｋ　　うーん。

司会Ｎ　この場所でー。

末木　　うんうんうん、はい。

司会Ｎ　その選挙、国民の政治参加とかいう部分において。まー、たぶん請
　　　　願権のとこでも、話があったんー。

末木　　はい。

司会Ｎ　だと思うんですけどー、そこの部分のー、要するに効果を検証でき
　　　　ないとこが結構強い、っていうところの話は、どういうふう…その
　　　　明治の時は、その請願権もそうですけどー、やっぱメディアがー、
　　　　今のメディアと違うじゃないですか。さっきの手紙の話もありまし
　　　　たけど手紙が何日もかかるみたいな、

末木　　うんうん。

司会N	だけど今ネットで見れるからー、そこの部分でその傍聴、実際その場でっていう話がー、もちろん全然違うんだけどね。そのスポーツ観戦の、テレビ中継見るのと、場所行くのは全然違うんだけど、それと同じように違うはずなんだけど、でも、情報って意味ではー、むしろ…何の話してんだっけ？
一同	（笑）
受K	そのぼくもそう思ったよ。あの…傍聴の効果ー。
受Y	重要度。
受K	うーん、っていうのも。
司会N	あーそうそう。
受Y	確かに。
司会N	効果というのがー。
末木	政治参加としてね、傍聴の…。
司会N	低下していておかしくない、ところはあるのかなって気は、そこの部分の実証っというか効果的なところとの関係性、その二点がちょっと気になったんですけど、そこら辺どう考えるかっと…。
末木	はい。最後言ってくれたことが、結局ね、議員たちも、そんな積極的にやる話じゃなくなってるわけで、政治参加として傍聴させるさせないは、別の手段もあるので、うん。…開かれてますよっていうことの証ではあるけれども、かといって、その積極的に、もっと見やすくしたからといって何か得られるものがあるわけでもないと。法案に何かつながるかといったらつながらない、っていうところの弱さは多分あると思うんですね。選挙とか、請願とかっていうカッチリしたもので、こうしたらこうなりますよっていう決まってるものには見えないような、何ていうのかな、政治的関心とか、そのぐらいの感じの話になっちゃうってことですね。だから、あまり、研究でも取り上げられないし、さっきの、社会党の人しかやらないとかの話になると思うんですよね。ただ、さっき言ったように地方の議会は何故改革するかっていうとやっぱり、住民と距離が近いからで、距離が近い政策を出してるので、じゃどうしてるのかなってい

うところの興味。やっぱりネット中継しているけど、それだとわからないところがあるっていうんで、議員紹介で呼んで、どうですかってやってるっていう、そのつながりはあると思うので。まぁ、さっきの待機児童の話とかね、やっぱり自分たちに関わることであれば、じゃ見に行きましょうかにはなるわけで、ただ関係ないわけではないのかなっていう。その法案に対する関心度合いなんかは、やっぱり、関連すると思うので。ネット見ればいいじゃないか、テレビ中継あるでしょっていうことなんだけれども、ただそれでも行くので、やっぱりそこは見届けようみたいなことですね。自分が議員に働きかけた法案が通るか通らないか、条例が通るか通らないかはやっぱり見届けようっていうのが一つあるんじゃないかなって気がするので。

受K　傍聴の効果っていうの、今話を聞いてて思ったんだけど、その明治の時って―選挙権を持つ人が限られているから―、傍聴をすることの効果高いと思うんですよ。

末木　うんうん。

受K　あの票出せないけどー、

末木　そうですね。

受K　傍聴する。政治に何らか参加する。で今は、誰もが持ってるから、その時に比べると、やっぱり傍聴の効果って薄れるっていう、そういう観点での、傍聴の効果の、濃淡みたいな？

末木　んーはい。

受K　そことも何か絡めると面白いのかなって、

末木　うん、そうですね。

受K　思いましたね。

末木　はい。今お話の通り、非有権者の政治参加っていう点では請願・傍聴は誰でもできるっていう手段ですね。そうすると、みんな有権者だと、どうなるのっていったら、薄れるっていうのはあると思うんです。

受K　うーん。

末木　なので一、ちょっとやっぱり。

受K　傍聴ね…。

末木　その効果、重要度、そこのところの、何ていうのかな、見えないところというか説明しづらいところはあると思うんで、しかも権利かって言われるとね、ちょっと。

司会N　そう、そこの部分で、その権利の、制度論としての話として、今日の、前半だよねコレ？

受K　（笑）

司会N　後半、まだあるんだよね？ある、ある、ある？

末木　まあ一応ちょっとね（笑）、あります…。

司会N　ちょっと前半というか、このメインの傍聴の方の、制度的な、さっきの話と被るんだけど議会としての、制度運営としての話、制度としての変遷を、定点的に見て論じるという意義は非常に面白くて、これ自体がー、多分、読む価値、論じる価値があるものにはなると思うんだけど、そこの権利性の話、制度論のところと、制度運営のところと、権利性があるかなしみたいなところ、と、効果ってのはー何かリンクして気がするのね、厳密にどうなのかわからないんだけどー。そうすると、話としては、政治参加っていう観点の部分で、メインの軸をやってしまうと、多分論じることが弱くなってしまうのかなって気がする。話として。さっきの話と一緒なんだけどー、請願権・選挙権ってのはまぁ戦前も一応権利としてあった。だけど傍聴権ってのはー明確にはない。っていうとこで考えるとー、そこ、別れるのは当たり前じゃないかっていう話になってしまう。傍聴ってのは結局制度運営、国会議員の制度運営の話だからー、そこの部分が、ちょっとその政治参加という括りのところからいってしまうとー、その違いの、その権利と権利でないところの違い、の弱さというか軸のブレみたいなものが露呈してしまうのかなって気がちょっとしたって感じですかね。

末木　うーん。そうですね。…うん。そこのところ、何ていうのかな、弱くなっちゃうなという気はするんですけどー…。ただ入口としての

　　　　　傍聴って感じですかね。関心のある人が取りうる手段って考えると、
　　　　　関心あったら、例えばネットだったら国会中継見るだろうし。何も
　　　　　見ずに論じろってことは、関心あればやらないと思うので、となる
　　　　　と見るっていうこと、まずは見てみようかっていうところの一入
　　　　　口っていうのは重要なのかなって感じがするので―、

司会Ｎ　　そうですね。

末木　　　権利で、何ていうのかな、これが侵害されてるじゃないかみたいな
　　　　　強さはないので、そこは難しいんですけどね。

司会Ｎ　　その重要性ってのは現代における重要性ってこと？それともその、
　　　　　明治期も現在もっていう意味の重要性…？

末木　　　特に現代ですよね。明治期は、さっき、話になったように、非有権
　　　　　者にとってみると価値があって、さっきの女性の話なんか特に―、
　　　　　大正期にガーッと盛り上がるんですよ。大正デモクラシーで参政権
　　　　　運動とかって。もしそこで傍聴することができなかったらまずは傍
　　　　　聴させろみたいな話から始まってたはずなんで、そうなると、もっ
　　　　　と遅れていた可能性があると考えると、やっぱり、何ていうのかな、
　　　　　傍聴して、例えば政治集会参加させろーっていう動き、でそれを見
　　　　　届けるぞ、じゃ傍聴人数をどんどんかけてって、プレッシャーかけ
　　　　　ようよみたいな話になるじゃないですか。その中の運動の一要因で
　　　　　はあるってことですね。傍聴人がいっぱい来てるぞーっていうのは
　　　　　あるので、今どうかって考えるとやっぱり、それは薄れてる気はす
　　　　　るので―、

司会Ｎ　　とすると、その重要性の話で、まぁ、これ論文にもしするとした場
　　　　　合、最初の政治史の話があったんですけど―、

末木　　　はいはい。

司会Ｎ　　政治史の論文として書くのか、それとも政治学的な方の論文として
　　　　　書くのかっていうスタンスが、どちらなのかなってのいうが気にな
　　　　　るってことですかね…

受Ｋ　　　（笑）。

末木　　　そう。あのー…、どちらかっていうとこっち［政治学］寄りなんで、

　　　　話としては。

受K　　うーん。

司会N　そうですよね。

末木　　過去の事例っていうか、例えば自分の先行研究、自分で書いた論文
　　　　は基にするけど、でも、語りたいのはこっちだみたいな感じになる
　　　　かなとは思ってー。

司会N　そうすると政治学としての論文になる…。

末木　　そうですね。そうするとその弱さがね、出ちゃうってことです（笑）。

司会N　そうだよね。

末木　　明治期はもっと言いやすいんだけど、今の傍聴ってそんなに意味な
　　　　いじゃんっていう、

受K　　まぁ確かに。

末木　　感じになっちゃう…。

受K　　今は選挙権を持たない高校生も、国会中継はネットで見れますもん
　　　　ね？

末木　　そうそう、そうですね。

受K　　昔は女性はそこに行かないと見れなかったけど。

末木　　見れなかった。そうそうそう…っていう感じですかねーうん…。

司会N　その勅令方式、仮規則方式ってのは論じられてるの？論文では。

末木　　…論じられてないです。

司会N　なにかしらの論文としてはー。

末木　　論じられてないです。

司会N　とするとー、俺はどっちかっつーと、政治史としての論文を現在に
　　　　つなげて書いてもらった方がー、

末木　　うーん。

司会N　おそらくそのー…傍聴ってこと自体の意義をあげるような論文に、
　　　　なり得るのかなって気が話全体を聞いてて思ったんですね。でー、さっ
　　　　きの現在の重要性みたいのものを政治参加の重要性ってものはー、

末木　　はい。

司会N　スパイスの方が、多分論文としては面白いかな 。

末木　　うーん…。

司会Ｎ　あのたぶんその、玄人っていうんですか、専門家の人たちが読む、

末木　　ふーんふん。

司会Ｎ　評価しうる方法になるのかなってちょっと気がした。

末木　　あぁーそうですね、うん。

司会Ｎ　ただそういう、呼びかけるような話としては、おそらく政治学的な論文にした方がいいかって気はするんですけど…。

末木　　うんうん、そうですね。さっきの、地方議会とか衆参のデータとか、この辺は多分歴史の人からするとね、ちょっとうーん、ってなるんでー（笑）、

司会Ｎ　ですね（笑）。

末木　　そこの難しさはある…はい。ま、さっきの女性傍聴の話は、論文で既に投稿してて、審査中なんですけど、その後ですよね。現代とつなげて、数字でもってってところは、まぁ、ちょっと難しいところがあるのー論文つくってますけどー…。こちらとしては議院の自律性が裏目に出てるんじゃないのーっていう趣旨でちょっとね（笑）。

受Ｋ　　うーん。

末木　　これだからこそ、変えずに済んじゃってるんじゃないみたいなところで、行こうかなぁぐらいの感じですけどね。

受Ｋ　　うん。

末木　　あとまぁ、80年代にこうやって、千葉さんたちがやってたことが、今どうなのっていうところ、

司会Ｎ　あっ、とすると何で変えなきゃいけないのっていうところの、何で変わってないことが問題なのかっていうことの論証がすごく重要だってことだよね？

末木　　…うん。あ、そうですね。そうそうそこはちょっとね、難しいとこ、うん…そう…うん。

司会Ｎ　すいません。

末木　　いえいえ。ということで、うーん…何だろな、例えば30人以上の

人が来てるのに、それを拒んでいるっていうのは、運用上としても
ね、ちょっと説明つかないと思うので、権利とかっていうところの
弱さはありますけどね。ただ普通に考えて、えっそんなの入れれば
いいじゃないっていうぐらい、逆に言うと。改正も別に、何ていう
のかな、大きなことを変えなきゃいけないんじゃなくて運用を変え
ちゃえばいいんじゃないっていう、それぐらいのレベルなのでー。
それすらやってないってところね、まぁ、何ていうのかな、論点に
なり得るかなっていう気がします。

受K　　そっか…。

末木　　さて、傍聴に関して…。

「傍聴」って結局…！？

受K　　あちょっと…（笑）。

末木　　っあどうぞどうぞ。

受K　　傍聴の意義をいま考えてたんですけどー、

末木　　あぁーはいはい。

受K　　この、傍聴ツアーって、80年代以降もなくなってたのかなぁと思っ
　　　　たらまだあるんですね。つまりネット中継されてるのに、聴きたい
　　　　人は聴きゃあ、そこで聴きゃあいいのに、わざわざ団体で、あえ
　　　　て、議場に行こうとしてる人たちがまだいるんだね？それは。それ
　　　　はルールを変えないのおかしいだろっていう問題意識なのかな？

末木　　あ、この9の人？

受K　　そうそうそうそう。

末木　　こーれはー…。

受K　　その傍聴ツアーみたいのもって、ネット中継がある前はー、それを
　　　　やることの意義って 大きかったのかなと思うんだけど、何でしょ、
　　　　見たい人が、要は例えばナンチャラ法案の時に、30人に限られる
　　　　ことによって、えーっとその審議プロセスを見れないと、

末木　　うん。

受K　　いうような、渇望があったから、

末木　　うーん。

受Ｋ　　そういうツアーを組むことにいったと思うんだけど、ネット中継された後は、見ればいいじゃんと、いうことになるとそういうツアーってもうなくなってってんのかなって、思ったから、その、ツアーってどういう変遷を辿ってんのかなっての一つ、知りたいなって、思ったこととー、

末木　　うーんうん。

受Ｋ　　あと、傍聴の意義って、さっきまさに言ってくれたように、中継って、ひとカメラでしかなくて、例えば自分が関心がある議員がどういう動きをしてるかとか、

末木　　うーん、そうですね。

受Ｋ　　ということが直に伝わってくる？っていうのも、まそういえば、そういう意味ではカメラがすべての角度であれば見れるのかもしれないですけどー、まそんなことも何かもしかしたらあんのかなーっていう…。

末木　　あぁーそうですね。

受Ｋ　　うーん。

末木　　**自分の地元の国会議員が、何やってるかとかを監視するって意味はあるかもしれないですね 。**

受Ｋ　　うーん。っていうのも何か、ちょっと、思ったことです、はい。

末木　　はい。

受Ｙ　　何かそれとか**「知る」っていう視点じゃなくて自分たちが見に来てるぞをむしろ、見せる、**

受Ｋ　　あー。

受Ｙ　　みたいなー。

受Ｋ　　牽制。

受Ｙ　　うーん、何か…。

司会Ｎ　政治参加としての意味は、当然あるんじゃないかな、働きかけというかー、有形無形の働きか…前回、去年、講義の中で、有形無形の働きかけみたいな話たぶんされてたと思うんすけど、そういう形の

効果は今でもそれはある。

受K　　うーん。

受Y　　うん。

司会N　それだとネット中継だと、情報を得るって話でしかないからー、

受K　　そっかーそうそうそう。

受Y　　逆に自分がいるよアピールの方がもっと今高まってんのかなみたいな気ー。

司会N　あえて来る。

受K　　「傍聴」じゃないんだね。

司会N　確かに。

受Y　　そうそうそう

末木　　見るっていうよりはー。

受K　　「聴く」じゃない。

司会N　あーだから、

受Y　　そうそう「傍聴」じゃない（笑）。

受K　　**意思表示なんだ。**

受Y　　いるぞって。

司会N　参加度合いが高まってはいるってことでしょむしろ、そういう意味では。

受Y　　ある意味そうかもしれない。

司会N　あーん。

受K　　あー、そっか。例えば高校生がヴゥーッと押し寄せて参加するってー、なんだかなー。

受Y　　若者がいっぱい来たぞみたいな（笑）。

受K　　選挙権を持たない我々も、見てるぞと、いうふうにもなる。

末木　　確かにそうですねーうん 。

受K　　あそっか、ネット中継だと視聴が見れないもんね、多分ね。

受Y　　そうですよねー、うん。

受K　　たぶんログは録れるかもしれないけどもー、

受Y　　うーんうん、それを何かテレビが撮って、こんなに人が座っていま

　　　　　　した、みたいな（笑）。

受Ｋ　　　うーんうんうんうん。

末木　　　そこはそうですね。

受Ｋ　　　関心高まってます。

末木　　　あ、デモと同じような効果ってことですね。

受Ｙ　　　うんうん。

末木　　　これだけ人数がいるんだから、意見はこうあるんだっていう…。

受Ｋ　　　はいはいはいはいはいなるほど、傍聴…はい、

末木　　　ありがとうございます。

受Ｋ　　　はいすいません。

末木　　　いや、何か傍聴他に何かあれば…。

一同　　　（笑）

受Ｋ　　　傍聴（笑）。

受Ｙ　　　傍聴、ほんとに（笑）。

受Ｋ　　　意外に…（笑）。

司会Ｎ　　何かやっぱり絶対制度論でね、やった方が面白いって（笑）。

末木　　　（笑）制度…？

司会Ｎ　　うーん、凄い気になるんだよ何か。結局、さっきの、示してくれた８０年代の、運営の警務部長かなんかのやつのー、

末木　　　有山さん、はい。

司会Ｎ　　そう。あれもー、結局その場で、変わっちゃうぐらいの、

末木　　　はいはい。

司会Ｎ　　弱いものなわけじゃない。

末木　　　そうそうそうそう。

司会Ｎ　　っていうぐらい、その制度運営としての、まぁある意味柔軟性があって、ある意味柔軟性がないってのが、板挟みみたいな話なるわけじゃない？

末木　　　うん。

司会Ｎ　　そこの部分は、制度論としてやっていくと、現在も、つながってその単純に歴史として、政治史として喋れちゃうなぁと思うのね、話

としては。

末木　うん。

受K　うん。

司会N　だって意味が無かったらそもそも設定してない制度なわけだからー、

末木　うんうん。

司会N　それ自体は別にその論証、まぁしなくても語れる部分だなと思うので一、

末木　うん。

司会N　そこの、もっと細かいことがあるとー、まっ誰が読むかって話なんだけど（笑）。

受　（笑）

司会N　でも、これだけー、あの二時間ぐらいの話の中で、どうでもいいことのように見えることにみんなが盛り上がるわけだからー、

末木　そうですね。あーそう…。

司会N　面白いんだよね。単純に面白い。

受K　っあ確かにね。面白いか面白くないかっていったら、つまんなそうに見えて面白い、

一同　（笑）

受K　そこに面白さがある。最初から面白そうに見えたら別に、はいはい、ってなるんでしょうけど…あー確かにね。

司会N　そこをもうちょっと、キッチリ抉ってもらった上で政治参加のところと繋げてもらうと、**すごい何か無駄に分厚い傍聴に関するこれぐらいの本が書けんじゃないかって気がする** …。

一同　（笑）

受K　傍聴深いかもしんない（笑）。

司会N　うん、深い。深いっていうよりもあの…。

受K　その、客体でありながら何らかのそこに、

司会N　うん。

受K　主体性があるというか。

末木	確かにそうですね…。
司会Ｎ	だって、アレでしょ？たぶんほんとは批判的なものを、消さないためのものじゃない、傍聴を公開するってことは。
末木	はいはい。
司会Ｎ	でそのこと自体がー。
受Ｋ	制度、か…。
司会Ｎ	その効果と関係なく、その、意味が意義があるって。公開しないと話にならないと。非公開の状態だと、もう何するかわかんないってのがずーっと教訓として、やってきて、近代の憲法とかいろんな国でたぶん設定されてるわけじゃない。
末木	はいはい。
司会Ｎ	そこら辺のものが、すぐの効果がわかるわけないけどー、
末木	うん。
司会Ｎ	根本的な、歴史的な、教訓としてのー、意味合いとしてあるはずなのでー、
末木	うん。
司会Ｎ	そこの部分細かいことキッチリと、積み上げていくと、おそらくそれも、実は実証研究になってるかもしれないって話になるかもしれない。
末木	うーん。
司会Ｎ	かなって気はした…ですね。
末木	はい。ありがとうございます。
司会Ｎ	はい…すいません。
末木	いえいえ。今、話聞いて思い出しましたけど、余談ですけどね。60年代かな？傍聴の記事見てると、ある時そのヒートアップした傍聴者と議員が、野次ったのかな？野次って、議員が怒って、終わった後、傍聴席まで上がってって乱闘したっていう…。
一同	（笑）
末木	「何だオマエっ降りて来い！」
受	（笑）

末木　言ってー、「何だ、そっちも来い」って言ったらガーッて喧嘩になってー、揉みくちゃになったみたいな…。

司会N　プロレスじゃん（笑）、

受Y　すごい面白い（笑）。

一同　（笑）

受Y　見たかった（笑）。

末木　（笑）そういうのね、エピソードとしてはすごい面白いです。その辺盛り込めてね、

受K　確かにね。

司会N　それ完全政治史だもんね。

末木　そうそう。傍聴者と議員の乱闘。

一同　（笑）

末木　明治のね、色々ありますけどね、そうそう。乱闘はでもあまりないか…。

受K　乱闘…。

末木　でも議員と普通やらないけどね、そういう…（笑）熱い時代はそうなるっていう…。まぁもともとそういう熱くなるものだからこそ、静粛にしろとかね、そういう規制をかけてくる。

受K　うーん、まぁそうですよね。

司会N　**結局現場ってことなんだよね**。さっき言ってたようにね。

末木　そうそう、現場のね、そうなんですよ。

司会N　選挙で投票する時とかって、まぁ現場、そういう現場とはちょっと遠いんだよね、そういう意味では。

末木　うーん。

受K　うーん。

末木　議員もいないしねー、そう、紙、書いて…。

司会N　そうだよね。

末木　そうですね、可視化できているのはそこ…。

受Y　うん。

受K　あーん…はい。

末木　　意外に面白い傍聴で、ありがとうございます。

一同　　（笑）

1925 年の選挙運動規制①

末木　　さて、でもメインが実は傍聴だったので、色々言っていただいて、むしろこちらが、なるほどっていうところが多かったので、論文に生かしていきたいなぁと思いました。で後半は、冒頭に言ったＮＰＪっていうサイトに投稿したというか書いたものを載っけているだけなので、ほんとは、レジュメにしてまとめて箇条書きみたいにすればよかったんですけど、去年、選挙運動規制が現代はこうなってますよって話をしたかと思うんですけど、ビラが何万枚とか。そういうところを踏まえて、これも少し歴史的に遡ると、大正 14 年の話ですね、それを少し、去年、お話したことよりも、深く追ったという感じです。ちょっと文章になっちゃってますけど。**1925 年（大正 14 年）の男子普通選挙、実現。これ選挙法改正したんですけど、その時に同時に、選挙運動規制をかけているということですね。**特に供託金制度と、戸別訪問禁止。それから文書図画の枚数規制。これが現在まで続いてます。それから、当時、1925 年は、個々面接と電話すらも禁止。個々面接っていうのは、街中で偶然会った人への選挙運動。要は握手して商店街歩き回るみたいなアレが個々面接です。だから、全然できないわけですね。基本的に、枚数規制してるけど、ポスターとか文書で選挙運動やれっていう時代が到来したわけです。それから、目立たなかったっていうか取り上げられてきてないんですけども、その後ですね。7 ページの、今 3 段落目のところ（Resume : p196）なんですけど。**選挙運動を有権者にさせなかったんですね、この時。**これ私も知らなかったんで、新たな発見だなと思ったんですけど。選挙運動していい人たちを限定して登録しろってことなんですよ。規制かける時に。候補者、事務長と、50 人以内の選挙員事務員だけなんですね。それ以外の普通の有権者は演説と推薦状、つまりあの人頑張ってるから応援してますみたいな、

それは言えるけれども、その他の運動は一切できなかったんですよ。**これを第三者運動規制というそうです。っていうことは完全に投票するだけの、お客さん状態に有権者は置かれたということですよね。**つまりそれは、もちろん、今まで選挙権持ってなかった人が入ってくるので、その人たちが、ワーッって盛り上げて選挙運動やっちゃうと、まぁ従来の既成政党の人からすると怖いですよね。特にその、無産政党みたいなものが、当時、大正時代は、ガーッと伸びて行くような時代ですから、大正デモクラシーの波に乗って、既成政党を、打ち破っていくような、政党の勢力の折り合いですね。それを、気にしたわけですよね、多分。第三者運動規制は今はもちろんないわけで、第三者運動していいわけですよ。ですけれども、戦後すぐに変わるまでは、20年間ですかね。1925年から20年間は第三者運動は規制されていたということです。ということは戦後になって、やっていいんですよーと言われたからって多分、そんなに意識は変わらないですよね。**なのでこの20年間の規制というのは、もしかしたら我々が今、選挙運動なんてやっているのは、候補者とその陣営だけなんだなぁと思う感覚を定着させたのかもしれません。**それ以外の人たちが、盛り上がってボランティアで一生懸命やりましょうよみたいなのは、「勝手連」って、新聞報道とか或いは政治では言うわけですけど（**WB⑦：p241**）。名前がつくわけですね、そうやって。勝手連が動いて勝ったんだと。時々地方の知事選挙で、組織の後ろ盾がない人が勝ったりすると勝手連が頑張ったんだっていう。組織だってない人たちの、集まりのことを有象無象がいるぞっていうのが勝手連ですから。本来は普通のことだと思うんですけど、そこに名称つくわけですから多分、そういうのは例外だと。組織に推されて、組織が運動し、そして組織が票を入れて、決まるのが選挙だっていう認識が前提にあるからこうなるんですよね。というふうに思うので、20年間の規制ではありますけども、意外に重要なんじゃないかなぁという気がして、今回新たな発見ですね。

1925 年の選挙運動規制②

　もう一つは、今言った無産政党が出てきたら困るっていう、**男子普通選挙の導入と同時の選挙運動規制**ということですね。その因果関係というのが、どのぐらいあるのかっていうところ、そこはやっぱり気になりますよね。偶々だっていうことも言えなくもないですけど、そんなことは普通ないんです。そこをちょっと調べてみたんです。それは次の段落ですね。大正デモクラシーの中で、普通選挙を実現しようっていう動きはかなり盛り上がってますので、当時としてはもう、誰しもが、いずれ普通選挙にしなきゃねっていうふうにはなっているんですね、議論として。世の中の風潮としては、いつなのかと。要するにやるかやらないかじゃなくて、いつ男子普通選挙を実現するかっていう議論になってます。となると、当然、運動に対して、ＮＯとは言えないわけですよ。だから、どうやって解禁していくかというところの議論をするわけですね。で一草案を見ていくと、様々な案が出てるわけですよ。最初の案は、推薦人が必要だとか、供託金のような保証金が必要だよとか。或いは選挙運動員登録させてねとかっていう話があるんですけど、選挙運動の規制は置いてなかったんですね。だんだん議論が進んでいく中で、選挙運動規制が提案され、そしてそれがだんだん厳しくなっていくんですね、成案に近づくにつれて。最後、戸別訪問は誰でもダメって。最初は、完全に禁止ではなかったので候補者が戸別訪問しちゃダメだよねと。陣営が行ってもいいんじゃないって、言ってたんですけどそれもダメだという形に最後なって、更にさっき紹介したように、個々面接・電話もダメって、ものすごい規制をかけていく話につながっていくわけです。じゃあ何かなっていうと、当時は枢密院があるんです（**WB⑦**）。意味としては主権者である天皇に対してアドバイスするという組織でそこに顧問がいるんです。**枢密顧問官**。これは基本的には元老の人たちですね（**WB⑦**）。まぁ、総理大臣経験者とか、元々藩閥政府の中で出世したような人たち。大正期ですけど、そういう人たちが、枢密顧問官としているわけですよ。この

人たちが、法案の審議を先にしてるんですね。衆議院・貴族院の人たちよりももっと保守的なわけですよ。エリート層の一番上の権力者たちですから。その人たちも、男子普通選挙実施はもうしょうがないと。これはもうやむを得ないんだっていう認識を持っているんですね。議事録を見たんですけど。ただ一方で、やっぱり警戒しているわけですね。変なのが出てくると。危険思想どうするんだと。政治教育をちゃんとしないと、ひっくり返されるとは言ってませんけど、そういう危機感ですね。その課題がクリアされないと、男子普通選挙は無理なんじゃないかっていう認識を示しているんですよ。その課題を、貴族院や衆議院に投げかけるわけですね。それをクリアしないと通らないわけです最後。ですから、起草する時に当然それを盛り込んで、いや大丈夫ですと。選挙運動規制してますからとか。もう1コ実は、治安維持法が関わってくるんですよ。治安維持法でもし、危険思想を持った場合は取り締まれますよっていう。その二つのセットですね。**選挙運動規制と治安維持法。これでもって安心させているんですね。逆に、それを用意しないと、うんって言わなかった人たちということですね。**大正14年、1925年の話ってのは結構重要なことです。治安維持法は後に、もっと時代が進んでいくと、猛威をふるっていきますけど、最初は基本的にそんなにバンバン人を捕まえてみたいな話にならないですね。だんだん趣旨が変わっていって、取り締まりを厳しくしていきますけども。そういうセットですね。選挙運動規制と治安維持法のセットで、どうですかというところで通っていったんですね。やっぱり、選挙運動規制はそういう意味を持ってたってことですね。より重大な意味かなぁって気はするんですけど。そこの問題に繋がってきちゃうかなと、いうことなんです。まぁ、これは基本的にはよく言われることですけど、ただ、じゃあ厳密に論証されてますかっていうと、そうでもないようなところもあるので、当時の史料をみると、どうもそうじゃないのかなって思います。そこを、盛り込んで書きました。

選挙運動規制―戦後・現在

なので、1925年。前回言ったかと思うんですけども、これですね。2019年。94年ですね（**WB⑦**）。戦後ＧＨＱが、日本を民主化していきますけれども、その時に提案としては、選挙運動規制厳しいんじゃないかと。これはあるんですね。提案してる、どうにかしなきゃいけないんじゃないのと。ただそれは、議会を通さなきゃいけないので、じゃあ議会はどうするかって投げかけられた時に議会の議論は、消極的なんですね。実は戸別訪問に関しては解禁するんですよ、一旦。ただ問題が色々出たんで、やっぱりやめましょうっていって、すぐ戻しちゃうんですけど。何で戦争終わったのに、民主化されないのかっていうと、結局、現職議員は制度を変えたくないってことなんですよね。消極的なのはそこなんですね。**戦前だろうと戦後だろうと、現職議員が、自分たちが不利になるような形に選挙制度を変えようとすると、ＮＯというということですね。**ここは戦前戦後関係ないです。現在でもそうだと思うんですけど、なるべく選挙のルールは変えたくない。一回始まったらもうそれでいこうじゃないかということなんですね。なので、ＧＨＱの民主化の動きからすると、何でそこだけ残されてるのっていう気がしますけども、まぁ そこはＧＨＱの意向はどこまであったかってところも、つまりもっと強く押せば、実現したんじゃないかっていうふうにも言えなくもないんですけれども、とりあえず、議会での議論は、かなり消極的にやめておこうと残しておこうという感じの議論しかしていないですね。**ということで、きっかけを失って、連続性が保たれていくということ―**さっきの連続性の話にほぼ近いわけですけども、**戦前戦後の断続性、途切れてるというところと連続性のところは両方見ていかないといけないんじゃないかなと。**基本的には何か大きく変わったって言っちゃうんで、そういう部分は大きいですけどね。政治の分野はかなり連続性が保たれてるんじゃないかなと思うわけです。　そこをどうするかですね。94年ですので、しかも最初のルールをつくった理由がさっき言った通りですからね。そんな理

由でつくられたものを未だに使ってるっていうのはちょっと合理的な説明がつかないんじゃないかと。これは傍聴とは違って、大きく影響するじゃないですか。選挙運動を規制するかしないかの話なので。でも、あまり盛り上がらないですね。戸別訪問に関してやりましょう！って感じに、なってないわけで、まぁなかなか、さっき言ったように20年間の第三者運動規制でさえも、その後、どこかしら意識に残っちゃうぐらいですからね。94年間の戸別訪問規制とか、供託金制度とか、最初2000円で今300万円ですから、どんどん上げてるわけですね。下げようって気運にはなってないわけですよ。最近、若者に政治参加させようっていう議員連盟が、若者団体に登録させて、一緒に討議しています。そこの議事録を見ましたけど、その人たちの提案は、被選挙権年齢を下げよう。被選挙権（**WB⑦**）。選挙権は18歳になりましたけど、被選挙権は変わってないですよね。そこを早く下げようと。とりあえずは20歳にしようって話ですね。それと供託金をー、下げましょう（**WB⑦**）。見えます…？若者団体は10万円と提案してます。つまり20歳に下げたところで供託金が300万円だと出られないですよね。大学生が300万円出せって言われて、出ないですよ。なので、10万円だったらアルバイトで貯めたお金で、じゃあ立候補しますって、あり得ますよね。なのでこれはセットにしなきゃいけないんじゃないかって、尤もなんですけど。残念ながら議員の方は、上は賛成するんですよ。20歳にしましょうね。でも下は、結局、合意が取れないんです。下げる方向性ではいいけど、10万円っていうのは提案できないと。だから、議連としての提案には載ってないですね。下げましょうっていう方向性しか載ってないです。議事録見るとやっぱり、現職議員でも、何かしらの意味があるんだから、300万の意味はあるんだと。だからそれを10万円下げちゃうと、どうかなみたいな話が出てるんですね。基本的に選挙費用が税金で賄われてる部分があるので、300万円の中で、賄ってる部分があって、没収されたらそれを使うんだということはあるんですけど、そこのところにやっぱりさっき言っ

たような、現職議員がルールを変えると不利になるんじゃないか
と。門戸を開いちゃうと色々な人が出てきちゃって、自分の選挙区
で勝てるかなっていう、そういう心配がやっぱり出てくる。まだま
だ早いぞみたいなね。その発想で、若手議員さえも思ってるわけで
すから、年配の議員の人が、若手議員にまぁまぁと言ってるのと同
じ構図が、実は出てきちゃってる。そういうところでも実は本音が
見えているので、それは実現するかどうかのところで、ほんとに若
者に政治参加させようとしてるかどうかが、問われるんじゃないか
なって気がします。若者に理解がある議員でさえもそれですからね。
ちょっと、先行きは厳しいかなという気がしますけれども、そんな
議論もあります。ようやく去年から、少しそういう議論 をしてい
こうという話ですね。これ去年、喋ってないですよね多分ね。最近
調べたんで…うん（笑）。だから、心配になっちゃう…大丈夫です
かね…はい。なのでそういう気運は出てきてますけれども、まだま
だ例えば戸別訪問とかの話はないわけです。ＮＰＪっていう、あま
り知られてないサイトとは思うんですけど、載せませんかって話を
もらって、チャンスだということで、載せてますけどね。ちょっと
まだ反響が少ないなっていう…評判はいいぐらいの感じは聞こえて
くるわけで、評判がいいっていうのとこちらの意図をそうなのかと
思って動いてくれれば…いいですね、はい。**結局、現行ルールで勝っ
てる議員による、新しい制度変更を、許容しないというところの行
動原理ですね。そこを何とか変えないといけないんだということで
すね**…はい。後半のところも「冷え切った政治を解凍せよ」とかで
すね、ちょっと柄にもなくそんなこと言ってますけども。論文じゃ
ないところで、過激にいかないと誰も、見向きもしてくれないので。
やりましょうよっていうニュアンスです。論文では絶対書けないで
すよね、こんなね。今度、やってみますかね（笑）。「せよ」とかね
…はい。**まぁそういうところで、傍聴と選挙運動規制は、一見関係
がないように見えますけど実は連続性という側面があって、両方と
もルールを変えてこなかった歴史なので、そこのところをどうする**

かですね。重要じゃないかというところです。

望月小太郎、後藤象二郎

あと去年からの変化で言うと、お配りしましたけど、望月小太郎の話、去年、外交の話で最後バーッと紹介しましたけど、それを論文にして、『法学研究』に、最近載りました [5]。7月号ですけど、出たのは…？諸般の事情によりって言われて、えっいつ出るんだろと思ったら11月ですかね。11月の上旬ぐらいに出ました。ただ7月号に続けて8月号を、連続して出版されてしまってですね、そうすると図書館に行くと8月号しか、飾らないじゃないですか、最新巻だから。おぉそういうこともあるかみたいな。やってくれるなぁみたいな感じです…（笑）。まぁいいんですけど。えーそんな感じでございます。はい。望月小太郎に関して特に新たに、紹介したところが大きいですかね。あと…もしかしたら去年の段階だと調べてなかったイギリスでの学歴の話とか、その辺はネット上に、大学の記録かな？ロースクールか。昔の在籍簿があったので、それを使って、確認しました。やっぱり、ネット上で様々なデータが公開される時代なので、その辺は、ありがたい時代だなと思います。それから、『福澤手帖』という、これまた限られた人しか手にしない、雑誌なのかな？小さい、手帳サイズの、雑誌に、後藤象二郎のことをちょっと書きました [6]。それと、書評を書いたのかな。2月。凄い昔の気がしますけど。去年紹介した『総選挙はこのようにして始まった』っていう、レジュメの一番最初 のプロフィールのところです。「このようにして始まった」の書評を書きました。まあ、去年紹介した、例えば養子に入るっていう手法もあるけど紹介して

後藤象二郎

ませんよねみたいなこともチラッと書きましたけど。で、後藤に関してはですね、たぶん去年も話してないんじゃないかと思うんですが、趣旨としては今までもお話した通り、やっぱり史料が残ってないと、その分、取り上げられないし、当時も政治力がなかったかのように語られちゃうと。後藤に関しては有名人ですから、大臣にもなってるし、もちろん知られていますけど、じゃあ、どのぐらい活躍したんですかーっていうところはなかなか、根拠づけてーこのぐらいの人ですよってことは言いづらいですね。後藤も、明治維新の時に、坂本龍馬と一緒に活躍したみたいなそういう話はいっぱい出てくるんですけど、じゃあ明治に入ってどうですかっていうと、ほんとうは**大同団結運動という、自由民権運動の後を引き継いで起きた、帝国議会が始まる直前の運動があるんですけど、それのリーダーなんですね。**そこは板垣退助じゃないんですよ。後藤なんですね。一時、板垣よりも後藤の方が、力がある、人気があるんじゃないか、といわれるところまでいくんです。ただ本人が、黒田内閣に誘われて、大臣として入閣します。その後、連続で大臣になり続けるんですね。というところの話ってのは、挫折じゃないか、変節じゃないかと言われるんですね。あれだけ言ったのに、何で、その政府の中に入るんだと。**反政府運動だとすると、裏切った形になるわけじゃないですか。そこを、どうだったのか考察したものです。**副題に「『責任内閣論』から英国型議院内閣制へ」って書いてますけど、実は、私の研究テーマとして責任内閣論っていうのがありまして、後藤の話しかまだ、できてないんですけど。議院内閣制についてはみんな知っているわけで、現代の日本の政治は、議院内閣制ですよね。これはイギリスが源流にありましてって話は、知ってると思うんですけど、戦前はどうだったかっていうと、政党内閣っていうのは、言われるわけですね。例えば、大正期だと、政権交代があって、桂太郎と西園寺公望が交代で首相になったりすると。あのあたりは、政党内閣だって言われるんですけれども、そもそもそれを主張する人がいないと実現しないですよね。それを書いたところがあります。

レジュメにしてないので、時間があるので喋っておりますが。少し、ホワイトボードを使って説明したいと思います。(**WB⑦**)

─ 間 ─

責任内閣論とは

見えます？大丈夫かな…「**大臣責任→連帯責任→政党内閣→議院内閣制**」。つまり最終的には議院内閣制に辿りつくんだけど、いきなりは無理だろう…その論なんですね。…で、最初のところは何かというと憲法上、単独責任(**WB⑦**)、しか書いてないんです。つまり天皇が、大臣と一対一の関係の中で何かあったら大臣が責任取ります。内閣じゃないんですね。内閣の規定が憲法上ないわけですよ。天皇対大臣(**WB⑦**)。…この一対一の関係、これがいっぱいあるわけですね。これは政府と議会との関係性の話になってくるわけですが、とりあえずは内閣の中で、大臣が単独で責任を負うと。何か問題が起きたらその分野の大臣が辞めて、すいませんでしたということですね。例えば明治24年の大津事件で、天皇が裁判に介入するわけですが、失敗するわけです。その責任を取って内務大臣と法務大臣が辞めたわけですよね。或いは翌年の選挙干渉で責任とって内務大臣が辞めたりとかってそういう話ですね。私が悪いから問題が起きたんだという責任の取り方。今だったら連帯責任なので、内閣として連帯責任なんですね(**WB⑦**)。天皇に対して、いや、すいませんでしたと。我が内閣は総辞職します。ついては後継の首相を、この人にしてくださいみたいな話になるじゃないですか。首相と、大臣。(**WB⑦**)これが連帯責任ですね。つまり、ある分野、例えば外交分野で大隈が失敗した。大隈だけの責任になるかといったら、内閣として連帯して責任負ってるんだから、みんな辞めようと。いうことがなされると、内閣としての一体性が出てきますよね。そうすると、その一体性のある内閣ってのはどうやってできるかって考えると、バラバラな人たちが、個々にいたら、いや俺は嫌だって話になるわけですよ。ってことは一体性のある政党しかそれを担えないんじゃないかって話になる。同じ政党の人間だからこそ、連

帯して責任を取る話になると。そうすると、議会において、政党を基盤として、内閣が生み出されていく議院内閣制になるってこういうふうになるんですね。ひとっとびに、いきなりは無理だと。段階を踏んでいかなきゃいけない。最初、単独で責任を負っていいんだよ、それだけでいいんだってもともと憲法起草者はそう考えていたわけですけど。つまり、議院内閣制にもっていかれるのを、恐れたわけですよ。だれが恐れたかっていうと一井上毅。さっきの、井上…（**WB⑦**）。なのでー、「内閣」って文言を入れずに、単独責任でもって天皇が、君はクビだとやってね、それで終わらせようとしたわけです。ただ、結局大日本帝国憲法も、幅があるわけですね。つまり同じ憲法の中で、議会や政党を無視する超然内閣もできるし、議院内閣制もできるわけですから、相当な幅を許容できる憲法なわけです。（**WB⑦**）藩閥政府としては議会に基盤を置かないんだと。議会がどう言おうと関係ないんだっていうスタンスから始まっていますよね。それがだんだん無視できなくなっていくわけですけど、その過程を、先ほど言った制度論でみると、政府が、だんだんこう変わってきたんですよって説明ができるわけですよ。**けれども、例えば後藤の存在っていうのは何を表してるかっていうと、やっぱり、責任内閣論で、議院内閣制を 実現させようっていう人がいないと動かないってことですね。**つまり藩閥政府の人たちはこれ[単独責任]でスタートしてますから。予算の面でどうも議会を無視できないという話になって、仕方がないから、議会の勢力と、どこかで妥協しなきゃって話になるわけですよね。なるべくそれを避けようとするわけですよ。そこを何とか、もってかなきゃいけないわけです。

責任内閣論一後藤象二郎

例えば後藤は何をしたかというと、**単独責任の時代において、黒田内閣に入閣したわけですね。**条約改正が、その時の重大なテーマだったわけです（**WB⑦**）。で大隈が爆弾を投げられて負傷したりするような、血なまぐさい話も出てくるぐらいですから、かなり、ヒー

トアップしているわけですよ。で条約改正交渉においてうまくいってないと。特に大隈が失敗したように言ってるけど、でもこれは内閣としてみんなの責任じゃないかと、言い出すんですよ。黒田に対して、これはみんなで辞表を出して、天皇に辞めますって言うべきだと（**WB⑦**）。だから閣議を開いてくれって言うわけですよ。で押されて、わかったって閣議を開いて、じゃどうしましょうかって協議をしてるわけですね。最終的には結局、天皇に対して、内閣として総辞職っていう形にはならないんですけど。閣議を開かせて内閣として連帯して責任を負うような仕組みに向けて動いてるんですね。もちろんだからといってすぐ、こうなったわけでもないですけど、そういう流れの中で捉えると、大臣の中に一人、これではダメなんだって考える人間が入るのは重要なことだったと思います。**裏切りだって捉える見方もあるわけですけど、大同団結運動のリーダーがそうやって入っていって、既に唱えていた責任内閣論を身を以て実践しようとする。こういう動きがあるからこそ、この流れになるんじゃないかっていうことですね。**もちろんそれは、板垣とか大隈がいないと、つまり一人だけ入ってどうこうしても無理ですから。後藤だけの功績ではないわけですけど。入閣することの意味は実はあったんじゃないかなということですね。それを、小論ですけどね。あまりページ数はなかったですけど、書きました。**実際後藤が亡くなった翌年に、隈板内閣ですね（WB⑦）。実現するんです。**後藤は、その前に失脚してるんですけど、次官が汚職した責任をとって辞めているんですけど。あなたの責任どうなのって言われて監督責任あるから、じゃ俺が辞めますって言って辞めるんですけど。でも再起を図ろうとするんですね。大隈に近づいたりするんですけど、果たせずに亡くなる。もし、**生き残っていたら、隈板内閣で入閣して、もっと、議院内閣制に近づけるような動きをどんどんしてったんじゃないかなって気もするんですね。**何故、後藤象二郎を取り上げたかっていうと、何度も出てきている『三田評論』の、福澤諭吉と関わった人物の連載をまだ、やっていますので、そこで後藤を調

べた時に出てきたテーマを追いか
けたということですね。そのとき
は、ここまで書いてないですけど、
それをちょっと詳しく、『福澤手帖』
で書きました。**福澤は、後藤を気
に入ってるわけです。ずーっと応
援してるんですね。大隈と後藤を
推してるわけですよ（WB⑦）。**で
大隈と仲良かったのはよく知られ
てる、ですけど、後藤と仲良かっ

福澤諭吉

たってことはあまり、知られていないですね。何で、福澤は後藤の
ような、何ていうのかな、ある種汚いこともやるっていう策士だっ
ていう、もっぱらの評判の人間なわけですよ。〝策士後藤〟ってい
うような人物を評価したのか。実際本心を語らない人間なんですね。
過去のことは一切語らないと。明治維新のことは、どうでしたか？
とか水向けられても一切答えないっていう、貫いているんですね。
過去のことはどうでもいいんだと。ちょっと一角の人物、というか
捉えづらい人なんです。何故、二人を評価したのかな、って考えた
時に福澤は明治14年の時に、井上と伊藤と、井上は馨の方ですけ
どー、井上馨・伊藤と仲違いするんですね。彼らが、新聞をつくり
ましょうって計画を持ちかけて、やる気になってるわけですよ福澤
は。ですけど政府内で大隈と伊藤たちが対立していて最後、大隈が
失脚するわけですね。それが明治14年の政変なんですけど、それ
以来政治の話は一切しなくなっちゃうわけですよ。福澤は。**で、そ
れは何故かっていうと、英国型の議院内閣制を目指してたから。**そ
れを一生懸命やっているんですよ。それが挫折しちゃうわけですね。
大隈が失脚しちゃったので。それ以後、政治のことはいいんだとな
るわけです。英国型の議院内閣制。これを、実現しようとしてるの
が、この二人なんですね。まぁ一線退いて、身を引いてますけど、
時々、記事を書いたり後藤を褒めたりとか、バックアップするわけ

ですよ。その意味っていうのは、おそらく英国型の議院内閣制を実現しようとする路線っていうのかな。明治14年で一回挫折するんですけど、それを水面下でずーっとやり続けるっていう、その二人だったんじゃないかなぁと見てるわけです。ここで挫折してますけどね。策士っていうのは、おそらく語っちゃうと、また、何か画策してるのかって話になるので、そういうことをせずに、秘めてるっていうことですね。あまり語らずに、こうやって、現実の中で大臣になったりしているんですね。**語らずに実行する後藤**ということですね。実際、こういう方向性にいくわけです。ただ功績があるのはやっぱり、板垣であり大隈であると。特に大隈はもう一回、第二次大隈内閣を、大正時代につくるわけですから、政治的に息が長いわけですね。そういう人物が達成するわけですけど、でも後藤のこの実力ですね。**最初ずーっと大臣をやり続けるという意味っていうのは、政治史上意外に大きいんじゃないかなぁと思っております。**なので責任内閣論も、あまり、研究史上出てこないんですよ。昔は責任内閣論という論文も出たりしてるんですけど、最近だと、大同団結運動での主張にあったねっていうそれぐらいですね。ただ条約改正の方が大きいので、そっちでみんなが盛り上がってたんだねっていう理解があるんですけど、大同団結運動中は結構、みんな言っているんですよ。いずれ責任内閣論で、議院内閣制にしましょう よって言ってるんですけど、その運動が終わり、帝国議会ができちゃうと、議論としては、あまりされなくなっていくんですけど、それを実はずーっと実現しようとしたんじゃないかなということです。**いずれまた、別の形で、もう少し大きな話として、実現しようとした人間が、他にもおそらくいるでしょうから、後藤で、部分的に説明してますけど、それをどのぐらいの人が語り、どれぐらいの人が行動したのかというのを、また調べたいと思ってます。**

これから

これは、政府と議会との関係性の話なので、自律性の話とも関わってくるんですけど、その、内閣と議会の緊張関係ですね。外交にすると望月の去年の話になってくるんですけど、それを軸に持っていきたいなと思うんですが、とりあえずは傍聴を今、いっぱいやっているので、ちょっと置いてますけどね。責任内閣論も、面白いんじゃないかなぁと個人的には思ってます。**そんなわけで、そうなりましたって見ちゃうんですけど、それをやろうとした人がやっぱりいて、ある種捨て身でもいいわけですね、名前が残らなくてもいいからってやってる人がいるから、やっぱりこうやってしくみが変わってくるんじゃないかなということですね。**後は、政治家同士が、妥協の産物で取引していって実現しているんだってことも言えるとは思うんですけど、そればっかりになっちゃうと、常に、伊藤と、井上と、山県とか、そういった人たちが、全部切り回していたんですみたいな、そろそろ頃合いが来たから議院内閣制やろうかみたいな感じに語られちゃいますけど、そうじゃないんじゃないのということですかね。…という感じでちょっと、時間がありましたので、付け足してというか、プラスしてご紹介してます。何かこれに関してありますか？

一同　　…

末木　　…はい。傍聴の方は盛り上がった…。

一同　　（笑）

受Ｋ　　勉強になったかっていう…（笑）。

司会Ｎ　忘年会でやればいんじゃない？

末木　　？

司会Ｎ　あ、後で…。

末木　　あぁーあーはい。そうしていただければ。

受Ｋ　　はい。これ、はい…。

司会Ｙ　何もなければ…。

受Ｙ　　待って。話され…。

289

受K　いやいやいや、『福澤手帖』の文章ってどっかで見れるんですか？
　　　読みたいなぁと思って。

末木　あぁなるほど。今日持ってこなかったなー…。

受K　はい、またどっかで…。

末木　送ります。

受K　はい。

末木　市販されてないので。

受K　そうですよね。はい。

末木　そうそう、コピーして、お送りします。

受K　暇な時に…はい…はい。

司会Y　はい。それでは二コマ連続、末木さんありがとうございました。

末木　ありがとうございました。

司会Y　ではこれでー、今年のプロセス解明講座第4期を終わりたいと思い
　　　ます。皆さんどうもありがとうございました 。

３．近現代日本の政治参加
―日本の有権者は１００年の眠りから目覚めるか―

(1) "【NPJ 通信・連載記事】日本の有権者は 100 年の眠りから目覚めるか―選挙運動規制から
みる「参加させない政治」 第 1 回 選挙運動をさせない「べからず選挙」" NPJ、2019 年 11
月 2 日、http://www.news-pj.net/news/84460、2020 年 9 月 28 日

(2) "【NPJ 通信・連載記事】日本の有権者は 100 年の眠りから目覚めるか―選挙運動規制から
みる「参加させない政治」 第 2 回 選挙の自由化で冷め切った政治を「解凍」せよ" NPJ、
2019 年 11 月 13 日、http://www.news-pj.net/news/84797、2020 年 9 月 28 日

(3) 「明治期の総選挙」『三色旗』慶應義塾大学通信教育部、第 823 号、2019 年 4 月、10―17 頁。

(4) 「開かれた国会へ―傍聴規則を追う」(1) ～ (13)『社会新報』社会民主党全国連合機関紙
宣伝局、1987 年 12 月 8 日～ 1988 年 2 月 5 日。

(5) 「戦前期『外交通』議員の出現―望月小太郎の生涯と活動―」『法学研究』第 92 巻、第 7 号、
2019 年 7 月、71 ～ 101 頁。

(6) 「政治家後藤象二郎の理念と行動 -「責任内閣論」から英国型議院内閣制へ―」『福澤手帖』
第 181 号、一般社団法人福澤諭吉協会、2019 年、16 － 23 頁。

３．近現代日本の政治参加
―日本の有権者は１００年の眠りから目覚めるか―

明治期の傍聴規定

● 衆議院規則（明治憲法第 51 条にもとづく議院規則）

　第 187 条　凡そ傍聴席に在る者は左の事項を遵守すへし

　　一　羽織袴又は洋服を著すへし

　　二　帽子又は外套を著すへからす

　　三　傘杖の類を携帯すへからす

　　四　飲食又は吸烟すへからす

　　五　議員の言論に対し可否を表すへからす

　　六　喧擾に渉り議事を妨害すへからす

　第 188 条　戎器凶器を携持したる者及酩酊したる者は傍聴席に入ることを許さす

現行の傍聴規定

● 衆議院規則（憲法第 58 条にもとづく議院規則）

　第 229 条　銃器その他危険なものを持っている者、酒気を帯びている者その他議長において取締上必要があると認めた者は、傍聴席に入ることができない。

● 衆議院傍聴規則（議長制定の内部規則）

　第 10 条　傍聴人が傍聴席にあるときは、左の事項を守らなければならない。

　　一、異様な服装をしないこと。

　　二、帽子、外とう、かさ、つえ、かばん、包物等を着用又は携帯しないこと。

　　三、飲食又は喫煙をしないこと。

　　四、議場における言論に対して賛否を表明し、又は拍手をしないこと。

　　五、静粛を旨とし議事の妨害になるような行為はしないこと。

　　六、他人に迷惑をかけ又は不体裁な行為をしないこと。

　第 14 条　傍聴人がこの規則に違反したときは、退場させられることがある。

参議院の傍聴人の服装持物等基準表

昭和 63 年 3 月 16 日警務部長決定（最新改正平成 27 年 11 月 6 日）

	許可するもの	許可しないもの
服装	ジャンパー、ブルゾン、アノラック（いずれも毛皮襟付、フード付も可） 通常の作業衣 神職服、僧職服、袈裟、看護師服、白衣、消防団服（いずれも帽子は不可） 半ズボン、ホットパンツ、ジーパン、モンペ類、セーター 夏期のシャツ類（アロハシャツ、T シャツ、開襟シャツ、ノースリーブ等）	外とう（オーバーコート類） 雨衣等 下着のみ 下着同様の競技服（ランニングシャツ等） 割烹着 示威、宣伝になるような表示のある衣類
着装品	帽子のうち宗教上等、脱ぐことができないもの 婦人帽子のうち小型装飾用のもの スカーフ類（ずきん使用は不可） サングラス、装飾品（ブローチ、かんざし類） ブーツ、地下足袋、ゴム長靴、草履、スリッパ、運動靴、レインシューズ	男子帽子、婦人帽子 襟巻、手袋、ショール 下駄類、登山靴 示威にわたるワッペン、バッジ類
携帯品	手帳、ハンカチ、ティッシュペーパー、 財布、現金、証券、切符、身分証明書 免許証、定期券、筆記具、ノート（A4 サイズ以下一冊） タバコ、マッチ、ライター、靴べら 懐炉（使用中のもの）、眼鏡、補聴器、扇子、懐中薬（常時使用するもの）	傘、つえ、かばん、ハンドバッグ カメラ、携帯電話、望遠鏡類 新聞、雑誌、陳情書、印刷物 絵の具、塗料、薬品、飲食物、 刃物類、その他危険物
備考	疑義ある場合は、その都度上司の指示を受ける	

人物索引 （本文のみ）

あとがき

　3年間の9時間分の講演を書き起こすとおよそ300頁にもなることに、話した本人が驚いている。毎年研究してわかったことを話しているが、本書途中でつぶやいているように、この講演が近づくと、話のネタが尽きるのではないかという恐怖に襲われ、講演を終える頃には、もう来年は話せないかもと毎回思っているのである。

　しかし、前の年に話したことを生かして記事や論文を書き、それを報告するという循環も生まれており、私にとってこの講演に追われる恐怖は、研究をなんとか前に進める推進力になっているのかもしれない。

　本書を読み通した方は気づかれたと思うが、私自身の語り口も、最初の年のなかなか適切な表現が見つからずに話している感じから、受講者に対してこれはどうだろうと反応をみるような感じに変化してきた。これは「今」追っているテーマを話すようになったからだろうと思う。その点では、蓄積したことを話すよりも生の迫力を伝えられているのかもしれない。

　本書の原稿を読み直し、ゲラに赤を入れながら、自分が話した内容なのに（ゆえに？）面白がっている自分を発見して、これは何だろうと素朴に疑問に思いながら作業を進めた。自分が読んで面白くない講演録を世に出す人はいないだろうが、もしかしたら講演録というものは話した本人が一番学べるものなのかもしれない。私は、講演で主語と述語をはっきりさせずに話していること、キーフレーズを先に言ってから説明していることに気づかされ、話し方を自覚し点検することができた。また、半ば強制的に（？）何度も読み直さなければならなかったことで、今後の研究テーマの方向性も確認できた。読者の皆様には何を学ばれたであろうか、反応を聞いてみたい気がする。

　おそらく、選挙干渉、選挙運動規制、傍聴などというテーマで講演して

いるのは、世界のことは知らないが日本で私だけなのではないかと思う。希少価値においては他に負けていないだろう。毎年続けられているのは、興味をもってくれた受講者の皆さんのおかげである。

　そして、講演と本書の出版を企画し、実現してくれた合同会社Dの3行目の皆さん（山﨑さん、山根さん、名嘉さん）には深く感謝申し上げたい。同社は美術関連の専門なのに日本政治史という全く違う領域を手がける度量の広い会社である。講座とは別に、私に美術展のコメンテーターを依頼するといういささか無謀なことに挑む若さを持っている。また、筆者の趣味に走ったイラスト依頼を快く引き受けてくれた陶芸作家の今井完眞氏にも感謝申し上げたい。イラストが本書の主役といってもよいくらいの出来映え（特に傍聴関連）をみて、依頼した側なのに楽しくなったことを申し添えたい。内容の堅さがあまり気にならないとすれば、すばらしいイラストの効果である。

　皆様ありがとうございました。

2020 年 10 月吉日

末木　孝典

著者

末木 孝典

　1977 年生まれ。1999 年慶應義塾大学法学部政治学科卒、2001 年同大学院法学研究科修士課程修了、2004 年同後期博士課程単位取得退学。2016 年博士（法学）。

　2008 年〜慶應義塾高等学校教諭、慶應義塾福澤研究センター所員。2018 年〜慶應義塾大学教職課程センター非常勤講師。専門は、日本政治史、選挙、政治参加、社会科教育。

主要業績
著書
・『選挙干渉と立憲政治』（慶應義塾大学出版会、2018 年）
論文
・「明治期議院規則における傍聴規定の成立過程―選挙権なき女性の政治参加を論点として―」『年報政治学』2020―
　Ⅰ号、2020 年 6 月（第 2 回日本政治学会若手論文優秀賞受賞）
・「戦前期『外交通』議員の形成―望月小太郎の生涯と活動―」『法学研究』第 92 巻、第 7 号、2019 年 7 月
・「第一回衆議院議員選挙の当選者をめぐる訴訟・逮捕事件と議院の自律性―議員資格審査と不逮捕特権を中心に―」
　『近代日本研究』34 巻、2018 年 2 月。
・「明治期小選挙区制における選挙区割りと選挙区人口―明治二十二年衆議院議員選挙法未成案をめぐって―」『選挙
　研究』30 巻 1 号、2014 年 7 月（2014 年度日本選挙学会優秀論文賞受賞）

謝辞

本書を刊行するにあたり、多大な協力を賜りました関係者の皆様、並びにお名前を記すことができなかった方々に、深く感謝の意を表します（敬称略五十音順）。

株式会社生活社、株式会社塙書房、株式会社山川出版社、株式会社吉川弘文館、慶應義塾大学出版会株式会社、国立国会図書館 憲政資料室、国立国会図書館 調査及び立法考査局、大東文化大学 東洋研究所、東京都立大学図書館、日本大学、早稲田大学図書館

書名：　　　　　近代日本の政治を研究する　―【講演録】アングルとプロセス―

発行日：　　　　2020 年 11 月 28 日　第一刷発行

著者：　　　　　末木孝典

挿絵：　　　　　今井完眞、Ｄの3行目

写真（表紙）：　Ｄの3行目

編集：　　　　　Ｄの3行目

発行：　　　　　合同会社Ｄの3行目
　　　　　　　　連絡先：　〒101 － 0021 東京都千代田区外神田 6-11-14
　　　　　　　　　　　　　3331 Arts Chiyoda 312B
　　　　　　　　TEL：03 － 5577 － 7883
　　　　　　　　URL：http://dno3.co.jp